DUAS FOTOS

MARCELO SEMER

DUAS FOTOS

UM ROMANCE DO BRASIL DA LAVA JATO

1ª EDIÇÃO

SÃO PAULO • 2024

AMANUENSE

Edição: Rodrigo Haidar
Projeto gráfico e diagramação: Luciana Huber
Capa: Rapha Baggas

Dados Internacionais de Catalogação na Publicação (CIP)
(Câmara Brasileira do Livro, SP, Brasil)

Semer, Marcelo
Duas fotos : um romance do Brasil da lava jato /
Marcelo Semer. – 1. ed. – São Paulo : Amanuense, 2024.

ISBN 978-65-80788-27-9

1. Corrupção política 2. Corrupção - Combate 3. Corrupção - Investigação 4. Corrupção - Legislação - Prevenção 5. Direito penal - Brasil 6. Lavagem de dinheiro - Leis e legislação - Brasil 7. Notícias jornalísticas I. Título.

24-196588 CDU-343.(81)

Índices para catálogo sistemático:
1. Brasil : Lava Jato : Corrupção política : Direito penal 343.(81)
Aline Graziele Benitez - Bibliotecária - CRB-1/3129

AMANUENSE

Amanuense Livros Ltda.
Rua Nilo 241, Sala 02 – CEP 01533-010 São Paulo SP
contato@amanuense.com.br
www.amanuense.com.br

A foto

Foi-se o tempo, entre as famílias mais ou menos endinheiradas da classe média alta paulista, que o pai da noiva se encarregava da festa, enquanto o do noivo tinha a compra da casa como uma obrigação. Isto não ia acontecer. Eles iam se aninhar mesmo no apartamento de três dormitórios no qual Arthur vivia de aluguel e, a bem da verdade, Maria já vivia com ele há seis meses. Ainda assim, sobrou para o pai da noiva, muito melhor situado financeiramente, pagar a festa. Modesta, como exigia Maria. Uma festa para celebrar *meu* casamento, não a *sua* opulência.

Dito e feito. Um brunch para cento e oitenta pessoas contadas no insosso salão reversível de um hotel do centro, no final da manhã de um domingo chuvoso. Uma banda encolhida, comida serviço americano, ou seja, um bandejão de gala e um open bar pouco provido, que só o horário matutino permitia, sem maiores constrangimentos.

Nada disso tiraria de Maria a convicção de que aquele era o dia mais feliz da sua vida. Pelo menos, não naquele momento. E mesmo depois, a filmagem pouco original e uma montanha de fotos quase idênticas iriam fazê-la lembrar da felicidade deste dia com carinho e, sobretudo, saudades.

No momento, desfeita do chapéu que se fizera a peça mais fulgurante de seu traje relativamente discreto, e dos sapatos de salto agulha que a incomodavam desde que pisou no salão, ela rodopiava na pista testando a disposição e a paciência de seu companheiro, extraordinariamente avesso às danças, às cantorias e até mesmo aos flashes a que se via invariavelmente enredado. Arthur aguentou impávido até o fim, mas teve lá suas recompensas. Ela o abastecia de tantos beijos e sorrisos e olhares apaixonados que ele não se atrevera a desvelar um só fragmento de sua rabugice. Não na frente dela, pelo menos.

Dr. Jorge cofiava o bigode com a convicção de que havia atendido a todos os apelos da filha, inclusive os mais inusitados, como o acanhamento do evento que a esposa projetara de forma grandiosa por meses. Era uma festa simples o suficiente para que os excursionários do interior não se sentissem deslocados, que o noivo não se atribulasse em demasia, que ela não se transformasse em notícia e todas aquelas preocupações sociais e sustentáveis com que Maria imaginava não agredir sua reputação preservacionista.

Tinha lá sua razão. Nenhuma ausência lhe fazia menos feliz e, se ela estava satisfeita, Dr. Jorge não transformaria a celebração em uma disputa ideológica. Menos é mais, convenceu-se, enquanto girava com o dedo médio, como era seu costume, as três pedras de gelo que se liquefaziam lentamente ao redor do malte. Menos é mais, levantou o copo em um brinde que, dado o volume da música no salão, ninguém mais que sua esposa, sentada a seu lado, poderia ouvir. Mas ela não estava lhe dedicando a menor atenção, perdida em desfazer da paupérrima decoração das mesas, do carpete encardido e de outros defeitos que apurava com precisão. No meio da pista, o noivo lhe retribuiu com um olhar e o sorriso apertado.

Descalça, despenteada e levemente embriagada, Maria desabou sobre a cadeira. Arthur parecia ter acabado de se vestir para a festa; nem o mais tímido arranhão sobre o sisudo terno azul marinho que escolhera para a ocasião – ele não achou necessário comprar um novo. Em menos de cinco minutos, atenciosamente, fazia pousar um prato na frente da noiva, com partes iguais de uma salada de manga, um risoto de funghi e um vol-au-vent de espinafre, que tinha sido a predileção de Maria no almoço-teste.

— Obrigado, amor. Você não vai comer nada?

Arthur já comera na mesa de sua família, na hora em que ela rodopiava com as amigas. Enquanto Maria se deliciava com as soluções relativamente econômicas da alimentação sem carne, ele apunha seu outro olho no gato monitorando a organizadora da festa, a quem implorara um intervalo de dez minutos antes que estivessem prontos para mais uma sessão de fotos. Sim, ele sabia que era preciso dar uma retocada na maquiagem e no cabelo de Maria, que já tinha convidado indo embora e tudo o mais, mas ela não iria desempenhar seu papel a contento, explicou, se não tivesse uns minutos para se alimentar em paz. Ele sabia disso. E como ficaram só os dois na mesa para dez que estava a eles reservada, ninguém se aproximou para perturbar o pit stop dos noivos. Para Arthur, a festa já estava suficiente. Comida, cumprimentos, danças, tudo servido em doses excessivas. Mas Maria queria produzir as melhores lembranças e o *tour de force* ao redor das mesas estava até atrasado; dona Cristina olhava para eles e para o relógio, aflita, pelo menos uma vez a cada volta completa do ponteiro de segundos.

— Nem precisa mexer demais, você está linda.

A dublê de cabelereira e maquiadora fazia a parte mais importante de seu papel: a de reforçar a autoestima da noiva. Fato é que não mentia. Arthur chegou a dizer que a intervenção dela nem mesmo seria necessária, mas no ambiente de camarim improvisado em que estavam, sua opinião foi simplesmente desprezada. Era preciso disfarçar a aparência de cansaço e reunir os fios dispersos e indisciplinados do corte agora parcialmente desfigurado. E como ele não tinha nenhuma vontade de regressar à festa sozinho, sentou-se na cadeira ao fundo da saleta e apenas apreciou o trabalho. Já era muito que estivesse junto. Sempre a seu lado.

Ao final de uns quinze minutos, repaginada, Maria parecia uma noiva recém-saída da Igreja, caso, é lógico, eles tivessem optado pelo pacote completo. Mas ela fugia da cruz como o diabo e ele não teve forças para insistir. Sua mãe não teria deixado barato e mais uma daquelas cizânias entre sogra e nora certamente teria se instaurado na família, se elas tivessem chegado a se conhecer. Mas dona Gertrudes tinha-se ido antes. Com a benção dada pelo escrivão, que ensaiou umas palavras burocráticas na ausência de um profissional da fé, ou mesmo da celebração, todos, enfim, se deram por satisfeitos e os trabalhos da festa foram formalmente abertos. Em troca da laicidade, Maria respeitou o pedido de Arthur, que não queria uma festa opulenta ou refinada, que deixasse seu pai deslocado. Vestiram seus melhores sorrisos e foram rodar de mesa em mesa agradecer à presença, receber elogios e registrar as fisionomias para saboreá-las em algum momento mais distante.

— Nananina não. Professor, faça o favor de dar meia-volta e nos dê o prazer de imortalizá-lo a nosso lado.

— Já perdi o privilégio da eternidade, Maria, mas vou lhes dar a oportunidade de desprezar a foto na montagem do álbum. Quando o dinheiro aperta, a gente sempre precisa descartar uma ou outra que não é tão importante, não é mesmo?

Camilo já estava de saída, quando foi laçado pela noiva para a última foto. Por duas horas desempenhara o papel do animador da mesa, em volta de seus ex-alunos. Com o carisma que habitualmente o levava a homenageado em todas as formaturas e a contundência ideológica que lhe impedia de exercer o papel de paraninfo em qualquer uma delas, ele divertia a juventude com um tanto de provocações políticas e outro de bastidores da sala das becas, onde a vaidade e a arrogância costumavam proporcionar episódios apetitosos que nem sempre se tornavam públicos a não iniciados.

Camilo era mais presente nas festas dos alunos do que nas recepções posudas dos catedráticos; seu espírito crítico não permitia acesso aos mais badalados salões, na inversa proporção com que o carisma lhe abria as portas dos mais jovens. Mas era inequívoco que o brilho ia se apagando com o tempo, e a novidade de um professor amigo e combativo reduzia de importância no decorrer do curso. Arthur esforçou-se para sorrir e ladear o professor que jamais lembrou seu nome. Maria fez questão de convidá-lo pela importância do mestre camarada em sua formação, o que sempre rendia um sorriso irônico ao noivo, considerando que ela não chegou a se formar. Quem sabe se não exatamente pela crítica à pouca relevância do direito no trajeto de emancipação social que ele repetia como um mantra, ainda que vivesse de ensinar aos homens das leis.

De todo o modo, Arthur era elegante e já passara por provações bem piores na recepção, de modo que não custou a se aprontar, abraçando Maria pela esquerda, enquanto o professor a envolvia pela cintura do outro lado. Dificilmente os três voltariam a tirar uma foto juntos, mas se o fizessem, certamente não reproduziriam os sorrisos desse dia.

Maria

Os kalapalos são conhecidos por seus jogos, mas, altamente vigilantes de suas fronteiras, nem sempre estão para brincadeira. Nas aldeias que ficam às margens do rio Kuluene, no sudoeste da Terra Indígena do Xingu, a primeira área oficialmente demarcada do país, a pesca de caramujos e a confecção de ornamentos com conchas são suas mais conhecidas habilidades. Pintados com urucum, jenipapo e tabatinga, a preparação para o ritual do Jawari é um espetáculo à parte. Peixes no jirau, beiju xinguano e a cenografia dos jogos de guerra atraem muitos visitantes.

E é aí que vamos encontrar com Maria pela primeira vez. Voltando de um banho de rio e se secando na fila da pintura, sob um sol escaldante, que lhe provoca um quase-desmaio, mas logo se recupera. É o brilho de seus olhos verdes que ilumina um sorriso sem fronteiras. Ela está descalça, tem bolhas no pé pelo tanto de corrida sobre um irregular terreno arenoso e sabe que ainda vai demorar para provar um pedaço que seja da tapioca gigante.

Ontem havia sido um dia intenso na clínica odontológica improvisada como pagamento pela excursão escolar. Ajudou como pôde os dentistas enviados pelo colégio, mas percebeu que os kalapalos queriam um pouco mais do que apenas limpezas e tratamento de cáries superficiais. Enfim, tudo lhe é tão intenso que ela não tardará a dizer o quanto o inusitado estudo do meio no Xingu iria definir sua formação.

Amanhã, ela e os colegas já estarão sacolejando nas esburacadas estradas de Mato Grosso, ouvindo um inesperado repertório de músicas gaúchas, importada pelos migrantes colonizadores. Mas ela vai levar no corpo, e na mente, manchas que dirá indeléveis a seu caráter. Vai voltar outras vezes, conhecer outras terras e outras tribos, vai abandonar as carnes, os alimentos ultraprocessados, o monóxido de carbono e outras formas de aumentar o efeito estufa. Vai andar de bike, apagar as luzes na hora do planeta, fazer compras nas livrarias de rua e ser fiel consumidora de orgânicos.

Mas o plano de abandonar a cidade grande para viver em pleno contato com a natureza, no entanto, vai ficar arquivado em uma gaveta mais distante. É em São Paulo, no tradicional e luxuoso bairro de Alto de Pinheiros, que vamos encontrar com ela pela segunda vez.

— Direito, pai? O que eu tenho a ver com direito?

Dr. Jorge sabia que essa não ia ser uma conversa fácil. Mas era necessária. A cabeça da filha vagava por horizontes dos mais diversos e raramente pousava em alguma terra firme. Publicidade, gastronomia, moda e turismo. Relações internacionais ou antropologia. Maria queria de tudo um pouco, engolir o mundo, mas não sabia exatamente por onde ou como começar.

— Você quer proteger a fauna e a flora. Quer lutar por melhores condições aos indígenas. Quer se impor ao aquecimento global. Mas vai fazer isso só levantando faixas em passeatas de protesto? Você precisa colocar sua inteligência e sua cultura a serviço das suas causas. Para encabeçar as lutas que valem a pena.

— Pai, você é advogado tributarista, que sabe você de lutas que valem a pena?

— Eu defendo empresas da sanha arrecadadora do Estado. Se deixar, eles violam as leis todas, cobram em duplicidade, executam sem perdão e inviabilizam os negócios. A gente pode ter interesses diferentes, mas não quer dizer que eu também não tenha os meus. Acreditar no capitalismo, na livre iniciativa, é também impor limites ao Leviatã. E, lógico, no fim das contas, paga os meus boletos. E os seus também, aliás.

— Você não acha que vai me convencer pelo dinheiro, acha?

— Se você não quiser ganhar dinheiro algum, e ser minha dependente a vida toda, pra mim não tem problema. Eu te sustento com prazer. Mas eu aposto que você vai querer me mandar passear, quando começar a ganhar o seu dinheiro e vai ser muito mais feliz vivendo com independência. Eu te conheço.

E conhecia muito bem. Dr. Jorge sabia onde o calo apertava. Maria era uma filha mimada, tinha tudo que precisava ao alcance de um chamego, ou de uma cara emburrada. Mas tudo o que ela não queria para a vida era fazer disso sua história. Ela queria sair, queria viajar, queria viver no campo, mas, sobretudo, queria fazer tudo isso sozinha. Uma profissão com futuro era a forma como seu pai a seduzia com a liberdade além do arco-íris. E a verdade é que ela não sabia muito bem o que fazer e, tradicionalmente, direito era a faculdade de quem não sabia muito para onde ir. E nem o que fazer.

Foram várias conversas dessas, resistentes e inconclusas, pelas quais Dr. Jorge plantava a ideia de um grilhão libertador. Mas ele sabia que ela jamais iria se decidir sem que, de alguma forma, se envolvesse emocionalmente com a ideia. Foi então que se socorreu do sobrinho, que tentou convencer Maria por outras vias.

"Eu trago, mas não trouxe".

Os cartazes irônicos eram umas das atrações da marcha. O riso corrige os costumes, já sabiam os romanos. No caso, a *boutade* era também a representação de um acordo. A marcha saía, mas desde que as pessoas se satisfizessem em lutar pela descriminalização da maconha apenas no abstrato. Fred era advogado de um dos coletivos e tinha a dado a letra da conversa com a PM: mais palavras de ordem que estados de espírito. Mas nada disso seria sem esforço, sem conversa e sem uma certa dose de risco. Iam se passar alguns anos e muito gás lacrimogênio, muita pancada e muita prisão, até que o Supremo pusesse um ponto final nas proibições que policiais, promotores e juízes impunham aos manifestantes pró-legalização. A moral e os bons costumes ainda tinham defensores velozes e furiosos. Não era raro que as marchas fossem vetadas por estratégias jurídicas postas em prática nas vésperas.

Mas não havia acordo que impedisse, com ou sem fumaça, que a provocação vingasse todos aqueles que não chegavam são e salvos ao fim da marcha. Nem o medo das agressões ou a certeza da dispersão impediam que o grupo entoasse seus cantos de guerra:

"Ei, polícia, maconha é uma delícia...".

Maria acompanhou a uma distância relativamente segura, mas perto o suficiente para entender que nestes momentos de tensão, o primo desabrochava suas principais qualidades. Era um bom conciliador com as autoridades, mas incessantemente combativo se necessário. À noite, quando a maior parte da turma já estava entregue aos prazeres fugidios, ele fazia plantão na delegacia para libertar os retardatários. Dos policiais de farda e cacetete aos escrivães de camisas amarrotadas e olheiras, não havia um só que não lhe chamasse, com respeito, de doutor.

— Tio Jorge vai me encher o saco depois, não é, Maria? Já não basta ser o maconheiro da família, o agitador comunista, ainda tem que levar minha filha pro mau caminho?

— Vai nada, Fred. No fundo, no fundo, eu acho que ele te vê como o jovem que ele queria ter sido. Se ele não fosse tão cagão.

— Capaz... vai ver que o bigode que ele enrola o tempo todo não é mais do que um baseado imaginário - e os dois riram juntos com essa imagem.

Mas Maria sabia muito bem que o velho tinha lá seus planos ousados e sinuosos, e lhe seduzir pela advocacia era um deles, custe o que custar. Afinal, Fred era um maconheiro e comunista, podia ser advogado de vândalos e invasores de casas, mas já estava pagando os seus boletos.

— Aceita uma carona para casa, Maria?

— Só se der direito a um tapa no caminho.

Focando na luta pelo direito, pode-se imaginar que a influência de Jorge se tornou predominante na formação de Maria. A verdade é que foi ele quem mais se dispôs a vencer as resistências e impor o seu modelo de sucesso. A mãe, Simone, não se esforçou em demasia. Ela se preocupava mais em ver a filha feliz, o que para ela significava não sofrer em silêncio, não se sujeitar e, sobretudo, não se reprimir.

Para viver com Jorge, Simone havia comido o pão que o diabo amassou - e que Deus, muito provavelmente, dele se esquecera. Teve de suplantar a contrariedade em sua casa, pois a família via o namorado como um janota metido e arrogante; mais ainda, a sogra, que a encarava como uma sanguessuga, que premeditava um golpe do baú. Simone vinha de uma família pobre, mas suficientemente orgulhosa; Jorge já tinha uma origem mais remediada e, talvez por isso mesmo, mais cautelosa com a proteção de seus legados.

Mas a força do casal estava mesmo em Simone, que decidira enfrentar a todos, sem concessões. Quando o pai de Jorge ainda era vivo, mas já doente, a família decidiu fazer uma partilha intervivos de seus bens, de modo a controlar com precisão o que seria herdado por cada um. Na divisão, Jorge amargara o menor quinhão, os imóveis menos valorizados. A explicação era que os irmãos, de pouca ou nenhuma serventia ao serviço, abrigavam aos pais; enquanto Jorge, o inteligente, o bem-sucedido, o elegante, ficava à distância – até porque a mãe reduzira drasticamente o contato depois do casamento à revelia. Simone negou-se a assinar o acordo e foi responsabilizada por uma enorme ruptura na família, da qual era, sobretudo, vítima. Acabou cedendo aos apelos desesperados de Jorge, que temia pelo rompimento definitivo, mas o processo todo levou o marido a distanciar-se progressivamente dos irmãos e mesmo da mãe. Maria e o irmão acabaram por crescer no convívio com a família materna, que, no fim das contas, saiu-se unida da pobreza. Simone assumiu seu papel de guerreira capaz de comprar qualquer briga pelos seus. Até as menos importantes.

Simone esteve menos preocupada em saber o que Maria pretendia fazer de seus estudos do que impedir que ela se sujeitasse aos caprichos de um homem, por maior importância que ele viesse a representar em sua vida. Não à toa, iria se frustrar com a ideia de que precisavam fazer uma festa pequena para que o futuro marido não se sentisse desde logo intimidado. E por menos que a ideia lhe entusiasmasse, apoiou fortemente Maria que teimou em não se casar no religioso.

— Ela precisa ganhar alguma coisa para não sair por baixo, diria a Jorge.

Com ela, era sempre uma luta, um espaço a ser ocupado, uma pressão a ser imposta, uma guerra de posição. Fosse para reclamar do rigor nas correções de uma prova na escola da filha, da opção de mesa em um restaurante ou de um serviço qualquer que ficasse aquém da perfeição. O bom gosto a levaria a desovar seus estudos incompletos de arquitetura em uma prestigiosa decoradora de interiores, implacável e competitiva.

Maria era uma pacifista por convicção; mas aprendera as artes da guerra para quando fossem necessárias. E Simone, com a sapiência de uma mãe e a experiência de uma nora enjeitada, sabia muito bem que mais cedo ou mais tarde, elas teriam sua serventia.

Um estrategista cauteloso, uma artilheira impecável. O dote de Maria não era propriamente um jardim de rosas.

E já que era para aprender a não se reprimir e não abaixar a cabeça, por que não começar com a própria professora?

— Ô Maria, que diabo é isso de uma bandeira do PT na janela do seu quarto?

— Ué, não é a minha janela? Você quer escolher o que eu penduro nela?

— Mas está à vista de quem passa na rua; essa casa não vai fazer campanha do Lula, vai?

Corria o ano de 2002 e a ainda adolescente Maria votava pela primeira vez. Todos em casa ficaram satisfeitos quando ela demonstrou interesse em tirar o título de eleitora, mas nem tanto quando mergulhou o sobrado, no enclave tucano do Alto de Pinheiros, nas vizinhanças da própria residência do candidato do PSDB, num bunker da oposição.

José Serra, um político que se preparava ostensivamente para o cargo, saberíamos depois, tinha a sina de estar na contramão: foi o candidato da situação, quando o desejo do eleitorado era de mudança; foi candidato de oposição, quando o país queria continuidade. Mas naquele principado paulistano, na beirada da Cidade Universitária, berço da intelectualidade bem nutrida, ele ainda era o franco favorito.

Jorge e Simone eram herdeiros dessa intelectualidade que se opusera à ditadura, à truculência, à corrupção estampada na face do governo Maluf, mas que paulatinamente assumia um verniz de equilíbrio e segurança, se autointitulava antipopulista e era severamente crítica de entregar o país na mão de uma república sindicalista. Para alguns, um certo refinamento da social-democracia com responsabilidade fiscal, o que parecia ser um contrassenso ideológico; para seus críticos, apenas o retrato do êxito do neoliberalismo cicatrizando as aparentes contradições da burguesia. Mas era justamente assumir as contradições que levava Maria adiante:

— Você acha que essa bandeira é do povo demais para essa região, mãe? Ofende o bom gosto da decoradora de interiores?

— Não, minha filha, você está fazendo é decoração de exteriores... você não está satisfeita em votar no PT; quer que todo mundo saiba que você faz isso. É uma forma de nos atacar, né?

— É lógico que eu quero que outras pessoas saibam; que saibam que Lula tem votos até aqui. Isso é campanha eleitoral, não é conflito de gerações.

— Mal tirou o título e já está encarnando a dona da verdade... essa arrogância juvenil, esse endeusamento da irresponsabilidade. Isso diz muito sobre você e seu candidato.

— Ah, mãe, se é para vir com discurso de autoridade, eu vou é para o meu quarto. Vocês foram contra a ditadura só para poder mandar no lugar dos milicos, é isso?

E já que o assunto era o governo militar, Jorge achou que era um bom momento para intervir.

— Sabe quem também vai votar no Lula? O Delfim Netto. Ele escreveu outro dia, lá na CartaCapital - ele escreve na CartaCapital agora: "O Lula é o único candidato que não vai mudar a política econômica. É por isso que eu voto nele."

A provocação, oriunda da luta intestina entre monetaristas e desenvolvimentistas no governo FHC, o que havia feito, aliás, Serra ser removido da área econômica para a Saúde, emprestava um suposto ar de progressismo à sua candidatura, empurrando o acervo da ditadura também a seu adversário. Mas esse progressismo reverso logo viria a ser sepultado pela realpolitik da campanha, vitaminada pela retórica do medo, quando os índices do candidato teimavam em não subir.

— Conta outra, pai. Não é crime nenhum ser de direita. Mas ficar disfarçando é que dá raiva – disse, virando as costas, e encerrando uma discussão que não iam continuar tão cedo. Foi talvez nesse momento que Jorge intuiu que sua filha tinha alguma chance no direito, e que valia a pena investir neste campo. Argumentar, ela sabe muito bem...

Capacidade jurídica é a aptidão do homem para ser sujeito de direitos e para isso era necessário ser livre, cidadão e independente do pátrio poder. A liberdade, por exemplo, era atributo de quem não era escravo.

O excesso de institucionalidade era o que mais incomodava Maria no curso de direito; a começar pelo fato de que até lições eminentemente históricas, como o retrato de época do direito romano, era ensinado como um conjunto sistemático de leis, em uma espécie de introdução ao direito civil. Aliás, como ainda ia perceber muito na faculdade, o culto ao direito positivo – ou seja, aquele que estava posto – esvaziava qualquer espécie de crítica sobre como ele fora construído e quais os interesses que o sustentavam, o que acabaria por atrapalhar, e muito, a expertise de como interpretá-lo. Mas até isso vinha como uma espécie de código, as tais regras de hermenêutica, também dissociadas de valores ou relações sociais. Quem pode o mais pode o menos, o legislador não cita palavras inócuas e outras generalidades. Aos poucos, foi se descobrindo uma estrangeira no meio daqueles futuros homens da lei, mas já intuindo os danos que uma formação tão acrítica podia causar às nossas próximas autoridades constituídas.

Apesar disso, era uma aluna aplicada, em todas as disciplinas e, curiosamente, em especial em direito romano, em que tirou dez em todas as provas. Adorou entender o significado etimológico do quiproquó, que lhe parecia tão brejeiro, e constatar o quanto repetíamos termos romanos adaptando a situações bem distintas, como discutir o *status libertatis* ao falar sobre prisão provisória. Pelo desempenho, chegou a ser convidada para transformar-se em monitora de seus calouros no ano seguinte, o que recusou de forma elegante.

Mas não pôde fazer o mesmo com o convite do professor de Introdução ao Direito, com quem teve uma identificação à primeira vista. Mascarenhas era uma exceção, que parecia imbuído da missão de desconstruir o discurso que os demais professores obedientemente se esforçam para colocar em pé. Era de certa forma um contra estímulo e talvez por isso atraia os alunos, como que descortinando segredos.

O legislador dizia sim palavras inócuas – e muitas delas despropositadas mesmo. A construção das leis envolvia uma disputa de poder que raramente se travava sem mortos e feridos. A ordem era uma construção social e uma forma de escolher, por meio de interesses dominantes, quais condutas seriam estimuladas, quais condenadas. Nada havia de natural. O direito como engrenagem era uma farsa; toda a sua técnica era revestida por dentro e por fora de ideologia. Não havia o neutro nem o objetivo, só um excesso de publicidade enganosa. O direito não tinha atributos suficientes para obter o status de ciência e, embora parecesse universal, na linha do sempre existiu e, portanto, sempre existirá, era por excelência a forma jurídica do capitalismo, sendo todos os seus antecedentes, formas embrionárias que somente chegaram ao estágio final de desenvolvimento com a emergência do liberalismo. Enfim, um outro sistema era possível.

Ele era divertido e contundente; crítico e mordaz. Estava revestido de um pessimismo persistente. Mas como parecia capaz de desvelar os segredos que tantos outros mantinham escondidos, era sedutor e apaixonante. Falava de uma forma entusiasmada e terminava a aula exaurido, suado. Nada de giz, lousa ou slides. Para acompanhá-lo era preciso apenas atenção à sua voz forte e marcante. A quem não se interessava, oferecia a oportunidade de não ouvi-lo, sem rancor. Ele abria as portas da sala garantindo presença para os registros escolares.

Maria era da turma que aceitava de bom grado o transe a que era submetida durante aqueles cem minutos. Suava para conseguir anotar uma pequena parte que ouvisse de seu vozerio e raramente dispensava estar presente à reunião de alunos que orbitavam à sua volta, assim que a aula terminava. Com uma pergunta aqui e outra acolá, com um olhar de surpresa e outro de interesse, tanto nas respostas, quanto nas dúvidas dos colegas, não demorou a se integrar ao pequeno círculo de acólitos que se formava a seu redor, turma após turma, e o seguiria ao longo do curso. Eram aqueles para quem, como foi o caso de Maria, o professor Mascarenhas estava sempre disposto a dividir seu potencial de desconstrução e ao mesmo tempo servir de tábua de salvação. Inclemente com os submissos, ombro amigo aos revoltosos e indisciplinados de todo o gênero, sempre disposto a ouvir angústias e compartilhar sugestões. E se colocar como um parceiro.

— Pode me chamar de Camilo.

E ela chamou por diversas vezes. A partir do segundo semestre, passou a frequentar uma aula aos sábados, destinada a quem pretendia aprender mais os mistérios do capital; no segundo ano, já servia de monitora para ajudar na correção das provas, lançamento das notas e a tarefa inescapável de arregimentar novos iniciados. O professor Mascarenhas era uma espécie de intelectual orgânico e estava convicto que as armas da crítica dotavam seu pequeno exército de Brancaleone de uma enorme capacidade de pensamento e difusão. Mas para os companheiros de luta que se identificavam com seus princípios e compartilhavam suas angústias, ele prometia ser apenas Camilo.

Camilo foi a base de apoio a Maria no começo de sua caminhada, a quem pôde agradecer para não desistir tão cedo do direito. Mas ao mesmo tempo, foi o propulsor de novos sonhos, tão logo o frescor das suas aulas já não servisse aos veteranos como estímulo suficiente. O que Maria aprendeu com Camilo é olhar por trás das formas, pensar além dos modelos pré-fabricados, identificar verdades que continuamente lhes eram ocultadas. Ela entendeu o papel de legitimação que o direito cumpria na sociedade, anteviu a incapacidade de servir de transformação social e simplesmente não se sentiu encorajada a fazer desse o seu meio de vida.

É verdade que ele também lhe descortinou um continente de variáveis. Movimentos e pessoas que utilizavam o direito de formas alternativas, que usavam as leis como instrumentos, se não de transformação, pelo menos de resistência, que se incumbiam de nadar contra a maré para desmontar as estruturas, ou apenas reduzir seus danos, a partir de um rigoroso conhecimento que amealhavam sobre elas.

— Você precisa se inscrever na tradição que pretende reformar, dizia ele, evocando Adorno.

Ela paulatinamente foi criando outros interesses, dentro dos quais sua curiosidade, seu dinamismo e, sobretudo, sua informalidade pudessem ser melhor aproveitados. E como quem não quer nada, prestou um outro vestibular. Para jornalismo.

As aulas eram apenas uma pequena parte da vida universitária de que Maria pôde usufruir nos seus anos de faculdade.

Nem a formação cortada ao meio evitou que ela tomasse contato de forma intensa com o outro lado da São Francisco, equilibrando o tempo e a disposição entre a militância e a festa, situações nem sempre facilmente distinguíveis.

Ela chegou a se juntar a um coletivo feminista, auxiliando na produção de centenas de cartazes que, espalhados pela faculdade, deram o tom de recepção de seu primeiro 8 de março. A atividade remetia a uma tradicional dinâmica das campanhas eleitorais ao centro acadêmico, quando o prédio histórico era invadido pelas chapas, que disputavam, na agilidade ou no braço, se preciso, os melhores lugares para afixar as mensagens mais relevantes. Dessa vez, a *tomada* era sem disputa, ainda que uma importante parcela das ignomínias machistas que as estudantes destacavam provinha daqueles mesmos bancos escolares – mas nenhum professor se atreveu a passar recibo.

Foi na assessoria jurídica universitária, no setor dedicado a educação em direitos de povos indígenas, porém, que ela chegou mais perto de se encontrar. Havia algo naquele modo de vida e na enorme dificuldade para mantê-lo que pareciam reclamar um horizonte de ajuda, com um número muito reduzido de pessoas dispostas a enfrentar realidades e hábitos que reputavam primários, mas que podiam muito bem ser opções avançadas para um futuro melhor. Cartilhas para transmitir direitos, quase sempre desrespeitados, oitivas de líderes que ajudavam a descortinar a dimensão das carências, e visitas regulares à Piaçaguera, no litoral paulista, ponto de contato frequente com os tupis-guaranis que viviam fortemente assediados entre ameaças e promessas, para evitar aquilo que viria a se transformar, anos mais tarde, em uma nova terra indígena demarcada.

Essa imersão entre estudantes, militantes e indígenas, por mais inusitado que parecesse, pois lhe atraía demais, ainda seria responsável por sua mudança definitiva de vida. Mas Maria tinha um tanto a curtir, antes de se debandar de vez do direito.

As reuniões do SAJU, as discussões dos seminários, as provas impenetráveis, quase todas acabavam no Porão. Um *litrão* de cerveja rodeado de copos descartáveis, gritos e risos abafando as músicas, e, vez por outra, alguma festa onde sobravam olhares, bitocas e até um discreto baseado. De pichações a pinturas, de recados a bandeiras, de namoros a articulações, o porão era um reduto inexpugnável e era esse conjunto de sensações e aprendizados coletivos que a fazia se sentir uma universitária. E ainda havia o esporte:

— Esporte? Eu não jogo nada... Na verdade, nem gosto muito de assistir.

— Não seja boba, Maria. Você acha que eu tenho cara de esportista?

— Nem um pouco... mas você vai né?

— Eu, não, queridona. Nós vamos.

E a reboque da colega Lúcia, foi conhecer outra das tradições da casa, os Jogos Jurídicos. Até então, via no *pessoal da Atlética* estudantes de perfil engomadinho e conservador, o extremo oposto dos militantes da maconha e da causa indígena com que se acostumara a aglutinar. Mas segundo Lúcia fazia questão de dizer, quantos mais círculos frequentarmos, mais gente a gente conhece. Ela estava pensando em homens, mas deu uma oportunidade para convencer Maria também pela ideia do *network*.

— Você vai jogar o que, aqueles pompons de torcida? Ah, pelo amor...

Não foi pelo amor, mas pela amizade, por aquela cumplicidade feminina de acompanhar a amiga, para não deixá-la sozinha, para dividir a carona e o carão, se tudo desse errado num fim de noite no interior. Maria abriu mão da crítica e do conforto, da paciência e da leitura, das conversas sobre a natureza e o direito dos vulneráveis. E se meteu numa aventura que tinha tudo para dar errado e se transformar no grande mico da faculdade. Foi tudo pela amizade, a carona, o papo furado e até um jogo meia-trava de handebol que ela só torceu aos berros, porque já fora abençoada pela cerveja e pela catuaba, em partes desiguais.

Mas não o carão no fim de uma noite frustrada. Porque o armador da equipe se afogava na tequila para esquecer os gols perdidos e a sofrência lhe deixava com aquela cara de desprotegido que, somado aos traços bem providos, fazia um conjunto difícil de não se deixar afetar. O menino do interior era alto e musculoso, mas diferentemente de seus pares, retraído e introvertido, numa timidez que até a bebida tinha dificuldade de vencer. Maria nunca foi de desistir facilmente e aproveitando que na tenda das festas era mesmo cada um por si, e que Lúcia, se não feliz, também estava em jogo, lançou-se arduamente à tarefa de fazer companhia ao garoto. Ele não entendeu bem quando ela disse, com certo regozijo, que havia aldeia indígena perto da cidade dele – o que recebera quase como uma ofensa. Nem quando ela se lançou a reclamar de todos os professores formais, sisudos, babacas, menos o Mascarenhas que, esse sim, respeitava os alunos. Ele olhou meio de esgueio, concluindo que a caloura era daquelas esquerdinhas bocudas, mas tudo isso quando já era tarde demais, quando ele já não ouvia o som que saía de sua boca, embora já completamente endeusado pela sinuosidade de seus lábios, que estavam cada vez mais próximos, até finalmente engolirem os seus. Sim, era ele o veterano, o atleta, o musculoso pegador, mas era Maria que daria o *start* para o beijo, que se convidaria para o alojamento dos atletas e que acordaria, no final da manhã, vestindo apenas a suada camiseta da derrota, que lhe cobria quase até os joelhos. Ao levantar, enquanto ele se perdia em um sono ainda pesado, é que ela se deu conta que disseram de tudo um pouco, em papos que orbitavam do político ao psicodélico, mas nem chegaram a se apresentar. Agora estava tarde – e ao mesmo tempo cedo demais – para isso. Ela tinha uma única vantagem. Vestira sua camiseta ao contrário e quando alcançou um espelho, deu-se conta que estava com o nome dele estampado em seu peito: ARTHUR.

A última das tradições da casa, ela só conheceu mesmo quando já estava de partida. Juntou um grupo que orbitava o coletivo da legalização e estampou a frase que tanto a comovera na marcha: *eu trago, mas não trouxe*, e saiu na Peruada assim como se não estivesse com um pé e meio fora da San-Fran. Não tinha gritos políticos sedutores para se engajar, porque as trapalhadas do PT no poder não a estimulavam nem a defender, muito menos a vociferar. Mas foi munida de uma incumbência de se divertir sem amanhã, bebendo e desfilando pelas ruas do centro, e de uma outra, secreta, de reencontrar, meio que por acaso, sem hora nem aviso, com o peguete dos Jogos.

Ele havia se comportado num misto de vergonha e timidez depois daquela noite, e não haviam trocado mais do que meia dúzia de palavras, quando o vira em estado natural, ou seja, de terno e gravata pregado com a bunda na cadeira, mais preocupado com o emprego de tarde que com quaisquer reflexões que uma manhã de aulas lhe trouxesse. Era assim que os nerds do direito rapidamente se transformavam em profissionais, aptos a se vincularem nas cadeias de custódia e transmissão das tradições, mesmo aquelas que, na verdade, não tinham tempo suficiente para aprender, que dirá, refletir.

Mas um encontro fortuito, sob fantasias e cachaça, talvez pudesse detonar um flashback ou lhe proporcionar uma despedida um pouco mais carinhosa que ela estava certa que merecia. Os olhares de Maria correram por horas a fio sem encontrar os dele, e foi até melhor do que vê-lo apenas como um observador da passeata, como os quase formados bem colocados gostavam de se colocar, apressados no caminho do Fórum, e supostamente tristes por não mais poder participar da festa, com aquela falsa saudade que os enchia de orgulho e satisfação. Se se esforçasse um pouco mais ela teria visto Arthur já de terno, na calçada da São Luis, e de mãos dadas com uma veterana formada, com quem dividiria o começo da vida de advogado e a nostalgia reprovadora da perenidade do ânimo destes jovens completamente embriagados, no meio da tarde.

No ano seguinte, ela já não estaria mais usufruindo destas tradições, mas teria levado consigo daí sua chave para a próxima porta. Uma coisa que ele compreendera é a importância do conhecimento e da informação. Foi nas críticas do professor Mascarenhas, ou no repertório das lições de direito civil, sabe-se lá, que ela aprendera a dar valor à informação que não estava ao alcance de todos. Muitas vezes era preciso pensar, compreender a formação das estruturas, reconhecer os gatilhos do poder e as construções sociais que viriam a se transformar em hábitos arraigados por todos aqueles que se limitavam a decorar as normas, sem notar os mecanismos de sua formação, e assim, as melhores condições para sua interpretação.

Mas ao fim e ao cabo, não foi a hermenêutica que a seduziu, mas o capturar e o desvelar das informações que eram mantidas em sigilo, justamente para que pudessem continuar a produzir efeitos aos desinformados. As revelações das primeiras conversas que senhores bem intencionados tinham, em visitas aparentemente cordiais aos indígenas de Piaçaguera, chamaram sua atenção. Muitas aulas foram deixadas para trás para que ela colocasse em prática a ideia de reunir histórias que registrariam a permanência da cultura tupi-guarani na região de Peruíbe. A intimidade lhe permitiu tomar ciência da concorrência com a antecedência suficiente, e as fotos que tirou furtivamente ajudaram a anunciar os próceres da empresa que pretendia seduzir as lideranças para construir um porto no território Piaçaguera.

A informação transmitida com um timing perfeito fez com que, de uma só tacada, ela conseguisse fazer a transição ao jornalismo como pretendia: que, a partir das reportagens, o Ministério Público Federal buscasse na Justiça a inviabilização do empreendimento, ao final, com sucesso.

Não se pode dizer que Maria passou em branco na defesa dos povos indígenas, ainda que o direito tenha sido apenas um mecanismo indireto à sua ação. Ela entendeu que havia cumprido exatamente aquilo que seu pai lhe cobrara: começou fazendo cartazes e acabou aprendendo a fazer valer sua causa de forma jurídica. Era hora, então, de prosseguir em outros caminhos.

Instalar-se na redação de um grande jornal não era exatamente como Maria se via iniciando uma carreira em que sequer tinha formação. Mas jamais sentiu-se uma impostora em razão disso. Ela tinha um agudo senso crítico, curiosidade de sobra e era desinibida. Uma vontade frenética de descobrir as verdades, o que tudo junto, lhe pareciam ser ingredientes bastantes para o cargo. Mas o texto muito bom é que havia sido seu diferencial, segundo a futura chefe. E, nesse ponto, sentia-se devedora do Dr. Jorge, que enchia sua cabeça regularmente, instigando, estimulando e vez por outra até exigindo a leitura: só quem lê, aprende a escrever, Maria. Leia mais.

Mas Dr. Jorge, ele mesmo, não estava minimamente satisfeito com o giro que ela havia dado em sua vida profissional.

Menos por se dedicar de corpo e alma ao jornalismo, que ele via com restrições, mas compreendia como uma fase; mais por deixar inacabada a faculdade de direito.

— Você não sabe o que o futuro reserva; não deixe de se formar.

Ele dizia, ainda, que era muito comum o desânimo com o direito no meio da faculdade. Todo mundo tinha, até ele flertara com a economia e quase desistiu. Mas valia a pena ao menos terminar o curso, ir até o fim, vai que alguma coisa lhe seduz pelo caminho. No fundo, Maria achava que ele estava mesmo indignado que ela largasse a faculdade, sem ter ao menos uma única aula de direito tributário, que para ele acabou sendo a tábua de salvação no curso, a partir de quando se deu conta de que aquilo ia prover o seu futuro. Mas não passava de um autoengano. Era óbvio que Maria não ia se seduzir pelo direito tributário.

Ela percebeu que a fixação de um diploma na parede, como tantos que, por falta de opções ou medo, cursaram direito e depois de formados dele logo fugiram, não ia lhe fisgar. Era mais fácil para ela, de fato, não se sentir compelida pela segurança; seu pai já fizera esse percurso de modo eficaz. Mas ela também era uma mente inquieta, um espírito espevitado e pretendia lutar contra o buraco negro da rotina e da segurança com todas as suas forças. Ou pelo menos era assim que pensava quando sua nova carreira se iniciou. De cara, na redação de um grande jornal.

Ela queria lidar com terras indígenas, com questões ecológicas, ir atrás de denúncias de violações, maus tratos e desperdícios. E assim foi paulatinamente se esgueirando pela editoria de Cidades, em busca de motivos para percorrer outros caminhos. Estava saindo da casa dos pais e queria também se manter o mais longe possível da capital, dos congestionamentos, da poluição. Estava em progresso para realizar o velho sonho de uma casa no campo onde pudesse plantar os amigos, discos e nada mais.

Os primeiros anos foram de um aprendizado constante. A princípio, pelas regras sisudas e herméticas do Manual de Redação que indicava a formatação das frases, o volume de informações que se esperava de cada matéria e, sobretudo, a regra de ouro de ouvir o outro lado. Com o tempo, foi descobrindo que a qualidade do texto lhe abria exceções, que informações demais muitas vezes eram absolutamente inconciliáveis e que o outro lado era uma cláusula pétrea – mas que jamais devia ser cutucado, enquanto a matéria não estava pronta, com o quê, no mais das vezes, se tornava apenas retórico.

Tão logo o assunto da demarcação das terras indígenas começou a ser discutido judicialmente, os editores se deram conta de que ela tinha um atributo a mais para se acercar do tema: o conhecimento jurídico – ou, pelo menos, uma parte dele. Maria não desmentiu e, embora aqui pudesse mesmo se embalar no papel da impostora, achou por bem pagar para ver, e disse que não sabia muito, mas que a faculdade lhe dera instrumentos para compreender a linguagem e, sobretudo, amigos que pudessem lhe abrir algumas portas.

E quase que sem perceber acabou derivando para a editoria de Política, onde parte das questões legais, em especial aquelas que envolviam disputas de poder, estavam alocadas. Isso começou como uma espécie de ajuda ao pessoal da editoria e aos poucos foi se tornando uma imersão no mundo da lei e da ordem, desta vez, pelo lado de fora. Não era o mundo dos seus sonhos, mas entre outras lições que aprendera com Dr. Jorge, estava a de não deixar passar um cavalo encilhado, aproveitando as situações em que, sincera ou imprudentemente, lhe eram atribuídos importantes atributos para montá-lo. Dona Simone também jamais deixaria uma oportunidade escapar, lembrava sempre.

Isso acabou significando, ao longo do tempo, um retorno ao Largo, ao menos a seus contatos mais importantes. Não fez isso sem ferir algumas suscetibilidades. Inclusive as suas.

O primeiro contato que retomou, com prazer e a alegria, foi com a amiga Lúcia, que finalmente se dedicara à sua paixão pelo direito penal. Foi com ela que discutiu as questões ligadas ao hiperencareramento que acabaram por povoar algumas de suas reportagens, sobretudo aquelas que mostravam o crescimento vertiginoso do aprisionamento feminino e a precariedade da manutenção das presas. Lúcia lhe apresentou defensores públicos, membros da Pastoral Carcerária e de várias entidades que denunciavam maus tratos no sistema prisional. A partir de suas conversas, a letalidade policial passou a ser um tema frequente em reportagens, o que acabou a levando a alguns embates mais duros com o secretário de segurança, sobretudo, ao pautar a morte como política de combate à criminalidade, que demonstrara que estava sendo seguida à risca.

Lúcia lhe apresentou, ainda, o documentário Bagatela, o que rendeu uma série de reportagens sobre mulheres presas por pequenos furtos em supermercados ou farmácias, e como o sistema as destroçava. Sua pulsão de defesa dos vulneráveis a fez compreender um pouco melhor a necessidade de estabelecer limites às ações estatais, sobretudo no âmbito penal, embora isso nem sempre merecesse destaque no jornal. Ela até se esforçou para que a discussão de algumas políticas públicas pudesse se contrapor ao noticiário policialesco sensacionalista, que tradicionalmente os repórteres de polícia consolidam em toda redação. Lúcia tinha até orgulho desse engajamento e a chamava, carinhosamente, de *nossa jornalista garantista*.

Mas quando esses mesmos apelos garantistas foram reclamados por acusados de corrupção ou outros réus empoderados, inclusive aqueles a quem Lúcia chegou a defender, Maria não se sentiu muito comovida.

— Porra, Lú, só pobre vai preso nesse país. Esses caras têm que sofrer um pouco também.

— Mas com esse monte de prisão ilegal, pode apostar, os pobres vão sofrer ainda mais lá na frente, Maria. Turbinar o sistema penal não é bom pra ninguém, só pra esses políticos populistas.

— O pessoal tá cansado de tanta impunidade, Lú; todo mundo já sabe que branco rico não vai pra cadeia nem como visita... e você tem que entender que a dinâmica da imprensa se concentra no inédito, isso chama atenção. Não tem como evitar.

— Entendo, Má; não vou te tirar as manchetes, eu sei que você vive disso. Mas, pelo menos, ouça o outro lado, não compre de cara, como verdade, tudo o que a acusação fala. Eles adoram condenar na imprensa para depois dar o fato como consumado e fazer pressão sobre os juízes.

— Olha, Lú, a gente faz até um carnaval, não tem como evitar. Mas se o juiz condena por causa disso, só por causa disso, se não tem prova e coisa e tal, o erro é dele, não nosso, né?

Lúcia foi lhe dando crédito até que sentiu a necessidade de contra argumentar uma acusação que chegara de supetão e Maria lhe convenceu a deixar para o dia seguinte, porque, sim, ouvir o outro lado é uma obrigação, mas a munição dela podia ser melhor aproveitada em uma suíte, com o destaque que ela merecia. Mas é lógico que o destaque não veio e que Lúcia se sentiu desprezada pela amiga que vestira, em demasia a seu critério, a camisa do jornal, ou seja, a do patrão. Ela não entendia a enorme dificuldade de os jornalistas se darem conta de que não representavam apenas um ideal abstrato e universal, alimento da democracia, mas que eram, afinal, como todos os demais, mercadorias à disposição de um dono dos meios de produção, como tanto lhes dizia o professor Mascarenhas.

Sem tanto afeto, mas também sem a mesma complacência, essas diferenças marcaram a reaproximação de Maria com o professor predileto.

Camilo fazia uma assessoria jurídica a movimentos sociais e, vez por outra, se digladiava contra as reintegrações de posse determinadas abundantemente e sem cerimônia por juízes e desembargadores. Essa era, a bem da verdade, a única exceção a que se dispunha a quebrar em seu regime de dedicação exclusiva à universidade. Como não era onerosa, ninguém lhe colocou reparo.

— Os juízes ainda têm uma visão pré-constitucional da propriedade, dizia – ninguém reconhece a moradia como o direito fundamental que é.

E, de fato, os argumentos expendidos pelas defesas eram frequentemente ignorados, seja quanto a reconhecer a perda da função social dos imóveis por décadas desocupados, seja quanto a condicionar a desocupação pelas famílias à obtenção de alguma morada ou abrigo para os instalar. Este não era um assunto que propriamente tocasse à editoria de Maria, mas ela conseguiu um espaço para discutir as mudanças que os diversos grupos de interessados projetavam na Justiça, e como as relações de poder entre presidência do Tribunal e o governo podiam acelerar ou postergar o cumprimento das ordens. O Executivo costumava dizer que enviava a polícia apenas para cumprir ordens judiciais, mas na tessitura dos interesses muitas vezes ele é que se oferecia sugerindo prontidão, sem exigir incumbências tradicionalmente delegadas aos proprietários. Havia um certo senso comum que a defesa da propriedade era uma questão de lei e ordem – e, portanto, matéria prima da polícia e da política.

Maria pediu ajuda uma ou outra vez ao professor para entender alguns conflitos que lhe pareciam demasiadamente complexos – e ele sempre sabia traduzir em equações simples. Por alguns momentos, pôde se reconectar com as aulas que tanto admirava. Mas nem sempre isso representou uma qualidade aos olhos dela – a ideologia também cobrou sua fatura, e não foi barato.

A maciça cobertura da imprensa no começo do processo do Mensalão, segundo ele, absolutamente despropositada, o incomodava profundamente. Repetia insistentemente a convicção de que a imprensa produzia, a partir do seu "interesse de classe", uma igual seletividade que Maria criticava na polícia, e assim foi se tornando um conselheiro cada vez mais distante dela. Camilo não queria mais falar ao Partido da Imprensa Golpista e, no mais das vezes, se recusava até mesmo a ouvi-la. Ficava indignado pelo fato de que ela não conseguia perceber as evidentes manipulações.

— Quando tua colega flagrou o Lewandowski dizendo que o Supremo votou com uma faca no pescoço, quem você acha que estava empunhando a faca?

— Bom, mas ela publicou isso, né?

— Sim, como uma crítica. Uma outra faca, ainda mais afiada.

E prosseguia.

— Maria, é o tempo todo o catastrofismo e o fim do mundo, uma visão desastrosa e cínica, de que o PT faz o "maior escândalo de corrupção da história"... na nossa história, a corrupção sempre esteve marcada como forma de garantir a predominância dos interesses da burguesia.

— Mas, Camilo, está sendo diferente agora? É isso que eu te pergunto.

— Diferente está sendo dizer que agora tudo isso mudou de patamar, que a corrupção está "endêmica". Ora, Maria, ela sempre foi endêmica, e enquanto foi interessante para manter o povo longe do poder, era aceitável. Isso é cinismo, você não percebe?

— Mas eu não posso falar dos outros. Daqueles que já se foram. Eu não estaria sendo uma boa aluna sua se eu decidisse que na corrupção dos meus amigos eu posso passar pano, e gritar apenas nas dos outros...

— Mas é exatamente isso que acontece, sob o pretexto de evitar: enfim, tudo isso que sempre foi normal parece ser gravíssimo, e o que é gravíssimo, a fome, o trabalho precário, a escravidão, genocídio da juventude negra, tudo isso é normalizado. Você não consegue ver como a imprensa está reproduzindo o país de cabeça para baixo?

De cabeça para cima ou para baixo, Maria tinha a convicção que estava cumprindo o seu papel - e como se cansava de ouvir no meio jornalístico, ninguém se satisfaz quando a imprensa cumpre a sua função, porque o principal papel dela é mesmo incomodar. Imprensa é oposição; o resto é armazém de secos e molhados.

Além do que, havia toda uma horda do outro lado imputando à mídia a lassidão dos costumes e a complacência piedosa com criminosos. E como a polícia cada vez mais foi se enfiando nas páginas da Política, ela foi ganhando a convivência de novos atores, como conversas frequentes com delegados e investigadores, com quem, admitia, mantinha um pé atrás. Um pouco pela história que seus pais contavam da repressão; outro tanto pelo que via nas manifestações de rua que engrossara. Enfim, o último espécime do meio com quem travou contato foi a promotoria, que cada vez mais ocupava largos espaços na imprensa. Ela tinha escapado de cobrir as várias entrevistas coletivas que eles davam, e nutria uma certa preguiça aos que tinham, por demasia, apego aos flashes.

Mas vai daí que uma informação chegou a seus ouvidos sobre a investigação que estava sendo feita pelos próprios promotores, sem anúncio à polícia, e de forma relativamente discreta, o que significava dizer que ninguém a ela tinha acesso, nem mesmo os advogados, sobre o desvio de dinheiro em uma cooperativa habitacional, coincidentemente também ligada ao PT. A bem da verdade, e embora ela não tivesse comunicado diretamente a seu editor assistente, a informação lhe fora passada de dentro do Ministério Público mesmo. Para ela, tinha sido a primeira vez, e Maria suspeitou que fosse pelo protagonismo que estava ganhando em alguns casos de corrupção envolvendo políticos. Mas o relacionamento entre o MP e a imprensa era realmente bem fluído. Os promotores tinham a expertise de passar informações a jornalistas específicos, para que, como matéria exclusiva, elas tivessem maior destaque em seus veículos. A matéria conseguida com antecedência podia até ser picotada em algumas partes para, desde logo, municiar continuações, antes que a concorrência tivesse condições de chegar ao mesmo ponto. A contrapartida é que o destaque dado ao fato pela mídia ricocheteava no processo, pois o promotor exibia a repercussão do fato como um importante ingrediente. Como costumava dizer Maria aos críticos desta triangulação, se isso influenciava os juízes, o problema era deles, não nosso. E lá foi fazer sua primeira exploração junto aos membros do *parquet*, como aprendeu a chamá-los nos bancos de faculdade.

Ela até tinha uma verba do jornal para tomar um táxi, já que os poucos veículos da empresa estavam todos ocupados. Mas resolveu caminhar e gastá-la para tomar um suco no trajeto entre os Campos Elísios e a beirada da praça da Sé.

Foi cruzando a praça da República e o viaduto do Chá, com o colorido e o alarido que o centro da cidade sempre lhe despertava. Era um dia de sol e o meio da tarde estava especialmente agradável, até mesmo para suportar as cantorias dos menestréis do calçadão da Barão de Itapetininga, nos poucos espaços que os camelôs das ervas milagrosas e os homens-propaganda de Compro-Ouro permitiam, bem ao lado das filas do desespero de quem procurava anúncios de emprego colados em banners sobre os ladrilhos da calçada que, em sua maioria, provavelmente, já nem mais existiam. Era prudente segurar a bolsa junto ao corpo, mas a luz do dia e a imensidão de pessoas lhe afastavam da sensação de perigo que o centro de São Paulo exalava. Ela curtia caminhar, principalmente quando isto podia ajudar a organizar seus pensamentos, como o de treinar impassividade e indiferença, relutância e hesitação, mercadorias sempre hábeis a estimular o aumento da oferta que esperava receber.

Ao chegar no prédio da rua Riachuelo, cento e quinze, abriu sua caderneta para indicar na recepção a quem pretendia visitar:

— Por gentileza, doutor Evilásio, parece que é no quinto andar.

— A senhora marcou hora?

— Ele está me esperando.

E foi autorizada a subir no pequeno elevador de porta pantográfica, tão logo a recepcionista recebeu o aval no interfone.

— Saindo do elevador, à direita.

— Obrigada!

Subiu e esperou em uma saleta até que alguém a anunciasse. Instantes depois, o promotor em pessoa veio resgatá-la. Estava treinada para a sobriedade e a circunspecção, mas não conseguiu segurar o susto ao vê-lo. Foi um misto de surpresa e satisfação. Incrédula, ainda se socorreu da anotação do recado que lhe fora transmitido e que por pressa ou desleixo uma pequena parte dele lhe escapara "Procurar o Dr. Arthur Evilásio".

— Meu Deus, é você!

Por motivos que ela viria a descobrir em breve, Arthur não estava surpreso. Só feliz.

Arthur

Gertrudes sentiu a primeira pontada na missa. Foi difícil para ela, que tinha uma irrepreensível formação católica, abandonar a genuflexão e se levantar aos olhos de todos. Ela cochichou no ouvido do marido que precisava ir urgentemente ao banheiro, e ele achou que a ajudaria mais se a deixasse ir sem chamar a atenção. Quem sabe os comentários fossem menores.

Quando as pessoas, enfim, saíram da missa, Seu Honório veio encontrá-la à porta da igreja, e ela já estava com um semblante bem mais agradável. Deu-lhe um sorriso, disse algo como ser "coisa de mulher", e esperou ansiosamente para abraçar seu filho que nem se dera conta de sua rápida escapada. Arthur não passou mais de dois minutos na companhia de seus pais, antes de se reencontrar com os amigos. Mas Seu Honório foi diligente e atendeu ao pedido de Gertrudes para imortalizar o momento.

Ela ainda não sabia, mas tinha lá no fundo a intuição de que nenhuma foto e nenhum momento podiam mais ser desperdiçados. Há um sexto sentido que envolvem as mães, mas que raramente se espalha pela família. O marido saiu da cerimônia religiosa da formatura apenas feliz, aliviado que tudo havia dado certo e que nem a escapada de Gertrudes, nem a ansiedade de Arthur, tinham colocado algo a perder.

Mas algo estava ali se esvaindo bem a seu lado – depois do terceiro episódio de dor lancinante é que, enfim, Gertrudes se rendeu a visitar o Doutor Cesário. A partir daí começaram os exames de rotina e a rotina de sonegar as informações o tanto quanto fosse possível do restante da família. Até que o Doutor Cesário exigiu que na consulta seguinte seu marido estivesse junto. Ela sabia que era o fim. E só o que queria era que o tempo passasse rápido o suficiente para que pudesse ver seu caçula entrar na faculdade. Seu Honório chorou compulsivamente.

Quando o resultado do vestibular saiu e Arthur correu para visitá-la para contar a novidade, ela não esboçou nenhuma reação. Já estava internada e inconsciente, esperando o momento em que o câncer finalmente pudesse deixar o seu corpo descansar. Arthur apertou-lhe fortemente a mão e a trouxe junto de seu peito. Era o que podia fazer. No dia da matrícula, Gertrudes já se tinha ido.

A morte da mãe redefiniu o centro nevrálgico da família Evilásio, o que significa dizer que ela passou a se dispersar. Nunca mais foi a mesma. Arthur veio a São Paulo cumprir o maior desejo da mãe, que era ver o filho numa faculdade da capital. Ela teria feito muito gosto ao saber que a faculdade era a mais antiga do país. Naquela família, tradição tinha um certo gosto de meritocracia. O que é antigo é bom.

Esse era também o lema de Seu Honório, o matuto com quem ela casara ao final dos anos setenta. Honório era uma espécie revisitada de caixeiro-viajante, o representante comercial. Viera de Minas para o oeste paulista e por aí ficara, depois de se engraçar com a filha do dono da loja de materiais de construção. Por pressão da mulher, abandonou as viagens, as representações e passou a cuidar da loja do sogro, que se aposentou, assim que viu alguém disposto a fazer o seu trabalho.

Honório não tinha altos sonhos nem foi capaz de dinamizar, o tanto quanto se reclamava, a loja muito bem situada, que vivia de uma freguesia antiga e familiar.

— Ela se toca sozinha, é só não fazer besteira....

Mas é lógico que essa apatia ainda ia custar muito na virada do milênio, no interior paulista, um dos pontos de maior modernização do país. Com a morte da esposa, Seu Honório se retraiu além da conta e a depressão acabou propagando reflexos também nas finanças. Foi mais ou menos por aí que ele se rendeu a investir em uma ampliação do comércio, a partir das ideias de um futuro sócio, muito promissor. Muitas promissórias, a bem da verdade, que acabaram abrindo uma cratera nas finanças da família e que fez Arthur, com o peso de uma faculdade de direito recém-iniciada, incumbir-se de buscar justiça. Foram meses até descobrir que o homem da capital que prometia mundos e fundos, e que já se integrara com destaque na sociedade tupanense, era nada mais nada menos do que um personagem, um nome vazio. Rodrigo de Moura Lacerda era uma conta em banco falsa, identidade sem lastro, e dono de um imóvel que, simplesmente, jamais havia sido registrado.

Arthur correu de endereço falso em endereço falso tentando, sem êxito, mobilizar os investigadores de polícia, mas eles sabiam: quando um estelionatário deixava seu perfume no ar e desaparecia nas nuvens, não fazia muito sentido procurá-lo. E não era possível instaurar um inquérito sem que ao menos o autor do crime fosse devidamente identificado, e outros obstáculos burocráticos que o impediram de contar com ajuda oficial. Poderia ter nascido daí a ideia de Arthur virar um promotor, vingar-se ao mesmo tempo do estelionatário e da omissão policial. Mas a verdade é que ele já pensava em ser promotor, antes mesmo do resultado do vestibular. E já tinha confidenciado à sua mãe, enquanto ela tinha condições de ouvi-lo.

— Você vai ser um promotor de muito sucesso, meu filho. Nada vai me fazer mais feliz de que vê-lo assumir esse cargo. Fazer justiça. E depois, lógico, voltar para ser autoridade aqui...

Nem ela chegou a acompanhá-lo no concurso, nem ele voltaria a Tupã depois de formado, salvo para visitar, com uma frequência muito menor do que ambos gostariam, seu pai e seu irmão. Mas é que o tempo, a vida, a carreira e as pessoas, enfim, o transformaram em um homem da cidade grande.

Ele começou a faculdade na singeleza de uma pensão na Bela Vista, a uma quadra do ponto de um ônibus que não demorava mais de cinco minutos para o levar ao Centro. Mas quando se formou, já estava trabalhando mais do que estudava e repartia um apartamento de três quartos nos Jardins que, pouco tempo depois, restaria como único morador.

A depressão de Seu Honório mais ajudou que atrapalhou esse percurso, porque gradativamente o irmão Toninho se sentiu na obrigação de dividir seu emprego de químico numa empresa com a gerência na loja. E ao trazer para ela uma primeira leva de tintas que acederia por seus contatos, e que faria muito sucesso, acabou vitaminando o comércio de uma forma que seu pai jamais conseguiu. Seu Honório não se aposentaria, seguiria trabalhando, mas cada vez mais se transformava no atendente folclórico velhinho que emprestava graça à loja modernizada. E o sucesso financeiro de Toninho, que não demoraria a ficar exclusivamente no comércio da família, vitaminava a vivência de Arthur, que passara a rodar de moto pela capital.

A pensão de dona Jurema era uma espécie de vagas para moços de boa família – quase todos eram estudantes de classe média. Ela servia um café da manhã comunitário e, à noite, era pegar um prato e se servir diretamente no fogão, onde ela deixava o jantar feito a partir das 19. Não era lá um grande custo, nem um baita sofrimento, porque os colegas que dividiam o quarto com ele ficavam muito pouco por lá, voltavam apenas para dormir mesmo. Só era chato não ter um lugar onde receber um amigo ou uma garota – mas o fato é que

Arthur fez muito pouca amizade e nenhuma paquera nos dois primeiros anos. Sua disposição ao estudo e seu jeito introvertido o faziam passar quase despercebido na faculdade.

Mas as coisas mudaram quando começou a treinar handebol nas noites de quarta, a tomar cerveja após o treino e a tornar mais popular o corpanzil nos jogos pela equipe. Handebol era um esporte festejado na SanFran. Um goleiro do time dos anos 1980 chegou a disputar uma Olimpíada pelo Brasil, e pairavam rumores de que olheiros costumavam assistir aos jogos estudantis. Arthur não era um craque e não tinha maiores pretensões do que a sensação de pertencimento. Foi ela que o levou a conhecer mais e ser mais conhecido. Ser badalado nas vitórias, e, como já vimos, confortado nos insucessos.

Ele queria ser promotor desde cedo, mas só estagiou em escritórios de advocacia, porque a remuneração deles era bem superior que a dos empregos oficiais para estudantes. E o trabalho também. Nos últimos anos, cumprir os prazos do escritório exigia que passasse noites em claro e sua presença nas aulas foi proporcionalmente rareando. Com isso, foi aprendendo que aprender a advogar se fazia na prática, porque as lições que recebia na classe lhe faziam conhecer a natureza jurídica dos institutos, entender as classificações doutrinárias e a história das leis. Mas muito pouco sobre como usá-las, quando os problemas concretos apareciam, fora das hipóteses dos livros. Mas não era bem isso que ele queria.

Essa fase da sua vida podia ter sido mais confortável. Toninho continuava mandando uma mesada e ele amealhava um salário que era até bem razoável. Mas convicto dos seus sonhos, foi economizando dinheiro para poder estudar - ele sabia que ia precisar, já que foi impossível começar o cursinho preparatório antes da formatura, como muitos faziam.

Enfim, sua faculdade foi menos porão, menos coletivos e grupos de extensão, e até menos peruada que a espevitada

Maria. Mas foi acompanhando a última delas travestido de advogado que a reviu zanzando feliz de um lado a outro numa legging verde que lembrava um baseado. Seus olhos ainda mais verdes pareciam deliciosamente perdidos e à procura e por um curto momento ele se encheu de convencimento pensando que podia ser o alvo dessa inquietude toda. Mas logo passou. Desencanou, compreendendo que seus mundos dificilmente iam se cruzar de novo. Mas continuou a acompanhar Maria de longe e isso ia fazer com que sua previsão não se cumprisse.

Arthur teve chance de voltar para casa, ou para mais perto dela, quando começou sua nova carreira. Era mais fácil se inscrever para um cargo no oeste paulista, mas ele acabou optando pela Grande São Paulo - e não cumpriria pelo menos este desejo de dona Gertrudes. Quanto mais ele foi se tornando um homem da metrópole, mais seu pai foi ficando recluso e pagava uma boiada para não sair de Tupã. Foi um sofrimento trazê-lo para a formatura e ele acabou nem vindo para a posse no Ministério Público, porque se viu obrigado a um repouso por razões da coluna. O resultado é que eles foram ficando cada vez mais distantes, e com o salário que já lhe permitia se sustentar com folga, cada vez menor era também o contato com Toninho.

O Ministério Público era sua nova família e a dedicação e o empenho com que se lançou sobre suas funções o marcariam como um promotor de carreira meteórica. Mas a verdade é que soube aproveitar bem as coincidências que a vida lhe apresentou. A primeira delas, num jogo do Corinthians.

— Ah, pra puta que o pariu, vai enfiar essa bola no meio do olho do cu...

O menino olhou assustado ao torcedor que vociferava. Arthur se apiedou.

— Cara, olha o garoto aqui.

O colega olhou com cara de poucos amigos e, por alguns instantes, apenas ignorou. Mas a masculinidade não se permitia reprovações tão sutis.

— Porra, se não quer que ele aprenda palavrão, por que é que você traz ele ao estádio? Vai levar no circo.

— O filho não é meu. Mas quem trouxe aqui deve ter pensado: no reservado, tudo bem, não vai ter problema...

Aí sim foi ignorado, não por altivez do colega, mas porque o atacante do Corinthians havia perdido outra chance.

— Ah, vai todo mundo pra puta que o pariu, esse time está uma merda...

O garoto arregalou os olhos e esperou que o moço se levantasse para comentar:

— Ele está bravo, né?

— Com esse time também, até eu....

— Mas você não grita como ele...

— E você, como faz quando fica bravo?

O menino respondeu com uma careta e depois outra e depois outra até que os dois caíram no riso.

— Meu nome é Arthur e o seu?

— Rafael. Rafa.

Falou e olhou para o tio que passava boa parte do primeiro tempo falando no celular junto à grade que dividia os camarotes destinados às autoridades. A primeira carteirada que Arthur havia dado como promotor. Ver o jogo do Corinthians de graça. No Pacaembu, sentado nas cadeiras cobertas bem no meio do estádio, só mostrando a funcional. As regras eram: não vir de bermuda nem usar camisa de time. Mas palavrão, ah, palavrão podia...

Quando o primeiro tempo acabou, o tio veio cumprimentar Arthur:

— Obrigado, rapaz. Você não precisava comprar essa briga. Ele vai se acostumando...

— Para ser sincero, eu também não gostei. Achei que dava para ver o jogo mais tranquilo aqui.

— Aqui? Isso é uma arquibancada de luxo. Até briga às vezes tem. Vem, vamos tomar um guaraná. Rafa, bora comer uma pipoca.

Sim, tinha uma saleta com uma das mais fortes tradições dos encarteirados: o lanchinho.

Jaques era procurador de justiça na seção criminal. Seu trabalho era dar pareceres em recursos submetidos ao Tribunal de Justiça, antes que os desembargadores decidissem. Em tese, cumprindo a função de fiscais da lei, o objetivo é que dessem um parecer isento, dissociado das manifestações de acusação e defesa. Mas isso era praticamente impossível, pois as pessoas recrutadas para produzir esse parecer eram todos da acusação. Podiam concordar com pedidos da defesa ou discordar dos recursos dos promotores – mas o fato é que raramente o faziam. Jaques, menos ainda. Crente fervoroso na punição como forma de emenda, e crédulo da honestidade da ação policial, seus pareceres não apenas recomendavam a manutenção das punições, como, com frequência, sugeriam que também os recursos para aumentar as penas fossem acolhidos.

Os pareceres na seção criminal eram apenas uma parte de seu ofício e, no momento em que conheceu Arthur, talvez a parte menos instigante dele. Ou a que menos exigia sua dedicação. Jaques era também membro eleito do Conselho Superior do Ministério Público, um órgão colegiado que, entre outras coisas, era responsável por apontar uma diretriz política à instituição.

Mas Jaques era, também, e os entendidos já entendiam, um pretendente ao cargo de procurador-geral da Justiça, para o qual formulava um pomposo discurso de autonomia e fortalecimento da instituição. Sua conhecida retórica de crítica contundente ao alinhamento e blindagem do governo foi gradativamente se atenuando, na proporção em que seu nome passava a circular com um pouco mais de consistência dentro da carreira. Na proporção inversa, se avolumavam os pleitos corporativos com que, paulatinamente, se impunha como o candidato dos promotores. Essa operação ainda ia demorar um tempo...

Arthur era um neófito, quando tomou as dores do pequeno Rafael no camarote vip do Pacaembu; não tinha como saber que o tio jamais entraria em rota de colisão com um colega enquanto galgava popularidade na instituição. Desconhecia completamente os escaninhos eleitorais do MP – mas viu em Jaques um colega mais velho atencioso e interessado nas coisas que aconteciam em seu trabalho. Acabou tendo com ele um contato mais frequente, inclusive convidando-o para encontrar e conhecer seus colegas de comarca e, mais tarde, ser um interlocutor com os parceiros de concurso que se mantinham ligados ao longo da carreira. Ele viu aí uma forma de se aproximar dele. E de subir junto.

Jaques reconheceu em Arthur não apenas um jovem e educado promotor, dedicado ao trabalho e responsável, como um companheiro leal e relativamente ambicioso. Enfim, alguém que pudesse acompanhá-lo neste percurso. Em comum, tinham uma avaliação de que o Ministério Público podia crescer institucionalmente muito mais se acolhesse o reclamo da sociedade pela punição dos corruptos do que se ficasse marcando presença em demasia nas questões ambientais e de direitos difusos que fizeram a fama da instituição nas décadas precedentes. Bons interesses, temas importantes, mas que estavam deslocados das exigências da opinião pública do século XXI. Seria exagero dizer que juntos fariam um gol de placa, mas por alguns anos foram ensaiando uma boa tabelinha.

Em Mogi das Cruzes, onde foi a comarca de estreia de Arthur, o trabalho criminal era imenso. Uma pilha de inquéritos para se manifestar todos os dias, a maior parte, é verdade, apenas concordando em que a investigação policial se alongasse no tempo. Mas havia outros processos prontos para alegações finais e recursos, além das audiências ao correr da tarde. Sexta sim, sexta não, era convocado para fazer um plenário do Júri, o que envolvia pelo menos um dia inteiro de estudos e outro na sessão. Não era à toa que os substitutos se sentissem como burros de carga, incumbidos de uma parte consideravelmente pesada do trabalho, antes ainda que tivessem experiência de sobra para manejá-lo sem tanto esforço.

O outro lado da carga de trabalho pesada e complexa é que ele antecipa e muito a experiência. Em seis meses, não havia tema penal que não tivesse enfrentado em alguma audiência ou peça – até um júri de aborto foi escalado para fazer. Gestante e parteira saíram condenadas a serviços comunitários, mas, é lógico, só a gestante acompanhou o julgamento e iria cumprir a pena resultante deste anacronismo moral. A profissional se perdera na vida e muito provavelmente continuaria sua carreira em outras plagas – ao menos, até que o aborto se torne política pública de saúde. Arthur não era punitivista a esse ponto, a tradição católica da família morrera com sua mãe, mas o propósito de conseguir todas as condenações que estivessem a seu alcance manteve-se íntegro, crime após crime, fosse produto da crueldade, da ganância ou da simples necessidade.

Mas, de fato, corrupção não era uma acusação frequente e havia um certo jogo de empurra para transferir responsabilidades. A negligência policial, a blindagem política e a precariedade das provas no bojo de uma relação em que os dois lados estão sempre envolvidos, tudo isso dificultava acusações e, quando existiam, fragilizavam as condenações - que dirá as penas que eram, além de tudo, pequenas, se comparadas com às aplicadas aos crimes dos mais pobres.

No cômputo dessa experiência criminal, que acabou carregando para as outras comarcas, onde conseguia dividir um pouco mais o trabalho - com tempos em varas de família, por exemplo - amealhou essa certeza: a sociedade quer mais punição de poderosos, mas o sistema está atravancado para permiti-lo. Teve muitas conversas com Jaques sobre isso e como superar os obstáculos da burocracia e das fragilidades das leis. Chegaram à conclusão que uma certa dose de proatividade podia romper omissões históricas e que esta seria a chave para que, enrijecida com o apoio da opinião pública, a instituição certamente ganhasse musculatura para construir espaços de autonomia cada vez maior. E, por consequência, maiores recompensas.

— Quanto mais a sociedade depende de nós, mais ela aceitará nos pagar.

Em um breve resumo, esses os pilares que levaram Jaques a conseguir o apoio de parcela significativa da carreira para ter seu nome incluído na lista tríplice entregue ao governador do estado, com uma certa preferência da mídia, constantemente agraciada com as informações bombásticas, ainda que sigilosas, dos inquéritos policiais sobre corrupções. Essa foi a parte que coube a Arthur, estrategicamente inserido no grupo de atuação ligado às organizações criminosas, por interferência do próprio padrinho, ainda na gestão que o antecedera.

E é nesta posição que vamos reencontrar Arthur, envolto em uma investigação sobre desvios na cooperativa habitacional do sindicato dos bancários, ainda em uma fase preliminar, mas nem por isso, com menos estardalhaço, pois a espetacularização deveria preceder a denúncia, justamente para servir de pressão para seu recebimento. Quando o grupo de promotores se sentou para decidir o exato momento em que a investigação deveria vazar, e como fazê-la, foi que Arthur tomou a iniciativa de sugerir o canal.

— Ela tem escrito algumas reportagens interessantes na Folha; foi minha contemporânea na faculdade. Acho que podemos confiar.

Mas para que isso fosse possível teríamos de recuar alguns anos.

— Professor Mascarenhas, posso entrar?

A saudação veio acompanhada de uma batida de nó de dedo na porta já aberta. E foi providencial, porque foi ela que chamou a atenção do professor, até então absorto em sua leitura.

— Pois, não?

Camilo franze os olhos, mira no interlocutor e tenta, como sabemos, mais uma vez sem sucesso:

— Thiago?

— Arthur.

— Arthur, isso mesmo. Mas se não estou enganado, a esta altura você já deve estar formado, não?

— Isso mesmo.

— Eu sabia que podia confiar plenamente na minha memória.

Exceto pelo nome, mas esse ele errava mesmo quando era seu professor.

— Posso tirar uma dúvida com o senhor, professor? É pessoal, nada da disciplina...

— Imaginei, você nunca foi muito animado com as minhas aulas, não é mesmo?

— Que é isso, professor? Nunca faltava, não. E sentava nas primeiras filas.

— Mas se eu não lembro de sua voz, é porque não falava muito... Mas no que eu posso lhe ajudar, meu rapaz?

— Eu estou atrás de uma aluna que foi de seu grupo de extensão. Estava sempre andando com o seu pessoal. Será que o senhor se lembra dela? Seu nome é Maria.

— Lembro sim. Eu não esqueço dos alunos de quem ouço a voz...

Arthur teve uma certa dificuldade de manter o sorriso no rosto, mas se esforçou porque era por uma boa causa.

— Mas é uma pena, ela largou a faculdade.

— É mesmo? Ela parecia tão entusiasmada... principalmente com suas aulas, quero dizer.

— Largou da faculdade depois que acabaram minhas aulas.

Como não recebeu resposta a esta *boutade*, Camilo prosseguiu:

— Ela foi ser jornalista, meu rapaz. Maria Duarte. Se você for à banca de jornais e comprar um exemplar da Folha de S.Paulo, capaz de encontrar alguma reportagem dela.

— Olha só, que curioso. Eu perdi o contato com ela e agora entendo porque. Ela abandonou a faculdade...

— Acontece nas melhores famílias... mas, Thiago, me diz uma coisa, ela está enrascada de alguma forma?

— Arthur.

— Arthur, mil desculpas.

— Agora o senhor já conhece minha voz, não tem mais explicação...

Arthur virou-se e fez menção de sair da sala, porque, afinal de contas, já tinha a sua resposta. Mas não era de seu feitio ser cruel, no máximo irônico.

— O senhor saberia se ela estivesse, não?

"Há um marco fixado na aldeia Maturuca pelo então general Cândido Rondon em 1919, iniciando o que seria o

reconhecimento de um dos mais antigos territórios indígenas, a terra dos Macuxi, hoje localizada no Estado de Roraima.

Durante boa parte do século XX, no entanto, inúmeras terras foram ocupadas por fazendeiros de gado e plantadores de arroz; os índios removidos para vilas e mantidos nelas sob constante ameaça. A terra visitada por Rondon, ele mesmo uma mistura de herói patriota e pioneiro do indigenismo, foi finalmente demarcada como Aldeia Raposa Serra do Sol.

Mas a argumentação empregada na decisão judicial do STF que a confirmou pode prejudicar futuras demarcações. Isso porque alguns ministros entenderam que o direito dos indígenas estava também afiançado no fato de que eles lá estavam quando da promulgação da Constituição. Mas várias outras tribos não tiveram a mesma sorte, justamente porque foram violentamente expulsas de suas terras. Nesta situação, aceitar o marco temporal, argumentam juristas ouvidos pela Folha, pode significar um benefício ao infrator – o direito à terra estaria sendo excluído justamente pela forma violenta como dela eles foram afastados.

A exigência imposta pela Constituição Federal, no entanto, não foi essa. O art. 231 estabelece que "São reconhecidos aos índios sua organização social, costumes, línguas, crenças e tradições, e os direitos originários sobre as terras que tradicionalmente ocupam, competindo à União demarcá-las, proteger e fazer respeitar todos os seus bens". O texto não fixou nenhuma data, nem exigiu que para fazer valer seus direitos os indígenas deviam estar nas terras que tradicionalmente ocupam, no ato da promulgação.

Mas a questão promete ainda muita discussão..."

Até que ela escrevia bem, pensou Arthur. Um pouco de história, outro tanto de direito. Lembrou imediatamente da conversa que tiveram e do seu estranhamento por ela falar justamente sobre a aldeia Vanuire, quando ele disse que era oriundo de Tupã. Entendeu, então, porque este lhe era um registro familiar. Perguntando sobre ela para um outro conhecido que foi da *turma do Mascarenhas*, compreendeu que foi justamente o contato com os indígenas no SAJU que acabou a levando ao jornalismo. E concluiu que ela fizera uma escolha bem mais adequada à sua personalidade.

Ainda estava incerto quanto aos limites e principalmente os motivos da sua curiosidade. Depois dos Jogos, chegou a vê-la algumas vezes na faculdade, sempre por iniciativa dela. Mas seja porque estava namorando, seja porque sentira uma certa vergonha da situação, agravados por sua expressiva timidez, nunca deu a ela a atenção devida. Um pouco de solidão e a impressão que desperdiçara, no mínimo, alguns bons momentos, acabaram por vitaminar essa procura. Zapeando pelas redes sociais da repórter, a vontade de revê-la se aguçou. Os olhos verdes e o corpo esguio que lhe chamaram a atenção sob o álcool pareciam ainda mais expressivos com a maturidade. Ela perdera um pouco da cara de garotinha, mas as fotos indicavam uma mulher ainda repleta de charme. E de belas curvas.

Tradicionalmente, lia o Estadão – publicação que reputava mais séria, que não se levava pelas modinhas e pelos discursos identitários. E de quem raramente discordava quando se debruçava naqueles editoriais matadores. Pelo sim, pelo não, resolveu assinar a Folha para poder acompanhar Maria com mais frequência, ainda que este jornalismo de fracos e oprimidos não lhe fizesse muito a cabeça. Mas, no fundo, carregava consigo uma intuição que talvez não passasse de um *wishful thinking*: o que pensaria a defensora dos vulneráveis sobre a corrupção que campeava no governo? Ele logo ia descobrir.

— Caraca, eu não sabia que você tinha virado promotor. Você, não, agora é doutor, né...

— Você é que deu uma guinada maior – nem se formou e virou celebridade.

— Quem logo logo vai ter foto em jornal é você; eu mostro só o nomezinho e olhe lá. Mas me diga, como foi que me encontrou?

— Não vou dizer que foi uma surpresa total te ver aqui na saleta. Quando me indicaram uma jornalista legal para compartilhar essa informação, eu dei uma olhada no google para fazer de quem se tratava. E aí eu vi e pensei: já vi essa carinha antes...

— Bem de perto, né?

— Muito...

— Bom, se é assim não fui chamada pelos meus belos olhos verdes...

— Não. Eles vieram de bônus.

Maria foi muito mais receptiva e com menos pé atrás do que ele imaginava. Uns bons pares de expressões ambíguas e Arthur quase que se esquecera da missão de que havia se incumbido. Não era totalmente verdade que os belos olhos verdes não tivessem contribuído para o motivo da escolha. Mas Arthur teve boas razões para apostar no engajamento de Maria com um furo que podia render a ambos bons frutos. E isso ele descobrira acompanhando as reportagens mais recentes de Maria, boa parte deles escrutinando investigações ligadas ao Mensalão e as perspectivas jurídicas de um processo que se avizinhava. Como boa parte da mídia, a Folha também se rendera à tentação de dar manchete para as irregularidades do governo Lula, seja porque elas vendiam jornais, seja porque desmontavam o que até então parecia ser um handicap da esquerda, pois a moralidade na administração havia povoado seus discursos oposicionistas até há bem pouco tempo. Havia outros ingredientes nesta equação, como a conveniência de fragilizar um governo que se arrogava na tarefa de turbinar a redistribuição de renda e, por conta disso, impor custos maiores às atividades empresariais. Mas, para

Arthur, as boas intenções não passavam de um álibi para os grandes negócios.

— Você continua petista, apesar de tudo?

— Eu voto na esquerda, Arthur. Você sabe disso. Defendo causas ambientais e os direitos dos indígenas. E tenho convicção de que os trabalhadores precisam de muito mais proteção do que os grandes empresários.

— Mas você tem feito um trabalho importante no combate à corrupção do governo, não é? A mídia tem um papel valioso nesse campo.

— Tento não confundir as coisas. Meu trabalho é apurar informações que sejam do interesse do leitor. Não posso escolher as informações com base em interesses ou vontades pessoais.

— O pessoal do PT se diz perseguido pela mídia, você não se sente constrangida?

— Faz parte, é governo, né? Está sempre na linha de tiro. Quem pode desviar dinheiro público, só quem tem o dinheiro público na mão, não é isso? Mas eu não sou boba, eu sei que isso faz o gosto do dono do jornal. Mas faz o do leitor também, então é minha tarefa.

Foi quando ela colocou o gravador em cima da mesa que Arthur parou com o interrogatório.

— Mas, como o doutor Evilásio não é meu patrão, tenho a certeza de que não está muito preocupado com minhas preferências ideológicas, não é mesmo? O senhor certamente não escolhe seus casos ou seus interlocutores baseado nesse parâmetro, correto?

— Era só uma curiosidade de colega. Mas deixa eu te colocar a par de algumas informações, antes de você ligar esse gravador. Eu acho até que nem será preciso.

Depois de uma hora de conversa e um pen drive de documentos na mão, Maria se levantou e disse que já estava suficiente para o que precisava. Agora era ler, checar as informações e, se o caso, escrever. Arthur deixou a reunião convencido de que sairia tudo conforme o planejado. Mas a verdade é que a maior parte do tudo que saiu não havia sido planejado.

Ele ligou dias depois para agradecer a matéria – a reportagem saíra com destaque no jornal e criara um ambiente de pressão sobre a defesa e até mesmo o juízo. Antes mesmo que a denúncia fosse ajuizada, já havia um cipoal de veículos tratando do tema. Ela também agradeceu a confiança e sugeriu uma entrevista exclusiva, daquelas de página inteira, para mostrar quem eram os promotores que estavam tocando no nervo da corrupção no Estado – ainda que o grupo estivesse, sobretudo, secundando investigações que se abatiam sobre o PT mesmo. Mas Arthur recusou de forma gentil. Não pretendia transformar os casos em um episódio de promoção pessoal. Isso talvez tenha conquistado alguns pontinhos com a jornalista, que já se acostumara a identificar nos promotores os mais fortes candidatos a celebridades jurídicas.

— Mas a gente podia comer alguma coisa no lugar dessa entrevista, que tal? Desde que a gente se reencontrou, só falamos de serviço...

— Se você me prometer não me convidar a um churrasco, aceito.

— Uma massa e um vinho, que tal?

Foram várias massas e vários vinhos. Até que ela se sentisse à vontade para frequentar o seu apartamento nos Jardins, legado da república que vivera nos anos finais da faculdade. Não foi assim tão fácil. O corpanzil ajudava, a cara bonita agregava valor, mas ela queria mais. Ele teve de fazer um esforço para convencê-la que não era um reacionário de carteirinha, apenas um clássico. Ela disse desde o primeiro encontro que tinha aversão a jovens conservadores e ele jurou de pé junto que não passava de um democrata liberal. Que não era a favor da pena de morte, deus do céu, e sempre fora um crítico contundente da violência policial, até porque a polícia pretendia realizar, sozinha e no escuro, uma função que era deles, de promotores e juízes. Não, não era contra a reforma agrária, desde que sem baderna; e era totalmente a favor que o Estado interviesse em áreas sociais, embora fosse um ferrenho defensor das privatizações como forma de aumentar a eficiência do poder público. Um tucano, ela pensou. De volta à casa paterna.

— O que me move, Maria, é a legalidade. Acho que enquanto a gente não controlar de forma eficiente o uso dos bens públicos, a sociedade vai se sentir comandada pela corrupção. E daí é difícil dizer que não é cada um por si. Eu sinto que tenho um papel importante nisso. Não para defender minhas escolhas, pouco me importa isso. Mas para exigir de todos, inclusive daqueles que estão no poder, que ajam com seriedade. E tenho a clara convicção de que eles só vão fazer isso pelo exemplo. Eu concordo com o pessoal da esquerda que diz que corrupção tem em qualquer governo, mas não concordo em que a gente se conforme com isso. Que a gente admita e normalize isso. E acho que a única forma de reverter esse desgaste que a gente tem hoje com a democracia é justamente fazer uma limpeza na classe política. Muitos acharam que isso ia ser possível com a eleição do PT. Mas a gente está vendo que não foi. E não vai ser com outro partido. É preciso que isso venha de pessoas que estão fora do jogo político. E hoje só quem está fora do jogo político é quem está no sistema de justiça. Acho que a bola está com a gente e eu não quero me omitir. Doa a quem doer, custe o que custar e, se for preciso, cortar na própria carne.

Bom, ele não respondeu ao questionário de uma só vez e nem fez um discurso empolgado no intervalo entre o *primo* e o *secondo piato*. Mas nos meses que se seguiram à primeira massa e ao primeiro vinho, ele foi entregando o seu currículo aos poucos, sob um olhar crítico, mas complacente de Maria. Era importante para ela saber quem exatamente ele era e chegaram à conclusão que estavam em lados diferentes de um rio. Mas podiam muito bem trafegar pela ponte que os ligava.

— Olha, eu preciso que uma coisa fique clara. Se vamos ficar juntos, não vou mais cobrir o seu trabalho nem passar recado a qualquer colega. Se vai ficar comigo, é co-mi-go. E não com a jornalista.

Ele cruzou os dedos indicadores e os levou aos lábios por duas vezes, fazendo o juramento que cimentou a união. Mas não pediu o mesmo compromisso a ela e mais tarde ia se arrepender disso.

O segundo semestre de 2012 foi dedicado pela imprensa quase que só ao julgamento do Mensalão pelo plenário do STF. A Folha cuidou de tratar o assunto como prioridade máxima, não apenas porque o encarava como o "maior julgamento da história", mas porque a primeira denúncia da existência da "mesada" de parlamentares pelo governo Lula teria sido descortinada em suas próprias páginas, em uma entrevista de Roberto Jefferson. Pouco importou se o deputado a teria desmentido depois - e, como testemunha central, acabou razoavelmente desacreditado ao ser cassado. Sua entrevista colocou em movimento uma engrenagem que, durante a CPI criada, pretendia balançar fortemente o governo Lula.

Arthur acompanhou o processo à distância, sobretudo porque suas investigações e diligências estavam à cargo, quando de pedidos de auxílio do STF, dos colegas da Justiça Federal. Maria também, de certa forma, pois recusou o convite para instalar-se na sucursal de Brasília e pilotar de lá a cobertura. Acabou sobrando na produção quase que diária das repercussões, porque o jornal também contratara especialistas para analisar o julgamento tal como comentaristas de um jogo de futebol muito aguardado.

A intensa cobertura começara com uma pesquisa de opinião pública favorável à condenação dos réus, mesmo sem um grande conhecimento das provas, e atingira seu auge quando o STF formara maioria para considerar o deputado José Dirceu culpado (a manchete escrita CULPADO, em caixa alta, ocupou a página inteira, junto com a foto do ex-deputado), ainda que o julgamento em si demorasse algumas semanas para se encerrar.

O julgamento foi tratado não apenas como um enorme embate jurídico, mas um meteoro capaz de balançar as estruturas de poder – a urgência do julgamento, no limiar de uma eleição de meio de mandato, tinha tudo para gerar um cataclisma e inverter posições dos partidos. Mas não foi o que se viu, pois Dilma encerrou 2012 com um recorde de popularidade e o também petista Fernando Haddad se elegeu prefeito da maior cidade do país.

Quando Arthur e Maria celebraram o casamento, no começo de 2013, portanto, a perspectiva era de uma relativa calmaria. Ele se resignara com a insuficiência do escândalo para produzir resultados mais contundentes e ela se preparava para retornar à pauta ecológica e indígena com os percalços produzidos pela construção da usina de Belo Monte.

Mas os próximos anos prometiam reviravoltas bem mais profundas.

Camilo

Corria o ano de 1984 e a capital do país estava em estado de emergência. Não era possível entrar em Brasília com ônibus de turismo ou fazer qualquer tipo de manifestação, ainda que silenciosa. Associações e sindicatos podiam sofrer intervenção e ameaçava-se a detenção em prédios públicos. A um motorista que insistiu em permanecer em carreata, que o Exército desfazia, o general Newton Cruz em pessoa, o Comandante Militar do Planalto, aproximou o cavalo em que estava montado do veículo e chicoteou o capô, gritando de forma histérica: "Buzina agora, seu filho da puta!".

As comunicações com Brasília estavam praticamente interrompidas. A sessão da Câmara dos Deputados que se avizinhava seria realizada sem qualquer cobertura ao vivo de imprensa e até os telefones dos gabinetes estavam proibidos de fazer chamadas interurbanas. O jornal O Globo contemporizou ao entender que tamanho zelo não se fazia aparentemente necessário, mas que, enfim, de qualquer maneira, era dever do governo de prezar pela ordem.

E era exatamente a ordem que estava em disputa naqueles dias. Ou uma forma democrática de derrubá-la. Deputados se preparavam para votar a Emenda Dante de Oliveira, que impunha a volta das eleições diretas para presidente da República. Mas os militares que juravam de pé junto que pretendiam devolver o país à democracia, da qual o haviam retirado duas décadas antes, não pretendiam fazê-lo com essa pressa toda.

Camilo estava há mil quilômetros de distância do Planalto Central, mas não deixava de ser um espectador da história. Mais do que um mero assistente, em verdade, porque quando vira a história acontecer à sua frente, saiu às ruas para fazê-la junto de outras milhões de pessoas.

Na ressaca das grandes manifestações, escondidas em boa parte e por muito tempo pela mídia, restaram as expectativas pouco esperançosas da votação propriamente dita. E Camilo estava onde podia estar para acompanhá-la *ao vivo*, na praça da Sé, rodeado de estudantes, trabalhadores e militantes políticos, aguardando ansiosamente que o resultado, voto a voto, fosse divulgado por intermédio de um placar manual, daqueles de estádio do interior, em que cada gol, no caso o voto, era alterado em um grande painel. Um telefone descuidado do setor de comissões da Câmara, uma ligação que durou horas a fio e o país parecia regressar a um tempo em que se assistia a Copa do Mundo apenas pelo rádio. Neste caso, nem mesmo rádio, que também estava proibido. O então presidente João Figueiredo prometera democracia mesmo que fosse na paulada – mas a verdade é que os generais que até então nos governavam entendiam muito mais paulada do que de democracia.

Camilo era um advogado recém-formado; mas acompanhou as mobilizações pela democracia como um estudante da São Francisco, já que voltara ao mestrado. Camiseta amarela escrita Diretas-Direito-Já e um esquenta no Largo entre batucadas e batidas quando a mítica passeata do milhão em direção ao Anhangabaú passou levando a todos. Naqueles palanques, muitos dos políticos que viriam a disputar entre si depois as eleições ainda estavam alinhados pelo mesmo intuito. Ou pelo menos assim parecia.

Ao final da noite de votação no placar manual, os organizadores chegaram a marcar um resultado avassalador (298 a favor e 65 contra), mas que de nada servia, pois o quórum de emenda constitucional, de dois terços à época, não fora vencido por pouco mais de vinte votos. Alguns tiveram coragem de votar não, mas o grosso dos governistas simplesmente não foi votar o que, ao final de contas, chegava ao mesmo lugar. A ditadura parecia que estava caindo de madura, mas ainda tinha força para convencer os seus acólitos mais fervorosos a vetar as eleições, ou pelo menos intimidá-los.

Ficou por isso mesmo. O que podia ter sido um começo de revolta, a expectativa de dobrar a aposta na democracia, acabou sepultada por uma conciliação pela qual a ditadura seria enterrada, é verdade, mas com o auxílio de uma leva de dissidentes que haviam se formado nela e viveram duas décadas a sustentando.

Era pule de dez que Ulysses Guimarães, o Sr. Diretas, seria o candidato de oposição, se vingassem as eleições, mas para o colégio eleitoral moldado pela ditadura, Tancredo Neves, que chefiava um partido conhecido por ser de "oposição confiável", pareceu mais adequado. Não foram poucos os que, olhando para trás, asseguravam que o governador mineiro, conhecido pela astúcia política, já alinhava essa hipótese como aceitável desde o começo da campanha. Compondo a chapa do que viria a se chamar de Nova República, como vice, o ex-presidente do partido que dava suporte à ditadura, José Sarney, que o destino ainda ia inserir como o primeiro presidente civil depois do regime militar a que servia.

É nesse momento que captamos Camilo nas intermináveis discussões com que repudiava, com a força de seus pulmões, dar as costas ao povo e costurar um acordo com aqueles que estavam do lado de lá até anteontem. Foram conversas em bares até a madrugada, discussões acirradas no sindicato para o qual trabalhava e até mesmo no PT, em que quase metade dos deputados eleitos resolveu aderir à premissa de que era preciso ir às profundezas para matar o demônio.

— Se juntar todo mundo de novo, ninguém mais vai conseguir se distinguir. Essa aliança vai ser uma borracha nas mortes e torturas e desaparecimentos.

Camilo discursava pela expulsão dos deputados, e iniciava ali um caminho pelas dissidências que iriam marcar, a ferro e fogo, suas opções futuras.

— Este é um pacto com o diabo, que vai nos mandar a todos ao inferno.

Vamos reencontrar Camilo na Constituinte, quando novamente deu um jeito de intercalar seu trabalho de assessoria partidária com as visitas frequentes à faculdade, tratando de articular as propostas do Plenário Pró-Participação Popular, que ali se reunia, com os deputados da bancada. A nova rodada da conciliação moderada do país instalara a Constituinte nas dependências de um Congresso, parte dele, aliás, eleito antes de 1986, e não em uma assembleia exclusiva para a nova carta. Apesar disso, a participação popular na discussão não vinha sendo propriamente desprezível.

Nas reuniões semanais que ele acompanhava na tradicional Sala do Estudante da SanFran, apareciam representantes de entidades eclesiais de base, sindicatos de trabalhadores, coletivos feministas, assentados e até quem fora capturado na rua pela possibilidade de assinar uma emenda ligada à proteção de interesses que o abrigava. Ao final, milhões de assinaturas de emendas populares transitavam entre os corredores das múltiplas comissões.

Nesse meio tempo, Camilo concluiu os créditos do doutorado, que viria a defender no começo dos anos noventa. Essa duplicidade entre militância e vida acadêmica acabou descartando, por completo, sua permanência na advocacia. Quando aprovado em concurso a professor da faculdade, se filiou entusiasticamente ao regime de dedicação exclusiva, em contraposição à maioria dos professores que se aproveitavam da reputação amealhada na velha academia justamente para engordar suas bancas. O professor Mascarenhas, como iria ser mais conhecido, era uma das poucas exceções, mas ainda não era isso que marcaria seu isolamento.

— É um pacto pela mediocridade. Com as bençãos do dinheiro público.

A entrevista para uma revista semanal caiu como uma bomba na faculdade. Os alunos chegaram a aplaudi-lo no saguão; na sala das becas, reduto dos professores, quase saiu agredido.

— Nossa faculdade tem o prestígio de ser a mais antiga e a mais qualificada do país, em diversos rankings. Mas essa é uma avaliação muitas vezes abstrata, não o que acontece na realidade. Temos uma vasta gama de professores titulares super titulados; mas muitos deles simplesmente não dão aulas. Outros professores dão aulas, mas não trazem conteúdo nenhum - são os mais requisitados para quem quer simplesmente cumprir seus créditos. Os alunos sabem disso e não reclamam, porque, para muitos, estudar pela "grade da várzea" é a chance de se formar sem fazer muito esforço. Mas isso não é um contrato privado, que admite este pacto: eu finjo que ensino e vocês fingem que aprendem. Isso é uma universidade pública, todos aqui, professores e estudantes, somos subsidiados pelo dinheiro público. Tem que ter mais responsabilidade...

Camilo falava como o professor titular mais jovem que a faculdade formara. E que tinha enorme respeito entre os colegas e, sobretudo, entre estudantes. Dava aulas sem parar, sem faltar e sem acochambrar. Mas a ideia de que pudesse se arrogar numa espécie de corregedor e cobrar dos outros decididamente não caiu bem na instituição. À

Congregação, chegou uma proposta de punição administrativa, pelo menos dois colegas ajuizaram contra ele pedidos judiciais de explicação. E o diretor, em pessoa, disse que os dias de vistas grossas à sua militância estavam acabados, como ele mesmo sustentava:

— Se você deixar um só dia de dar aulas para se solidarizar com greve de servidores ou de estudantes, vai ter o ponto cortado e responder a processo administrativo.

Aos amigos que se sentiram desconfortáveis para fazer sua defesa, indagava:

— Mas eu disse algo que não corresponde à verdade?

O impacto da entrevista foi fulminante. Um professor conhecido por passar aulas inteiras saudando a ditadura foi hostilizado por alunos que o impediram de falar e representado porque "não passava conteúdo"; outro que se dedicava há anos apenas a abrir e fechar o curso, dando, então, a aula especial, deparou-se com uma sala esvaziada por uma ação coletiva dos alunos, que deixaram escrito na lousa: "Não queremos mais fingimento".

A entrevista foi tema de programas de televisão, análise de comentaristas e até requerimentos endereçados a órgãos de avaliação. Por algumas semanas, parecia que um furacão havia assolado a velha academia e que, doravante, tudo seria diferente. O Centro Acadêmico XI de Agosto promoveu um debate sobre "pacto da mediocridade" e a Comissão de Graduação estabeleceu a montagem de um grande seminário "Pensando a Educação em Direito no Século XXI". Como resposta imediata, o diretor republicou a portaria que impedia professores não contratados de dar aulas na faculdade.

Depois de alguns meses, a maré foi relativamente baixando e, por provocação ou escrúpulo, muitos professores tradicionalmente ausentes passaram a aparecer nas salas de aula com mais frequência. Mascarenhas foi sendo esquecido, escanteado de comissões e cargos no departamento e foi gradativamente se afastando das questões políticas e administrativas da faculdade. Foi cada vez mais se restringindo ao contato com alunos e se transformou numa espécie de ermitão.

A princípio, o ostracismo incomodou. Afinal, animal político como se enxergava, a redução de sua capacidade de articular era um defeito bem custoso. De outro lado, na luta por se transformar em um intelectual orgânico, compreendia a importância da missão de ocupar espaços, aumentar o âmbito de atuação e vitaminar a possibilidade de influenciar. Portanto, ao fim e ao cabo, não deixava de ser um revés para a causa.

Com o tempo, contudo, foi compreendendo a função libertadora da inadequação. A partir do momento em que se via alijado dos grupos e órgãos, afastado dos conselhos e instâncias, tinha menor necessidade de se acomodar a situações desagradáveis justamente com o único intuito de lá permanecer. Ter sido tratado como um pária, portanto, lhe permitiu a liberdade de se comportar como um, sem a necessidade de mesuras ou meias palavras. Não se sentia mais tolhido quanto a realizar eventos só com convidados de fora – aquela obrigação tradicional de chamar seus colegas desapareceu no mesmo instante que deixava se ser convidado por eles. Ao final, como o establishment tinha uma enorme dificuldade em ver tudo aquilo que não lhe reproduzia, Camilo passou a ser mais procurado para eventos externos, congressos, seminários e até reportagens. Ter estado com o caminho interditado nas Arcadas abriu-lhe uma infinidade de portas. E a cada uma que penetrava, disso não tinha a menor dúvida, causava ainda maiores dissabores a boa parte dos colegas.

Nenhuma delas foi tão incômoda quanto ingressar na faculdade ocupada por militantes do Movimento dos Trabalhadores Sem Terra. Enquanto o diretor clamava por uma intervenção rápida da tropa de choque da Polícia Militar, Camilo ofereceu-se para uma aula pública sobre o direito achado na rua, a partir da necessidade de teorizar os instrumentos de luta, como sugerira Lênin:

— Sem teoria revolucionária, não há movimento revolucionário - disse, atrasando a operação em algumas horas, porque os policiais foram desaconselhados a iniciá-la com um professor na casa.

Alguns fatores faziam dele uma fonte segura a jornalistas, em especial, a ausência de autocrítica dos representantes dos órgãos institucionais, que sempre agiam de forma reativa a denúncias, e ainda a omissão da parcela mais significativa dos professores. Isso fazia com que seu espaço na mídia permanecesse aberto, enquanto os colegas se fechavam em um olhar cabotino e autocentrado em seus próprios botões.

Mas nem tudo foi um mar de rosas.

Camilo não se desligou quando o partido fechou questão pelo apoio de seus parlamentares à Reforma da Previdência. Mas lutou contra ela o tanto quanto foi possível fazê-lo de dentro. E a criticou de fora, como a outras tantas reformas neoliberais em que o governo FHC se empenhara. Era o começo de um governo que devia ser o primeiro do resto de nossas vidas, então, muitas coisas acabaram sendo desculpadas - a continuação da política macroeconômica, a presidência do Banco Central, o ministério da Agricultura nas mãos dos agroboys e otras cositas más. A imersão nos acordos com o crème de la créme da fisiologia parlamentar parecia um preço alto demais para a governabilidade. Mas, quando o pior aconteceu, quando o escândalo do Mensalão ameaçou tragar o governo antes que ele chegasse na metade, as coisas ficaram mais claras. A classe média que se aproximara do PT com nojinho, votando em Lula com um pregador no nariz, foi se afastando quando a mídia tocou o berreiro. Para Camilo, ao invés de soterrar, o escândalo teria salvado o governo Lula. Foi quando ele se reconhecera inadequado; quando ele percebeu que o apoio que lhe emprestavam era apenas o prelúdio da rejeição; quando a pauta criminal passou a ser o centro da vida política, foi nesse momento que o governo se deu conta que não precisava mais vestir os paletós bem alinhados, manter uma política ortodoxa, apostar na austeridade para amealhar aprovação da mítica entidade do mercado. Ela jamais viria e estava à espreita para tocaiá-lo na primeira oportunidade.

Como Camilo na SanFran, foi nesse momento que Lula pôde vestir com maior naturalidade a sua roupa de presidente dos vulneráveis. E investir pesado nas políticas de transferência de renda, de incentivos educacionais, de ações afirmativas, enfim, tudo aquilo que desagradaria quem já estava fortemente desagradado.

A caça ao governo, a queda de Zé Dirceu e Palocci, o calvário diário na CPI, tudo isso representou um abandono de um peso que acabou por deixar o balão do governo muito mais solto - e os resultados não tardariam a vir. Mas o rompimento com a mídia, que buscou na luta contra a corrupção uma espécie de âncora, seria definitivo. E os reflexos foram sentidos também na base.

— Quando é que você vai voltar a falar comigo?

— Eu nunca deixei de falar contigo; mesmo quando eu fico nervoso com as suas perguntas.

— Falar oficialmente, eu quero dizer. Em *on*.

— Mas para que você me precisa me ouvir oficialmente? Para depois dizer que eu sou petista e, portanto, a defesa que eu faço do governo é sem importância? Eu não quero legitimar esse tipo de reportagem...

— Mas se a gente não ouve o outro lado, depois vocês reclamam...

— A gente reclama quando ouve também; porque você não ouve o outro lado para formar a sua convicção. Você ouve o outro lado depois que a matéria tá pronta.

— Não sou eu que tenho que formar convicção, Camilo, é o leitor, né? Essa sua visão de contraditório está meio contraditória...

— Não vem com sofisma, Maria. Ofereçam paridade de armas, mesmo espaço, manchetes, etc, que eu falo contigo...

— Sabe o que é pior? Eu sei que você não concorda com um monte de coisa que se obriga a defender. Isso que me estranha em você, porque é o seu espírito de independência que sempre me comoveu.

— Eu continuo independente. Mas a minha independência só vale se casar com a sua pauta. Se eu disser para você que esse lacerdismo vai jogar a gente no autoritarismo, daí não interessa. Interessa a crítica que eu posso fazer dentro da sua agenda. Mas eu não tenho a menor condição de influenciar na elaboração dela.

— Você toparia uma troca?

— Se for a força de trabalho pelos meios de produção, eu topo.

— Hahahaha, Camilo, você é impagável. Você vai envelhecer como o último comunista.

— Barba branca, todo de vermelho, vou ser confundido com o Papel Noel...

— Falando sério. Você reclama que nunca tem espaço para dizer o que quer. Escreve um artigo, vamos publicar com destaque. Opinião é mais fácil de entrar. Que tal?

— Só para depois me dizer: olha lá, o jornal te deu um baita espaço, você não pode reclamar...

— Bom, se você escrever, me manda. Eu dou um jeito de encaixar lá. Pelo menos, tem um monte de gente que vai poder concordar com você. A visibilidade do jornal é grande, você sabe. Maior do que esses blogs que te publicam. E aí, você só fala para convertidos, né?

— Ok, e o que você vai querer em troca?

— Tua voz de novo no jornal. Eu não quero te ouvir para te sacanear, mas porque eu sei que você tem algo a dizer. Eu morro de orgulho, quando consigo te encaixar em uma pauta. Fico querendo dizer: olha aí, foi meu professor...

— Isso é manipulação barata...

— Mas funciona, não é mesmo?

— Só com autores pequeno burgueses...

E a risada foi inevitável. O café chegava ao fim e, como uma mostra de que o jogo havia virado, desta vez foi Maria que havia implantado uma coceirinha atrás da orelha de Camilo. Ela tinha a intuição de que ele lhe seria importante para compreender os momentos pelos quais o país passava, ainda que permanecesse irredutível em compactuar com a crítica aos seus. Mas um intelectual como esse não se encontra em qualquer canto, e além de fonte para inesgotáveis conversas, também queria que ele expusesse suas ideias publicamente.

— E aquele promotor, lá, continua de pé o affair?

— Você se recusa a falar o nome dele, né? Sabe que ele ficou traumatizado com isso?

— A última vez que nos encontramos, eu percebi que ele ficou meio chateado, mas que posso fazer, não há jeito de lembrar o nome dele...

— Vocês andaram se encontrando, é? Você está respondendo a algum procedimento lá no MP?

— Quem me dera, não tenho essa importância toda, não. Esses caras só investigam figurão, gente que dá manchete. Mas faz um tempinho, foi quando ele ainda estava te procurando.

— Ora, ora, eu não soube disso. Ele sempre disse que me encontrou por acaso...

— Há muitas coisas que eles dizem, esses promotores, que não é verdade...

Ela era filha de um metalúrgico e de uma costureira. Cursou escola pública até ingressar na faculdade. Bom, depois também. Seu pai tinha aflição da política, mas sua mãe lhe ensinou a não abrir mão dos sonhos assim tão fácil. Como o pai cultuou um medo de tudo que significava contestar, pela opressão que os trabalhadores vivenciaram na ditadura, ela ingressou na política estudantil de forma sigilosa. Ora era uma reunião de trabalho em grupo, ora um treinamento de vôlei. Mas a mãe acompanhara passo a passo a intensidade de sua vida e, quando necessário, ainda fornecia algum álibi. Quando entrou na faculdade de Letras, a ditadura já estava amorfinhando. Seu pai havia se ido precocemente, sem vê-la cair de vez. A mãe foi colecionando suas vitórias cada vez menos secretamente. O sucesso de Antônia a realizava e, embora ela não entendesse muito bem tudo o que a filha dizia, via nela a autoridade de quem nascera para lutar. E se orgulhava sem limites.

Distantes na formação escolar, Antônia e Camilo vieram se encontrar no Sindicato dos Químicos, na Liberdade, onde assistiam a um curso livre sobre O Capital. Ela viera pelas ligações dos secundaristas; ele como estagiário, depois advogado. Aprenderam Marx juntos, embora cada qual trilhasse o seu próprio caminho, o que ainda iria render muitos debates e um quê de competitividade que, ao longo do tempo, foi se transformando em uma enorme afinidade. Pessimistas da razão e otimistas da vontade, se aproximavam na esperança de construir uma práxis comum aos intelectuais orgânicos como se imaginavam. Camilo iria militar na vida sindical e depois no PT, Antônia nas entidades de base do movimento estudantil e nas associações de docentes. Ele mergulhou avidamente em Pachukanis, para aprender e depois ensinar aos estudantes de direito a origem e as funções da forma jurídica. Ela em Gramsci, para entender a importância do intelectual orgânico na luta contra-hegemônica. Ter sido militantes juntos ajudou a formar um amálgama de ideais e de lutas, e, sobretudo, um continente de derrotas.

Mas nem só de materialismo viveu esse encontro de camaradas, entremeado que foi de afeto, carinho e desejo. Eles fugiram dos rótulos e das convenções, das comemorações pequeno-burguesas, e foram viver felizes juntos, mas quase sempre separados. Um pouco na casa de Camilo, outro tanto no cafofo de Antônia, mas o relacionamento de décadas jamais se transformou em um casamento. Antônia prezava a liberdade de uma tal forma que refutou as várias tentativas de Camilo de rendição às tradições. A cumplicidade era a trama do tecido que marcava essa relação. Camilo foi o primeiro companheiro da esposa presidente de várias entidades, acomodando-se, quando preciso, em um confortável segundo plano. E ela foi até a Adusp questionar o assédio moral que o professor Mascarenhas sofrera na São Francisco.

Antônia insistiu que ele se mantivesse vigilante na política do departamento e disputasse uma vaga na Congregação – mas ele cedeu, mais por conveniência do que por tibieza, ao ostracismo a que fora submetido, ao passo em que ela intercalava gestões na associação da USP, no sindicato nacional, na SBPC e etc. Fôlego invejável para mudar o mundo, não teve menos força para motivar seu companheiro.

— Não pare, não sucumba, Camilo. Não desista. É isso que eles querem de você. Não entregue sua cabeça na bandeja. Se não quer fazer política, faça direito. Escreva, escreva, escreva. Forme uma geração de estudantes que possam lutar pelos princípios. Não esmoreça. Não seja um burocrata cansado. Seja sempre aquele que ilumina, que desperta, que entusiasma, como você sempre foi.

Como ela sempre foi, até o dia que seu coração cansou, deixando um rastro de tristeza por onde passara. Quis o destino que Camilo tivesse marcado de encontrá-la em casa e, depois dos telefonemas não atendidos, das mensagens não vistas e de se assegurar com o zelador que ele não se surpreenderia com nenhuma visita a seu lado, entrou no apartamento disposto a resgatá-la de um sono profundo, de uma noite mal dormida, de um cansaço atroz ou qualquer outra coisa que a impedia de responder a seus apelos. Mas só a encontrou caída no chão, fria e descomposta. A beleza invulgar, o corpo alto e magro, os cabelos cacheados, a tez morena e macia. Tudo estava lá. Tudo, menos a vida.

Ela jamais lhe dissera que havia se manifestado no seu corpo o mesmo problema cardíaco que tirara seu pai de circulação antes da hora. Só depois, ele soube que ela já tomava uma medicação escondida há meses. Camilo chorou como uma criança, sentado no chão a seu lado, indignado com a impossibilidade de lhe fazer um último carinho ou de apenas lhe dar um adeus. De dizer aquelas coisas que a gente só diz quando sente a iminência da perda. Desesperado, ainda mais, pela ausência definitiva. Pelo nunca mais que a morte lhes impunha. E pela culpa que veio lhe corroer cada centímetro de consciência. Ela esteve a seu lado sempre que precisou; e ele esteve ao lado dela nos momentos mais felizes e também nos mais angustiados. Mas ela optou por poupá-lo de seu maior perigo. Um último ato de amor que, verdade seja dita, Camilo demorou demais a reconhecer.

Da última vez que estiveram juntos nas ruas, deu-se uma tristeza profunda que jamais supunham compartilhar. Uma multidão que tomava a avenida Paulista, mas que parecia manifestar uma repulsa a tudo aquilo que eles pensavam, sentiam e viviam. Antônia deu as costas às ruas ao ver jovens indignados com tudo o que está aí, tentando arrancar com força e determinação uma bandeira vermelha que, segundo os critérios que a partir de então vigoravam, não podia ser empunhada legitimamente em um protesto.

— Se não tirar ela por bem, vou arrancar por mal, dizia o truculento pós-adolescente que, com as cores da bandeira brasileira pintadas na face, bradava com a adrenalina nas últimas, que partidos políticos estavam proibidos nessa manifestação.

— Aqui está o Brasil, não vocês que estragam o país.

— Chega, Camilo, acho que chegou a nossa hora. Se eu ficar aqui mais um minuto, isso vai virar um ringue e você sabe o quanto eu detesto violência na política.

— Fato é que os fascistas não entendem outra linguagem, respondeu secamente Camilo, pegando a sua mão e seguindo o caminho da estação.

Camilo queria que Antônia pudesse ter se despedido das ruas de uma forma mais digna, mas naquele momento, sentado, despedaçado a seu lado, era exatamente a imagem que lhe percorria, misturado a um pedido que jamais arquivou:

— Escreva, escreva, Camilo. Jamais sucumba. Resista.

Não era apenas pelos vinte centavos. O movimento começou contra a catraca e resultou, por incrível que parecesse à primeira vista, na ampliação da repressão, sobretudo, pelo estrondoso apoio popular ao papel do MP de conduzir investigações.

Os manifestantes libertários foram escanteados e a lógica do movimento se plasmou na exigência, na cobrança e na responsabilização dos agentes de poder. Afinal, todos pretendiam saúde padrão Fifa, educação padrão Fifa, transporte padrão Fifa, não importando o fato de que parcela significativa dos manifestantes jamais fosse usuário dos serviços públicos.

Dizem os mais otimistas que o "gigante acordou" e que, doravante, não se poderá mais administrar o país de costas com os interesses da sociedade, ainda que formulados muito genericamente. Médicos, por exemplo, saíram às ruas por condições mais dignas e hospitais de nível, mas logo se voltariam de forma violenta contra o governo que encontrara uma forma mais barata de oferecer serviços em locais em que os próprios profissionais se recusavam a trabalhar.

Enquanto a polícia, sobretudo a paulista, espancava manifestantes, a mídia os tratava como vândalos que deviam ser contidos; mas quando se deram conta de que a bomba podia ser depositada no colo da presidenta, as manifestações foram fortemente estimuladas, cobertas, transmitidas e, com algumas ressalvas, endeusadas.

O país que sai de 2013 não é mais democrático, porque insurgente. É mais elitista e mais punitivista. É um país cuja política foi hostilizada e a indignação, aparentemente geral, jamais se dirige aos interesses verdadeiramente dominantes.

A repulsa cada vez maior ao Estado só aumenta a amplitude do mercado. A criminalização da política vai jogar no colo de profissionais do direito, da classe média, em geral, totalmente distantes do conhecimento da sociedade, e sobretudo, da agrura dos mais necessitados, a condução do processo.

Cientistas políticos se apressam em dizer que os vícios da democracia representativa estão sendo ignorados, mas o que haverá de substituir parlamentares e os partidos? Juízes e promotores?

Os reacionários saíram às ruas e vai ser cada vez mais difícil tirá-los de lá. O custo por desprezar o ressurgimento do fascismo vai sair caro, bem mais do que os vinte centavos.

Dilma

— Maria, volte assim que puder. Tem uma bomba na redação.

Uma mensagem de áudio, um SMS e um e-mail, todos com o mesmo texto e, se fosse possível comparar, igual entonação de alarde.

Rogéria, a editora assistente, já nem devia estar no jornal a essa hora. Mas não só estava, como a convocava de forma estridente. Maria havia tirado a tarde para resolver um problema pessoal. Deixara avisado que não voltaria. Questões de saúde, manteve em suspense, sem entrar em maiores detalhes.

A expectativa, aliás, é que se encontrasse com Arthur, pois a consulta à ginecologista interessava a ambos – pelo menos desde que tomaram a decisão de aumentar a família, ainda sem sucesso. Mas ele a advertira, já no começo da tarde, que tão cedo não ia conseguir despregar de sua cadeira. Estava de prontidão, mas também não deu maiores detalhes.

Maria ainda não tinha a mais pálida ideia de que o alarde de Rogéria e a hesitação do marido pudessem ter a mesma origem. Mas o fim da tarde chegou exigindo que ela colocasse os problemas do jornal na frente dos seus. E, a bem da verdade, só quando resolveu comunicar Arthur que não voltaria cedo para casa é que começou a compreender a conjugação dos astros.

A resposta dele foi a foto de uma taça de champagne, com o líquido ainda borbulhando, e a frase seca e enigmática: eu também não.

Até chegar de volta ao jornal, Maria já sabia o que a esperava, navegando na web no táxi que a conduzia. O júbilo dos promotores ainda era, por algumas horas, a aflição dos editores. Mas não demoraria para que chegassem ao mesmo estado de animação: o vazamento de uma conversa da presidente Dilma com seu antecessor e quase futuro ministro, Lula, abria oficialmente o primeiro dia do resto de seu governo.

Um certo mal-estar percorreu seu corpo, em um misto de engulhos e arrepios, enquanto atinava com os novos fatos. Por mais que o governo estivesse desmoronando a olhos vistos, à frente de todos, e sua queda fosse relativamente esperada, a ideia de que um juiz pudesse estar grampeando a presidente da República não parecia propriamente alentadora. Não estaríamos passando um pouco dos limites, naquela linha dos fins que justificam os meios? Onde iríamos parar nessa toada?

Foi com essa indisposição que Maria aportou no jornal, crendo que pudesse, ao menos, tomar partido em um esforço de crítica e cautela, típico daqueles momentos em que os destinos do país parecem estar à deriva, e uma injeção de racionalidade é aguardada por quem tem a capacidade e a expertise de produzir sensatez.

Mas não era exatamente isso que ela viria a encontrar aquela noite.

Uma brisa persistente prenunciava o outono que nasceria em poucos dias; mais ainda pelo fato de que o inusitado design do Itaquerão privilegiava em demasia os espaços abertos. Fazia frio. Fiéis torcedores enchiam bem antes do apito inicial os estreitos espaços das cadeiras oeste do estádio do Corinthians. Era noite de jogo de Libertadores e ninguém queria perder a chance de assistir o Timão numa nova empreitada para ser o campeão da América. Não depois do que se passara em 2012.

Com o distintivo de campeão brasileiro alojado bem do centro da camisa branca, adornada com contornos em preto na gola e braços, em pouco mais de meia hora, os jogadores sairiam dos túneis para dar mais uma alegria à frenética e apaixonada torcida. Antes, porém, que esses momentos felizes deixassem raízes em um de seus mais fanáticos torcedores, Camilo presenciou a cena que o faria desistir de vez de frequentar o estádio. Torcida filha da puta, grunhiu.

Equilibrando um esquálido hot-dog na mão direita e um copo plástico lotado de cerveja zero – a única que pode ser vendida nos estádios paulistas – na esquerda, com o líquido próximo a seu limite, ele se sentava cuidadosamente na cadeira, para manter o lanche sob seus domínios. Uma tentativa malsucedida pela forma abrupta como uma turba a seu lado começou a levantar e gritar com euforia. E lá se foram mililitros preciosos de cerveja. E, ao passar dos minutos, outros torcedores começaram a fazer o mesmo movimento: levantavam-se e gritavam em uma mescla de raiva e ironia. Embora os torcedores tivessem iniciado o movimento de forma sucessiva, como uma ola mal ensaiada, não demorou para que um canto uníssono ganhasse as arquibancadas:

— Ei, Dilma, vai tomar no cu.

Dias antes, algo em torno de meio milhão de verde-amarelos promoviam a mais contundente manifestação contra o mandato de Dilma Rousseff, intercalando diatribes contra a presidente com louvações ao juiz Sérgio Moro, com quem contavam para encurralar os líderes do PT. Camilo achou o fim da picada que a torcida do Corinthians aderisse ao movimento como esse, tanto mais dentro do próprio Itaquerão, que só se tornou realidade com o decisivo empenho de Lula, nas movimentações para a construção de um estádio para abrir a Copa de 2014. Uma ingratidão sem limites, pensou Camilo, mas muito bem identificada com o ódio de classe que permeava os movimentos dos torcedores cada vez mais endinheirados, face aos preços absurdos dos ingressos. Ao fim daquele domingo, o juiz Moro gravaria, para o perfil do Facebook de sua esposa, um agradecimento ao povo que estaria apoiando, em sua grande maioria, "senão na totalidade", dizia sem falsa modéstia, os passos da Operação Lava Jato. Para um juiz que se supunha imparcial, no mínimo, uma grosseira imprudência.

Entrincheirado pelo sanduíche e pela bebida, Camilo não estava em condições de discutir ou ao menos xingar os compatriotas traidores. Grunhiu silenciosamente seus impropérios entre uma mordida e outra e apenas quando o jogo já estava para começar, quando os times se distribuíam em campo à espera do apito, é que se deu ao trabalho de zapear na internet. E de lá não saiu mais. Antes dos vinte minutos de jogo, Camilo já estava deixando o estádio, ouvindo do lado de fora a primeira das explosões da torcida, que marcariam a vitória sobre o Cerro Porteño. Quando a partida se encerrou, levando o Corinthians à esperada liderança de seu grupo, Camilo estava em casa, iniciando, ao redor da mesa da sala, uma das mais desagradáveis reuniões de sua vida política.

Na tela do celular, uma mensagem que pretendia ignorar com todas as suas forças. Mas que iria mudar as vidas dos nossos três personagens.

— Isto é uma idiotice. Sem tirar nem por.

— Não há uma linha desta denúncia que esteja errada, que não tenha fundamento, ou que não possa ser provada. Você está pensando que nem político...

— E vocês acham que estão fazendo o que, com essa denúncia, agora? Isso é mais do que político, é oportunismo puro.

— De repente, você virou o grande defensor do Lula. De que lado você está, afinal?

— Vocês serão ridicularizados por isso. E depois não digam que eu não avisei...

Para entender o ritmo constante das borbulhas na taça do espumante de Arthur naquela noite será preciso recuar dez dias, quando uma tensa reunião tomava conta do sexto andar do prédio do MP e o colocava em uma inevitável rota de colisão com seus colegas de trabalho. Elegante e discreto, cuidadoso e politicamente hábil, Arthur havia desperdiçado inutilmente suas melhores qualidades de convivência até chegar àquele momento de decisão, no qual as palavras sutis haviam perdido totalmente a importância.

O que Arthur tinha diante de si era um imponente documento de mais de cem páginas, que se prometia ainda mais completo nas referências, que resultava de um trabalho que ele inutilmente tentara segurar nos últimos dias com estratégias diversionistas: aguardar, refletir, revisar. Mas ultimado o documento, e desperdiçadas as infrutíferas tentativas de cozinhá-lo, só havia sobrado a oposição pura e simples, a crítica ostensiva, a depreciação sem meias palavras.

— Eu não quero desmerecer o trabalho que vocês fizeram. Nunca foi a minha intenção. Dá para perceber que foi uma pesquisa de fôlego, uma articulação de dados impecável, um registro que não pode ser desperdiçado. Mas isso simplesmente não faz sentido. O que vocês estão pretendendo fazer é atrapalhar. Sabe aquele lance que o meio de campo chega com bola e tudo dentro da área? Vocês são o jogador em posição de impedimento que entram no lance sem combinação, sem aviso, sem pedir licença, e simplesmente põe o ataque a perder. Eu entendo que vocês estejam como todos nós, querendo que o gol seja marcado. Mas, se fizer desse jeito, o juiz anula e a bola fica com o adversário. Dá para vocês compreenderem isso?

Arthur respirou fundo, enquanto dava uma última olhada no documento que, supostamente, deveria assinar, antes de arremessá-lo com espalhafato à mesma mesa de onde o retirara. Mais do que as palavras, o gesto que fez ao levantar com o seu corpanzil que impressionava colocava um ponto final na conversa, e gerou pelo menos uma reação irritada do colega à sua frente, que se levantou da cadeira e o mandou à merda. Foram alguns segundos em que os hormônios deram o ar da graça. Mas o deixa-disso garantiria uns últimos minutos de reunião.

O calhamaço caíra na mesa aberto na sua metade, marcando até onde Arthur se aventurara a ler. Não mais do que isso. Mas já era suficiente para saber que seus três colegas, previamente acertados, pretendiam colocar em movimento um dos mais frustrantes atos da perseguição judicial a Lula. Uma denúncia por lavagem de dinheiro e falsidade ideológica na tentativa de ocultar a real propriedade do triplex do Guarujá, fruto da lesão a contratos de uma cooperativa sindical. Arthur não se batia pela duvidosa legalidade de considerar como propriedade imóvel um bem que jamais fora transferido por registro, como determina o direito brasileiro; tampouco, estranhava que a mesma conduta pudesse caracterizar dois crimes ao mesmo tempo. A fragilidade da argumentação não estava propriamente em discussão. A questão era o conceito jurídico de competência, o tema mais relevante, e muitas vezes negligenciado, de toda a guerra jurídica que envolvia o ex-presidente.

— Eu não vou dizer o que é certo e o que não é certo. Vou dizer o que vocês estão fazendo e acho que vocês mesmo podem chegar a uma conclusão. Vocês simplesmente querem tirar Lula das mãos de Sérgio Moro. Agora que ele foi submetido à condução coercitiva, um ensaio de prisão que deu certo. Não arrefeceu um só milímetro da legitimidade do Moro. Um só! Pela primeira vez, durante todo esse processo, Lula saiu para o ataque. E não lhe deram razão. Lentamente, Deltan e seus colegas estão construindo a acusação que vai colocar o guizo no pescoço do gato. Passo a passo. Cada um deles medido e aprovado. Moro anda no limite da sua aceitação. E não, vocês querem simplesmente denunciar Lula pelo triplex como se fosse esse um crime estadual. Vocês estão dizendo que isso não tem nada, absolutamente nada a ver com a Petrobrás. Nada! Não tem corrupção aqui. Não tem nada com a Lava Jato. Vocês querem pegar a melhor chance de acusar Lula e simplesmente tirar do pé do artilheiro. Vocês querem matar no peito e dizer: nós vamos processar e vamos prender o Lula, é isso? Para tudo, que agora é conosco. Chegou a turma que vai resolver essa parada...

— Você não entendeu nada, Arthur. Nós não estamos dizendo que não tem corrupção. Só que tem vários crimes aí. O triplex é nosso. O que está dentro dele é da Lava Jato... E desde quando tem que ser o Moro a prender o Lula. Isso não é política, é direito.

Arthur balançou a cabeça em desaprovação. Pegou de volta o documento, foi até a última página, riscou seu nome entre os subscritores e o devolveu à mesa.

— Não contem comigo para essa palhaçada.

Dias depois, protocolada a denúncia, seus colegas atraíram a atenção da mídia, explicando por que motivos estavam pedindo a prisão de Lula:

LUIZ INÁCIO LULA DA SILVA jamais poderia inflamar a população a se voltar contra investigações criminais a cargo do Ministério Público, da Polícia, tampouco contra decisões do Poder Judiciário. E foi isso que o denunciado LUIZ INÁCIO LULA DA SILVA fez, valendo-se de toda sua "força político-partidária", ao convocar entrevista coletiva após ser conduzido coercitivamente para ser ouvido em etapa da Operação Lava-Jato.

E como isso não fosse suficiente, ainda fizeram o esforço de cumprir a profecia de Arthur, que antevia a desmoralização do pedido, como um indisfarçável oportunismo. Mas nem mesmo ele supôs que a este oportunismo agregariam algumas doses de arrogância e outras tantas de pura ignorância.

As atuais condutas do denunciado LUIZ INÁCIO LULA DA SILVA, que outrora chegou a emocionar o país ao tomar posse como Presidente da República em janeiro de 2003 ("o primeiro torneiro mecânico" a fazê-lo de forma honrosa e democrática), certamente deixariam Marx e Hegel envergonhado.

Arthur saiu da sala para atender a um telefonema e a ela não voltou mais. Os dias que se seguiram mostraram aquilo que tanto tentou explicar a seus intrépidos colegas. Moro saiu do 13 de março como grande herói nacional e, no dia seguinte, a juíza, que não decretara a prisão de Lula a pedido dos promotores paulistas, resolvera encaminhar a acusação para a Lava Jato. A legitimidade de Moro não tinha limites e só isso pode ter explicado sua disposição de divulgar ao país o diálogo que a interceptação de Lula havia revelado. Das folhas dos autos, a conversa lançava a senha da arrancada final da oposição: Tchau, querida.

Sua tese prevalecera e as informações que retransmitia à força-tarefa eram cada vez mais importantes. Quando recebera a mensagem de agradecimento, achou que era a hora de abrir o espumante que havia guardado na única gaveta trancada de sua mesa, justamente para uma ocasião como essa. Ligou na GloboNews, e enquanto respondia suas mensagens, iniciou um frenético bailar das borbulhas que não tinha hora para acabar.

À Maria, respondeu de forma seca: não volto tão cedo.

— Eu não vejo problema algum. Se a interceptação foi direcionada ao telefone do ex-presidente, sendo ele a pessoa investigada, não há ilegalidade na prova colhida. Olha, sobre a divulgação, acho que o juiz tomou a decisão correta; você, como jornalista, esconderia um diálogo deste quilate de seus leitores?

— Jamais, doutor Franco, jamais. Mas o Sérgio Moro não é propriamente um jornalista...

— Olha, formalmente não é mesmo. Mas o interesse público passeia pelos mais diversos campos. Será que seria honesto da parte dele esconder essa conversa, como se ela nunca tivesse acontecido? Não se poderia depois acusá-lo de colocar em segredo informações de alto interesse público?

Enquanto falava com o doutor Franco, a fonte oficial do direito para o pessoal do jornal, ouvido por onze entre dez repórteres interessados em opinião jurídica, Maria conferia as novas mensagens em seu celular, em busca de uma reposta ao recado que havia deixado. Ainda sem sucesso.

— O senhor acha, então, que não pode haver nenhum problema ao juiz por divulgar essa informação que veio de uma interceptação? Mesmo que a lei diga que as informações provenientes de quebra de sigilo só devem ficar acessíveis às partes do processo?

— Bom, se isso acontecesse no mundo real, vocês iam ficar praticamente sem emprego, não é mesmo? A gente tem acesso ao conteúdo de interceptações rigorosamente todos os dias no Jornal Nacional; e depoimentos em processo e etc. Eu entendo que a lei procurou preservar a privacidade das pessoas, mas uma conversa da presidente com o ex-presidente sobre a posse em um cargo não é nada particular. São assuntos de Estado.

O segundo de sua lista era um ministro do Supremo, que aceitara falar, mas apenas em off. Maria pisava em ovos com medo de identificá-lo de alguma forma, medo que parecia ser mais seu do que dele mesmo.

— A que ponto chegamos? A presidente da República se utiliza de uma nomeação para ajudar a que o ex-presidente não seja julgado por um crime eventualmente cometido... Está claríssimo que a intenção é burlar a justiça e as consequências de um processo que parece se aproximar.

— Eu até entendo essa questão do foro privilegiado, ministro, parece que os políticos estão sempre atrás dele. Mas o senhor, como ministro, não se incomoda que pensem que ter o foro no Supremo signifique impunidade? O processo do Mensalão já não desmitificou isso?

— É uma forma de fugir, porque coloca a justiça mais distante. Já existe um juiz, já existe um processo. Não é uma abstração, uma possibilidade remota. O ex-presidente sabe que vai ser processado em breve e quer fazer com que esse processo fique mais distante. Tudo bem, é até legítimo que uma pessoa busque a sua melhor defesa, é quase um estado de necessidade. O que espanta, no caso, é que a presidente da República se deixe levar por esses propósitos, sucumba ao interesse de um em face do interesse de todos.

— O senhor acha que não pode existir uma finalidade legítima para a nomeação de Lula ao ministério? Fala-se em uma tentativa de reverter o impeachment... que ele seria bom de articulação, que muitos dos que pretendem votar contra ela devem favores a Lula...

— É, mas nada disso justifica a correria para a posse. Nada justifica um documento de gaveta para usar quando necessário. Escolha de ministro é coisa séria.

Mais uma repercussão e nada do recado. O terceiro a ser ouvido era um professor renomado, que se aposentara como membro do Ministério Público. Maria colocou o fone no viva-voz e foi digitando as respostas para abreviar o tempo, porque o fechamento estava próximo. Algumas frases seriam suficientes para uma posição que por óbvio se somaria ao que já havia colhido. Com uma dose pouco controlada de exaltação.

— É claramente um ato de improbidade, usar do cargo para favorecer um aliado. Não importa muito se a interceptação pegou a presidente, foi um acaso, isso não deve mudar a competência... a gente tem que parar de discutir essas questões laterais, quando a injustiça, o arbítrio, a prevaricação estão bem visíveis. Há um novo espírito que está sendo trazido a nossos tribunais, de se centrar naquilo que é o importante e não dar valor excessivo aos detalhes e formalismos. Essa é nova justiça de uma nova República.

A defesa de Lula já havia soltado uma nota e, portanto, para os efeitos, digamos, formais, o jornal estaria ouvindo o outro lado, em uma retranca própria. A tarefa de Maria era apenas de ouvir especialistas, que pudessem atestar a legalidade, ou remotamente as irregularidades, da ação de Moro. A objetividade asseguraria a isenção, mas isso apenas em tese. Bem em tese.

— A decisão é um compêndio de absurdos. Primeiro, a interceptação era ilegal. A conversa gravada foi posterior ao fim da decisão judicial de quebra do sigilo. Depois, se a conversa envolve a presidente da República, não cabe a um juiz de primeiro grau autorizá-la, quando mais torná-la pública. Aliás, a divulgação é simplesmente proibida por lei. Normalmente a gente ouve essas conversas na televisão, mas só porque o STF entende que o jornalista não comete o crime de divulgação de sigilo, e sim a pessoa que passou para ele. E como não se sabe quem é a pessoa, fica o dito pelo não dito. Enfim, neste caso, se soube que quem passou à mídia foi o próprio juiz. O caso não é de punir o ex-presidente por uma conversa que não devia ser pública. Mas punir o juiz por tê-la tornado pública por motivos políticos.

A opinião do doutor Sampaio era, sem dúvida, e de longe, a mais dissonante, e ao mesmo tempo, a mais completa, pois pretendia responder a todos os argumentos daqueles que apoiavam o ato do juiz. Mas esse foi justamente o seu pecado – ou, pelo menos, assim se o considerou. Não há isenção, é uma declaração militante – foi a sentença de sua editora. Maria foi instruída a passar a opinião do presidente da Associação Juízes para a Democracia para o repórter que preparava a matéria da resposta de Lula.

— Esses juízes são conhecidos por defender o ex-presidente. Não dá para ouvi-los como autoridade opinativa...

Maria esperou até os minutos finais do fechamento para conferir suas mensagens recebidas. Seu recado era a última chance de produzir uma repercussão minimamente contraditória, que não pudesse ser simplesmente desprezada. Mas as horas se passaram sem que Camilo desse qualquer sinal de vida.

Quando ela voltou para casa, Arthur ainda estava vestido, largado sobre o sofá, com os sapatos em cima da mesa de centro. De terno, gravata e olhos fechados, como se estivesse a lhe esperar por horas.

— Já jantou?

— Parei aqui e apaguei.

— Tudo isso é a comemoração? Estourou uma champagne por Sérgio Moro?

— Duas.

— Espero que não tenha bebido tudo sozinho.

— O ambiente esteve intragável nessas semanas. Tinha que desestressar...

— Os três patetas também comemoraram?

— À sua maneira...

— Topa um macarrão?

E, ao acenar de cabeça do marido, ela apenas emendou:

— Põe a água no fogo. Vou tomar um banho e já preparo.

— E lá no jornal, como foi a reação?, gritou Arthur à esposa que entrava no quarto.

— Não muito diferente de vocês, ela respondeu.
— Imaginei que vocês seriam um pouco mais críticos.
— Eu também.

Com quatro pessoas fumando ao redor de uma modesta mesa de mogno e vidro de seis lugares, numa sala de três por cinco metros se tanto, o ar já estava ficando insuportável. A janela da sala estava apenas meio aberta, porque começara a chover e batia um vento gelado. As baganas de cigarro se sobrepunham ao único cinzeiro em estanho colocado no centro da mesa. E os pequenos copos americanos já babados pela quinta vez que eram enchidos. Podiam estar jogando cartas, como de outras vezes. Contando piadas ou compartilhando uma pizza de calabresa coberta que vinha a ser um costumeiro denominador comum. Mas estavam à seco. Só cerveja, tabaco e fúria. Muita fúria.

— Ele é simplesmente um filho da puta.

— Um teleguiado, filhote da Globo...

— E da CIA, não esqueçamos. Essas coisas aí só vieram à tona porque Dilma foi grampeada pelos gringos.

— Briga pela Petrobrás, né? O estardalhaço da propina é uma cortina de fumaça para esconder o desmonte da empresa...

— A situação vai ficar difícil, a imprensa já está babando com a gravação. Passa de dez em dez minutos...

— Precisa colocar o país na rua, não dá pra ser só manifestação de fascista; tem que sair sindicato e partido e estudantes, porra, a gente vai deixar eles ganharem o poder na marra?

— Não, não vai ter golpe!

— Não vai ter golpe.

Camilo saiu do Itaquerão pouco depois de o jogo começar. Pelo sim, pelo não, propôs antecipar uma reunião que aconteceria no dia seguinte. Ela costumava começar com uma boa análise de conjuntura e terminar com alguma espécie de divisão de tarefas. Mas o "aparelho" do professor, nesta noite, servia apenas para a resignação. Ali juntos, as palavras de ordem caíam no vazio em instantes, porque a conjuntura estava visivelmente além de suas possibilidades. Gregório era ex-deputado, Miltão, o tesoureiro do sindicato, Padilha, o economista infiltrado no banco de investimentos. Junto com Camilo, fechavam o núcleo duro da diminuta e invisível organização que, nos dias festivos, encorpava mais uma meia dúzia de bons e antigos companheiros de militância. O cardápio das quintas, quando as reuniões costumavam acontecer com maior regularidade, era quase sempre a inquietação tornada célebre por Lênin:

— O que fazer?

Juntos, discutiam as greves na universidade, as propostas para a chapa do sindicato, as perspectivas de crise que abririam desgastes na classe média, e uma dezena e meia de notas de repúdio e abaixo-assinados que entravam em grupo, ou ficavam de fora. As últimas reuniões, destinadas às tentativas de retomar as campanhas de rua, começavam em preliminares de gritante entusiasmo e encontros frustrantes de avaliação.

Era um pouco por isso, pela contumaz fragilidade da defesa, que Camilo andava visivelmente desanimado. Quando a força do ataque se mostrou desproporcional, ele não teve meias-palavras:

— Dilma já se foi. É página virada.

E desatou a falar.

— Não há força hoje que consiga deter o golpe. Você tem o financiamento da indústria, da indústria, que mamou na desoneração de tributos, supostamente para investir. E não investiu. Tem o apoio do mercado, das instituições financeiras, do capital imperialista, que precisa das privatizações para ampliar mercados. Quem manda na indústria, no mercado, quer a reforma trabalhista. A reforma dos empresários, pelos empresários, para os empresários. Nenhuma eleição seria ganha com essa pauta; tem que ser uma tomada de poder sem eleição. E eles têm o juiz, que cria fatos que vitaminam a opinião pública. É isso que eles não tinham, agora têm. E estão todos juntos. E milhões de pessoas saem às ruas na crença de que estão fazendo história, estão deixando um legado para seus filhos. Eles vão manter os privilégios, mesmo que os privilégios não sejam os deles. Não tem saída. Quem entrar no meio vai ser tragado. Eu tinha dito isso: usar Lula para salvar Dilma é pior pra ambos.

O discurso gerou uma interminável lista de inscrição e de palavras de ordem. Gregório, o ex-deputado, começou a anotar os nomes, mas Camilo, dando-se conta de que a cerveja tinha acabado, pediu permissão para ir comprar mais algumas na loja de conveniência que ficava no posto da esquina. E escapou por breves momentos da assembleia imaginária que rolava na sala de seu próprio apê.

Foi nessa hora que se apercebeu do volume de mensagens que tinha na caixa postal. Hoje era um dia que ele podia se dar ao luxo de não as responder. As mensagens eram um conjunto de perguntas retóricas, para as quais seus destinatários sabiam muito bem onde buscar as respostas. Ou perguntas que nenhum dos dois conseguiria responder. Ouviu a chamada de Maria. A primeira, a segunda e a terceira. Ela dizia que queria "entender" o que se passava, o que só podia receber mesmo com uma cavalar dose de cinismo, pois o "o que se passava" era, sobretudo, tributário das campanhas que seu próprio jornal participava. E, como se já não soubesse, a engenhosa arquitetura de dar por ouvido o "outro lado", sem deixar que, diante da desproporção das vozes, ou da importância atribuída a cada uma, se pudesse perceber sem grande desassombro a ilustrada opinião do próprio jornal, a verdade, em si mesma, em resultado de um custoso, porém, sensível, delicado, e por isso mesmo supostamente legítimo, processo de apuração.

Enfim, se a insistência era grande, ela podia esperar um pouco mais.

Camilo voltou para casa com suas garrafas de cerveja, um pacote de amendoim japonês e dois maços de cigarro. Era o tempo que dispunha para o fim daquela assembleia. Foi recebido como um herói e, por isso mesmo, em silêncio, para que continuasse mais ou menos de onde tinha parado:

— O que a gente precisa fazer agora é tentar salvar o Lula.

A jurisprudência do Supremo Tribunal Federal, trazendo a reboque as demais Cortes do país, sempre foi excessivamente restritiva com relação à legitimidade ativa, ou seja, quem pode propor ações judiciais, sobretudo, nas causas coletivas. Isso quer dizer que quem quisesse litigar em juízo em nome de outros, seus filiados, seus associados, ou comunidades portadoras de direitos difusos, só poderia fazer nos estritos termos da lei. A interpretação restritiva era uma tradição nos tribunais; às vezes até criticada como se fosse uma "jurisprudência defensiva", ou seja, uma forma de a Justiça evitar ser obrigada a julgar no mérito questões exageradamente espinhosas. Pode-se dizer que essa jurisprudência restritiva até contribuiu para provocar os acúmulos de milhões de processos nos tribunais. Na dúvida, associações e sindicatos preferiam simplesmente promover ações individuais ou juntar punhados em autores em pequenos grupos.

Nota-se isso quando se vê Gilmar Mendes cheio de dedos, em um arrazoado de mais de dez páginas, discutindo a possibilidade de um partido político entrar com um mandado de segurança movido para defender um "interesse difuso". Era uma "obra em andamento", uma "solução paralela" e coisas que tais. O esforço argumentativo para conferir validade a uma ação que normalmente não seria recebida pelo Tribunal não foi objeto de muita atenção na imprensa.

Se era para ser ouvido, por sua capacidade de entender e explicar, Camilo queria ser ouvido desde o início. No exato momento em que se dispôs, enfim, a conversar com Maria, exigiu que ela tivesse tempo para fazer o que o momento demandava: um escrutínio delicado acerca da decisão que movimentava a política e que seria o cadafalso da presidente, a proibição que Lula se tornasse ministro de Dilma.

— Camilo, você está me dizendo que o Gilmar forçou a mão, é isso? Deixou de decidir como se decidia para decidir de uma forma nova, para se fazer competente para suspender a nomeação do Lula?

— Camões traduziria isso num dos versos mais lindos da literatura portuguesa: cessa tudo que a antiga musa canta, que um valor mais alto se alevanta...

— Aí é minha dúvida. Existe mesmo um outro "valor mais alto" que está falando? Ele diz que a nomeação do Lula foi um desvio de finalidade, uma mentira. Então, a verdade seria esse valor mais alto?

— Toda a decisão está fundamentada no fato de que o interesse predominante da nomeação de Lula é salvar o Lula. Ou seja, Dilma estaria nomeando como ministro uma pessoa não para que ela o auxiliasse a administrar o governo - no caso, salvar seu governo. Mas para que ela o auxiliasse a não ser preso. Para isso ele tem que superar dois obstáculos: primeiro, que a nomeação de ministro é um ato privativo do presidente da República, e os motivos subjetivos que estão por trás das nomeações não são sindicáveis pelo Judiciário. Ou seja, não é certo dizer que um presidente nomeia um ministro porque ele é bom na sua área e vai ajudar a administração. Governo é política também. Muitos ministros são nomeados porque são nomes populares e ajudam a melhorar a imagem do governo. Outros são muito bem relacionados e ajudam a aumentar o apoio dos partidos. Há quem seja nomeado apenas por gratidão. Você pode discutir isso de forma política: não voto mais num presidente que faz "média" com a plateia, ou que busca, pelos cargos, "comprar apoio político". Mas não pode dizer que é o Judiciário quem vai decidir quando uma nomeação se justifica ou não. O juiz não foi eleito para isso. Esse é o primeiro ponto. Não dá para ter "desvio de finalidade", quando a finalidade não deve ser avaliada pelo juiz.

— De um modo geral, acho que você está certo nisso. Mas a questão que ele levanta não é que se deva ver isso de maneira geral, mas só quando for algo absurdo, não é mesmo? Porque o direito não pode se prestar a justificar o absurdo – lembro de ter ouvido isso de você em suas aulas, Camilo.

— Bom, isso nos diria que, então, teríamos uma outra regra geral que é excepcionada no absurdo grotesco, seria isso? Olha, o juiz não pode intervir, exceto se for numa hipótese absurdamente excepcional que põe em risco todo o sistema, o que quer dizer, levar o direito a explodir o direito?

— Ou seja, na sua visão temos aqui mais uma "forçada de mão"?

— Você sabe, Maria, que eu sempre fui contra o foro privilegiado. Acho que é uma questão que esvazia a igualdade. Todo mundo deveria ter os mesmos direitos, inclusive o de ser julgado pelos mesmos juízes. Você já meu ouviu falando isso. Se de repente você me perguntar: você seria a favor de acabar agora com o privilégio e todo mundo ser julgado pelo juiz de primeiro grau, eu diria sim. Inclusive o Lula. Todo mundo a partir de agora. O STF podia simplesmente dar uma decisão entendendo que o foro privilegiado é contrário ao princípio da igualdade, que é um pilar da Constituição. E que todas as regras, mesmo as constitucionais, não valem mais em razão deste novo entendimento. Eu te diria: perfeito. Concordo. É uma nova e possível interpretação, tem base constitucional. Mas tem que ser para todo mundo. O que não dá é mudar interpretações tradicionais quando um determinado caso entra em discussão. Isso tem um nome que vocês usam bastante na política: casuísmo.

— Você não acha que nós estamos no limiar de novas interpretações, Camilo? Que o resultado de tudo isso serão novas regras que valerão para todos?

— Isso é o estatuto da República de Curitiba, Maria. Até para uma esforçada jornalista do PIG parece efusiva demais essa ideia.

Ela soltou um sorriso e pensou que até havia demorado. Ela sabia que seria punida, mas a calma em conversar em meio ao almoço o mantivera desarmado por esse tempo todo. Evidente que ele não podia deixar passar em branco a comenda de "imprensa golpista" que engrossava as palavras de ordem do petismo. E cobrar dela aquilo que o levara a tanto tempo sem dar-lhe ouvidos e atenção.

— Ok, eu sei que sou devedora. Mas eu tentei te pedir desculpas mais de uma vez e você simplesmente não quis ouvir. Eu briguei pelo seu artigo, fiz coisas que nem deveria ter feito, fiquei na geladeira com o chefe antigo, peguei fama de petista e etc. Até foram lembrar que eu começara lá como "defensora de índio". Não pense que saiu barato para mim te bancar lá dentro.

— Para mim saiu de graça, né? Você fez uma coisa que quando acontece em ambientes acadêmicos as relações dificilmente se reatam. Se eu peço a um professor gentilmente que escreva um artigo e, ao recebê-lo, agradeça efusivamente, e ainda vá atualizando quanto às expectativas de publicação e ele descobre que, simplesmente, a revista saiu e o artigo dele não, eu perco mais do que um parceiro. Perco minha credibilidade.

— Você sabe muito bem que isso não dependeu de mim. Que existiam forças maiores que o vetaram.

— Eu entendi que você se esforçou, mas que seu esforço não deu resultado. Que você descobriu que tem menos poder do que realmente tem. Que os interesses editoriais estão subordinados aos ideológicos e comerciais. Sim, Maria, eu não sou bobo. Mas há de convir que se falar com você não é sinal de ser publicado, a gente perde a vontade...

— Eu só quero saber se você me desculpa. Eu aprendi muito com você e queria continuar aprendendo.

— Eu perdi a esperança de falar com a jornalista para que seu jornal tenha condições de publicar o "outro lado". Mas isso não quer dizer que não tenho vontade de conversar com a amiga. Se tudo o que eu lhe disser, ajudar a refletir sobre o que está se passando, vou ficar feliz. Se não, que seja pelo menos pelo gnocchi aos quatro queijos, não é mesmo?

Quando veio o convite do almoço, Maria nem precisou se preocupar em imaginar o local. O pequeno restaurante familiar de massas caseiras, na única quadra da rua Basílio da Gama, havia sido o ponto de encontro do professor Mascarenhas com todos os seus orientadores, monitores e o grupo de alunos que, ano sim outro também, acaba por galvanizar. A saleta dos fundos, que se alcançava passando pelo estreito corredor entre as mesas da frente, era uma espécie de QG da teoria crítica, e ainda que a cantina não permanecesse propriamente honrando o arcabouço das suas tradições, o que se notava pelo volume de promoções que fazia para manter-se aberta, era lá mesmo que ele sugeria que se encontrassem. Mesmo que ela tivesse oferecido, por se tratar de um almoço de negócios, com uma fonte, descolar uma ajuda de custo do jornal. Mas imagina se o professor queria ser sustentado pelos representantes da burguesia internacional que, segundo ele, tomava as principais decisões editoriais.

Reencontrá-lo pessoalmente, depois de vários anos, e por um espaço de tempo razoavelmente significativo, permitiu que ela pudesse olhar a Camilo com outros olhos. Sim, ele continuava o mesmo jacobino ranzinza, sempre disposto a ignorar as pequenas vitórias e as necessárias concessões, quando significavam ceder um centímetro que fosse em princípios. Continuava a ser um protagonista das causas perdidas e redator das indignadas declarações e parece que, a seu jeito, se acomodava melhor aos insucessos e na consequente exclusão de responsabilidades que isso trazia. Apesar disso, o tempo lhe criava uma certa serenidade, que permitia viver no sofrimento sem abrir mão da sobriedade e, quanto mais desafiado, mais se tornava claro e seguro. Sua voz era cada vez mais baixa, lembrando pouco a energia com que dispendia seus comentários mais ácidos, suas repulsas mais veementes. Ele já não parecia que a qualquer momento iria erguer a voz, entoando um comando revolucionário. A lucidez da sua frustração estava lhe tornando um sábio. A idade lhe retirara um tanto de cabelo e a pele ficara levemente enrugada, mas decididamente ainda não era um ancião.

Maria foi percebendo que mais do que as respostas de que o exigia, eram suas perguntas que realmente a faziam refletir. E ela foi anotando uma a uma na pequena caderneta retangular de espiral de que aprendera a depender como a um cilindro de oxigênio debaixo do mar.

— Voltemos ao Gilmar. Digamos que nós entendêssemos que sim, era possível ao Judiciário concluir que, por desvio de finalidade, pudesse anular a nomeação de um ministro. Ele precisaria provar esse desvio para dar a ordem, não é mesmo? Não basta que ele fosse possível de acontecer. Porque se é uma legitimação extraordinária, ou seja, daquelas que o juiz faz na última das últimas hipóteses, então não poderia ser controvertido, discutido, apenas provável, certo? E o que temos na decisão?Ele reproduz conversas interceptadas dando conta de que foi sugerido a Lula que virasse ministro. E o que Lula diz nessa conversa com um cientista político? Hum. Sim, Humm. Ele praticamente só ouve. E o que é que ele ouve exatamente? Que colocar ele e Palocci de volta no governo ia acabar com a crise. Por que? Porque agradaria o mercado. E porque, diz ele se dirigindo a Lula, "você tem total credibilidade". Senta lá, tá resolvido o problema de credibilidade. Agora me diz, Maria, o que isso tem minimamente a ver com fugir de um processo? O cidadão está sugerindo ao presidente que o mercado gosta dele – embora não goste da Dilma – e que, se ele volta ao governo, vai passar credibilidade e acabar a crise. Mas é exatamente por motivos desses que se nomeiam ministros. Este não é desvio de finalidade, ao contrário, é a própria finalidade.

Empolgado, continuava:

— Te falo mais. Gilmar usa a fala do Lula em que ele diz que o STF está acovardado – você lembra dessa frase, né? Eles ficaram malucos com isso, se sentiram revoltados. Celso de Mello fez um discurso virulento no dia seguinte. Gilmar afirma que seria conveniente, para Lula, tirar a acusação da 13ª Vara Federal e transferir a um Supremo acovardado. Que sentido tem essa interpretação? O STF não estaria acovardado com ele, com medo do Lula. Lula disse que o Supremo estava acovardado com Moro, com medo da opinião pública que ele incitava. Porque o Supremo estaria acovardado é que ele não garantia os direitos de Lula! Por que diabos seria conveniente então levar o processo a um "Supremo acovardado"? Pô, faltou interpretação de texto ao ministro aí...

— Você sabe que eu ouvi um ministro em off. Não posso dizer quem é. Mas eu perguntei algo parecido. Não seria estranho um ministro do STF dizer que se tratava de impunidade levar o processo ao próprio STF? Seria o mesmo que atestar que eles não têm condições de julgar...

— Pois é, mas Gilmar explica isso. Insinua que existe um pedido de prisão, portanto, a prisão pode ser iminente. Mas esse pedido de prisão é numa denúncia que nem mesmo foi recebida. Que o país inteiro ironizou, porque os promotores de São Paulo desfilaram um rosário de contradições, e é justamente essa denúncia que tiraria Lula do banco de réus de Moro. Não faz sentido, de novo. Enfim, mesmo que a nomeação de Lula servisse aos dois propósitos, ao útil e ao, digamos, agradável, ou seja, ajudasse a Dilma a se segurar e a ele a ter mais tempo de defesa, ainda assim, ela não poderia jamais ser anulada, tanto mais em uma liminar, apenas com indícios ou ilações.

— Eu concordo, Camilo. Mas ele usa a conversa de Dilma e Lula para mostrar que havia lá uma combinação estranha, uma "posse, se necessário". Ou seja, se saísse um mandado de prisão naquele dia. É isso que ele diz que serve para provar a má-fé.

— Aí é mais curioso ainda, Maria. Porque a conversa não poderia ter sido usada porque ela é fruto de prova ilícita. A interceptação estava encerrada e não havia mais ordem para ouvir as conversas. Isso significa dizer que aquilo era prova ilícita e, portanto, não podia servir de prova. E o que Gilmar fala sobre isso? Nada. Diz que não vai discutir se a prova é ilícita, porque não precisa, porque a própria Dilma confirmou a conversa. Mas, ora, ela só confirmou a conversa porque o juiz tornou pública aquela conversa ilicitamente interceptada. E se ela foi obrigada a falar em face da interceptação ilícita, tudo que dela decorreu deveria ser também ilícito. Mas ele passa por cima para dizer que ela "confessou". Ok, então ele vai aceitar a confissão dela? Que, aliás, nega o que havia se entendido da conversa. E que tudo não passava de uma questão de conveniência porque Lula podia não estar presente à sua própria posse. Não, depois que Gilmar afirma que ela confessa, e por ter confessado, ele não precisa avaliar a licitude da interceptação, ele vai lá e diz que a confissão dela não é verdadeira e que, na verdade, se ela falou como está na fita interceptada, quis dizer outra coisa... Então, nós chegamos à conclusão que ela não confessou, mas foi por causa dessa não-confissão que o juiz disse que não precisava avaliar a legalidade da interceptação que, no fim das contas, foi o que determinou a decisão dele....

— Ele forçou a mão não uma, mas várias vezes.

— Essa é uma decisão que não se segura. Não vai ser confirmada pelo plenário. Acho que nem ele mesmo confirmaria isso no mérito. Mas quando for a hora de julgar, o governo da Dilma acabou e essa questão estará prejudicada. Gilmar deu, assim, uma decisão liminar que é, na verdade, a sentença de morte do governo. Prego no caixão. Na hora da política, foi preciso requerer uma forcinha, uma forçona, dos juízes, para decidir essa parada. O que significa dizer que a soberania popular ficou um pouco menor com isso, mas quem mesmo está preocupado com a democracia?

— Dito isso, Camilo, me responde uma coisa. Você não acha que a Dilma não devia ter se metido nisso? Não era melhor ela ter deixado o Lula distante?

— Vocês estão fazendo o raciocínio errado. Que no episódio, a Dilma está dando uma força para o Lula. Mas é justamente o contrário. Lula foi pressionado a se mexer para dar uma força para Dilma. Ele resistiu várias vezes e acabou cedendo agora. Mas para entender isso, precisa olhar para a política. Vocês estão com tamanho preconceito com a política, que só conseguem olhar com os olhos do direito. É o que a gente chama de criminalização da política. Quando você passa a tabular as decisões políticas como se fossem atos jurídicos. E se sente à vontade para julgá-las, com o carimbo da lei. Eu te diria, Maria, que de todas as consequências desse processo, essa é a mais grave. Quando você criminaliza a política, o que vem no lugar dela é sempre algo pior que a política.

— É isso que você acha que vai acontecer? Você acha que o Lula vai ser preso, o PT vai ser fechado e vem aí uma ditadura?

— Eu não sei como vai chamar, mas a partir do momento que a Dilma for impichada, já não será mais democracia. Mas vocês vão demorar para perceber, porque atualmente acham que o PT precisa pagar pelos seus erros e toda forma de fazê-lo pagar terá sido uma boa forma, e então o país vai se tornar mais republicano, porque a partir daí, todo mundo vai agir com medo de ser punido etc.

— Eu não sei bem o que pensar, mas a opinião geral é um pouco por aí mesmo. Por isso o Moro tem essa moral toda. Por isso, uma manobra para "fugir do Moro", não importa por qual motivo, não importa fugir pra onde, sempre vai ser vista como uma forma de impedir a justiça. E vocês não vão convencer ninguém disso.

— Você está certa. O ponto central é o Moro. Enquanto ele for um dogma, um atributo de fé, nada vai deter esse processo. Ninguém se atreve a questionar seus meios ou a duvidar da autoridade de seus fins, pois quem faz isso é colocado como parceiro da corrupção. Essa é uma armadilha. É por isso que o juiz não pode ser um instrumento de multidão, ter essa ligação intensa que ele tem com a opinião pública. Porque, a partir disso, ninguém se aventura a questionar suas decisões, nem mesmo o STF. Eu vou te propor um exercício...

— Ah, aí estou me revendo em suas aulas... deixa eu abrir de novo a cadernetinha, que eu anotava tudinho. Não deixava nada passar.

— O STF acha que Dilma cometeu um desvio de finalidade porque, no fundo, o que ela queria fazer é tirar o Lula da linha do Sérgio Moro. Lula é culpado de tentar "fugir do juiz". Será que o que estão fazendo não é exatamente o contrário: ou seja, uma força enorme para que Lula seja julgado pelo Sérgio Moro? Por um só momento, ao invés de pensar que Lula pode estar errado em fugir do Moro, vamos imaginar porque é que Lula tem que ser julgado justamente pelo Moro?

— Mas ele não é o juiz do processo, como se diz, o juiz natural do processo?

— Será que é? De repente todos os processos que envolveram corrupções de uma empresa sediada no Rio de Janeiro, com empresários pelo Brasil, e um governo sediado em Brasília, tudo isso, todas as ações, tudo deve ser julgado justamente em Curitiba?

— A explicação oficial você conhece, um processo puxa o outro, não é? Conexão.

— Mas o que puxa os processos para Curitiba não são nem as obras, nem o governo, nem a empresa. É o delator. Justo o delator que, quando esteve preso, foi grampeado ilicitamente quando conversava com seu advogado.

— É eu ouvi isso, parece que até instauraram um inquérito...

— Há uma série de pessoas com foro privilegiado nesse meio, mas eles não apareceram, porque a partir do momento em que aparecem, o processo se desloca para Brasília. Então, diz que nas delações pedem aos delatores para que não citem pessoas com mandatos, para evitar deslocar o processo para lá. Há um enorme esforço para que tudo seja julgado pelo Moro, todos os processos, todas as corrupções, agora mesmo ele recebeu o processo que os promotores denunciaram em São Paulo. Não vai ficar aqui, não importa onde o crime foi cometido. Há linhas extremamente sutis que acabam levando todos os processos para Curitiba e ninguém discute isso. Eu queria que, por um instante, ao invés de vocês pensarem: puxa, como o Lula é esperto em querer sair da mão do Moro, vocês começassem a se perguntar: puxa, por que tem que ser sempre o Moro a julgar esses processos? Talvez isso ajude a entender o que é que vocês têm diante de si.

Maria escutou com atenção, enquanto Camilo pagava a conta, sem aceitar dividi-la. Deu-lhe o benefício do velho cavalheirismo que alcançava os de sua turma. E fechou a caderneta em que escrevera uma única frase, resumindo o exercício: por que Moro? Essa frase ainda ia lhe cutucar por muito tempo.

— Como você pagou esse, eu insisto em te convidar para um próximo. A única regra é que você não pode recusar.

Maria estava apressada para voltar à reunião e ele decidira tomar sozinho mais um café, cortesia da casa. Ia colocar seus pensamentos em ordem, mas graças à conversa já tinha decidido enfrentar um novo tema na aula da semana seguinte com seus alunos: competência.

A reunião de Arthur foi um pouco menos aprazível e certamente menos duradoura. Ele tinha a incumbência de convencer seus colegas promotores a não recorrer e de nenhuma forma interromper o fluxo da denúncia que haviam feito. E esperar que ela se juntasse aos demais processos da Lava Jato. Mas – e aí é que estava a dificuldade – sem ferir nenhuma suscetibilidade. A violenta reação midiática havia colocados seus colegas em uma confortável situação de vítima. Era a hora de ouvir, sem responder. E engolir um outro sapo no meio da conversa, regurgitados, com firmeza, das cobras e lagartos que despejara na última reunião.

— Parece que nossa denúncia não foi assim tão sem sentido, Arthur. Se o Gilmar usou como forma de indicar que uma prisão pode estar perto...

— Tem razão, acabou ajudando a fundamentar.

— Agora, a força-tarefa não está mais indignada? Que diziam seus superiores?

— Meus superiores são os seus também. E é por causa deles que estamos tendo essa conversa, não é mesmo?

— Você não acha que, talvez, eu sou muito generoso ao dizer talvez, não estivesse no momento de sua autocrítica?

— Vou levar essa demanda a meu terapeuta, depois te falo a resposta.

— Não vem com intimidação, Arthur. Você foi babaca e a gente queria um pedido de desculpas.

— Desculpas. Mas vocês sabem que a gente não está conversando propriamente sobre isso, não é mesmo?

Arthur ouviu o que queria e o que não queria. Tinha a instrução específica de fazê-lo sem enfrentamento. A ridicularização a que os três haviam sido vítimas já era uma reprovação mais do que suficiente. Mas que ficou com vontade de soltar um Marx e Hegel, bem que ficou.

— Esperemos o que decide Moro. Não precisamos interferir. Muito provavelmente, vai entender que a questão é de sua competência mesmo. E tenho a incumbência de explicar isso a vocês. A força-tarefa não vai pedir a prisão do Lula. Não é uma questão jurídica - eles estão de acordo com praticamente todas as suas argumentações. Mas a questão é política. Deltan não vai pedir enquanto Moro não estiver em condições de decretar. E, pelo andar da carruagem, isso vai ficar para o tribunal.

— Isso é uma idiotice.

— Mas é a idiotice de quem tem a competência. Portanto, vamos deixar que eles lidem com a idiotice deles. Sem criar uma outra idiotice para competir, ok?

— E você vai ser a pessoa responsável por dizer o que a gente deve ou não fazer?

— Digamos que vou lhes dar uma consultoria. Sem jamais ter a pretensão de esvaziar a autonomia de vocês.

E dito isso, deu um sorriso cordial e se levantou.

— Por que Moro?

A doutora Mônica havia recém-chegado do atendimento a uma emergência. Nisso, produziu atrasos em cascata no consultório, de modo que Maria estava prevendo um tempo considerável na sala de espera da ginecologista. Pensou em sair e voltar, mas concluiu que o estresse das locomoções não ia compensar. E, afinal de contas, rever anotações da caderneta após uma entrevista era uma forma de ir adiantando trabalho.

Ela não se achou propriamente capaz de decifrar o enigma proposto por Camilo, e o entendeu mais como uma provocação. Pensar a Lava Jato sob esse prisma: por que Moro? Por que era tão importante que ele julgasse? A tudo e a todos.

Mas rodando aleatoriamente as páginas antecedentes da caderneta, percebeu que anotara, também com destaque, outra expressão em torno da qual a conversa no almoço tinha rodado: "desvio de finalidade". Havia um volume razoável de anotações em volta dela e uma lhe chamou atenção: quando juiz decide? Essa conjugação pareceu familiar, não propriamente por ser uma resposta, mas justamente por se tratar de uma pergunta. E uma pergunta que, se a memória não lhe traía, já tinha se feito antes.

Foi aí que ela começou a girar em sentido contrário as folhas da caderneta, do fim ao começo, em busca dessa lembrança. Era sempre um exercício curioso, pois nesses momentos é que se dava conta do que lhe despertara atenção em cada conversa – ou, o que era ainda mais curioso, conversas que não lhe chamavam atenção nenhuma, em que as poucas frases anotadas estavam em volta de rabiscos geométricos que, muito vagamente, se assimilavam a desenhos. Aquilo que se faz frequentemente em aula chata, onde nenhuma parte da matéria é, literalmente, digna de nota.

Foi quase na primeira folha, já terminando a caderneta, no pé de página, que Maria encontrou o "desvio de finalidade" perdido. Sentiu-se vencedora numa espécie de jogo da memória, ao desvirar a carta certa, depois, é lógico, de vários palpites frustrados. O que importava, enfim, é que ela se lembrava que essa questão já entrara no seu radar e não fora suficientemente respondida. Encontrá-la, portanto, foi uma satisfação, ainda que isso abrisse outra indagação.

Na abertura do processo de impeachment, Eduardo Cunha chegou a ameaçar o PT; deixou claro que se o partido não lhe desse os votos que necessitava para arquivar uma reclamação disciplinar no Conselho de Ética, ia dar prosseguimento ao pedido. Dito e feito, no dia seguinte à negativa dos votos, pôs a degola da presidente em movimento. Era o início do fim.

Cunha teria colocado o impeachment para andar por vingança – não por apreço à moralidade ou na tutela da responsabilidade da presidente. Não seria, então, um "desvio de finalidade"? Por que o Supremo não levou isso em consideração? Em que medida o juiz poderia se embrenhar nas motivações internas do presidente da Câmara para julgar isso? O Supremo achou que não era o caso; que isso podia representar alguma espécie de suspeição, inimizade, parcialidade, mas, ainda assim, que isso era matéria da política e a decisão que ele proferiu não podia ser modificada por isso. Por que isso teria sido diferente com Cunha?

Toda a argumentação de Camilo se baseava nisso: estão tratando o PT com dois pesos, duas medidas. Com a mídia, com Moro, com o Supremo, com tudo. E tudo implicava em muita coisa, porque os processos corriam ao mesmo tempo e de uma certa forma parece que não existiriam se não estivessem juntos, um alimentando o outro. Ninguém duvidava o quão corrosivas as novidades de Curitiba eram para Brasília e, em casos como esses de Lula, quão letais eram as mensagens de Brasília para Curitiba. Dificilmente essa indagação iria mudar seu cotidiano de trabalho; mas ela queria entender e queria estar em condições de responder a essas perguntas.

Ao som do chamado da recepcionista, ela agregou uma frase na primeira folha em branco que encontrou: dois pesos? e fechou a caderneta.

Ao entrar na sala da doutora Mônica, a frustração com que já se acomodara emergiu:

— Arthur não veio contigo de novo?

A reunião foi mais rápida e indolor do que supunha. Arthur buscou ser objetivo e lacônico, mas nem ele mesmo nutria tantas esperanças que esses predicados seriam acolhidos como suficientes. Não ouviu as zombarias que imaginava, nem as críticas que se podiam esperar. Talvez porque, de uma forma ou de outra, tudo já estava mais ou menos explicado. Mas a sua presença conferia o ar de institucionalidade que era o que bastava para por, oficialmente, ponto final na polêmica entre os membros dos Ministérios Públicos.

Ao passar pela entrada do estreito espigão, com um par de torres de janelas espelhadas, que se postava sobre um pilar de concreto retorcido, encravado entre a agência de um banco e um galpão de estacionamento, Arthur sabia que uma parte inusitada, porém decisiva, da história do país vinha sendo escrita ali. Compreendeu, portanto, a necessidade de ser solícito e discreto. Onde se respira poder, diz a lenda, os peitos costumam inflar com mais facilidade.

— Vocês sabem que, em face da autonomia, não podíamos propriamente ter impedido o ajuizamento da denúncia

- entendo como vocês que foi um equívoco, uma má interpretação. Mas eu não queria que vocês supusessem que há qualquer hipótese de disputa por protagonismo. A visão que eles tiveram é que poderiam agregar novos campos, mas não dimensionaram que isso poderia ajudar a própria defesa. Um erro de avaliação, em questões de estratégia, mas de toda a forma cria na sociedade a impressão de que as ações foram tão lesivas que acusações podem pipocar pelo país.

— O promotor lá disse que ia cumprir o mandado de prisão do Lula...

— Sim, acho que isso foi consensual: a entrevista coletiva conseguiu ser pior do que o trabalho escrito. Estamos andando com cuidado aqui também, porque não há interesse em fortalecer mecanismos punitivos disciplinares...

-Que até seriam até merecidos, não?

— Apesar dos equívocos, acho que não é uma ideia positiva, neste momento, processar nossos promotores por excessos em entrevistas, pelo esforço em processar os corruptos. Vamos deixar os outros na mira dos processos, não nós.

— Está certo, isso não é o importante. O importante é que nosso colega Arthur já nos passou que não haverá recursos e que, muito provavelmente, nenhuma outra denúncia concorrente. Acho que isso normaliza nossa situação... Não precisamos nos preocupar mais com o MP paulista. Eu queria agradecer a ele pela gentileza de ter vindo dizer isso pessoalmente.

E, em pouco mais de meia hora, já estavam em cumprimentos e cortesias, e Arthur foi sendo levado para o segundo, e mais importante, compromisso do dia, aquele que, de fato, não podia ser substituído por um e-mail. Pelo menos, não por quem o convidara. Quando já estavam à mesa, envoltos em uma feijoada crepitante é que pôde, finalmente, relaxar:

— Me saí bem, Carlinhos? Pessoal ficou satisfeito?

— Perfeito. Você é um gentleman, Arthur. Nem parece paulista...

— Olha, que ultimamente quem tem andado de nariz empinado é essa turma do "leite quente".

— A República, como chamamos.

— A República, sei...

— Eu saio fora logo, Arthur, já estou velho. Assim que puder, vou tomar meu caminho. Me aposento e vou à luta. Mas essa molecada vai marcar história no país, escuta o que eu estou te dizendo. Depois que passar o furacão, eles vão ser as referências. Vai ter uma limpeza boa na política, aí. E quem tiver o esfregão na mão, vai ter poder de barganha. Fique por perto que isso vai te fazer bem.

— Vamos ver, né: a gente nunca sabe o tamanho do estrago que é possível fazer... Teori é que costuma dizer: puxa uma pena, vem uma galinha.

— Bom, uma coisa é certa. Estrago pequeno não vai ser. Sérgio pensa muito nos limites, acho a intuição dele muito aguçada. Mas, a gente sabe que quanto mais alto, maior o tombo. Então tem que andar com calma, não pode parecer afoito. Tem que estar um grau abaixo do ímpeto popular, para nunca dar a impressão de excesso. A sociedade tem sempre que exigir mais do que a gente entrega, porque é isso que nos legitima.

— Deu um certo aperto no peito nessa operação, mas no final foi na pinta, não é mesmo?

— Certinho. Foi o ideal. Já se criou a expectativa da prisão, e, ao final, a gente mesmo aparece como moderado. Moro sai como razoável, sem excessos, respeitador dos direitos. Mais um degrau da consolidação da competência. Isso é bola na rede. A denúncia vai pro anedotário, mas fica no ar que Lula precisou pegar um cargo para fugir da prisão. Nós forçamos a casca de banana. E você foi essencial para isso.

— Eu sabia que podia contar com o estrelismo; isso não falha nunca. Quando dei aquele esporro, estava certo que não iam esperar nem mais um dia. Eu só fiquei um pouco com medo de como a denúncia ia ser recebida no fórum.

— Eles são juízes, eles se conversam. Foi melhor do que se a gente tivesse abortado. Todos saíram chamuscados, menos nós. Mas, enfim, vamos falar de coisas boas do futuro. Você já está se articulando para a sucessão do PGJ? Sabe que vai ter nosso apoio, não é mesmo?

Arthur apenas sorriu e tomou um gole da cerveja, esticando a tulipa para mais um brinde. E logo correu para responder ao chamado de Maria no WhatsApp: Volto logo, não demoro. Pego o voo das 16:40; janto em casa.

Não fosse jornalista e não tivesse uma intuição sempre aguda, quase nunca complacente, Maria teria parado na resposta com um simples emoji. Um coraçãozinho, um beijo ou até mesmo um joinha, que podia ser mais do que suficiente em face da situação. Mas a nova ausência na consulta à ginecologia, à custa de uma simplória explicação: "surgiu reunião urgente, bate-volta Brasília" não a satisfez por completo. Ainda administrava internamente a convicção de que talvez ele não tivesse aderido tanto à ideia de um filho como ela.

Por raiva ou por mania, se pôs a checar os voos numa ponte-aérea que foi seu habitat por longos anos. Por alguma razão, 16:40 não lhe vinha à lembrança como um vôo que costumava tomar. Era até uma desconfiança boba, porque, afinal de contas, estava acertado que ele não lhe contaria nada que não pudesse chegar à imprensa. Mas, ao ser tratada como jornalista, como jornalista agiu. Virou daqui virou de lá, olhou diversos sites e horários e companhias. E, como quase sempre acontecia quando se dedicava a uma pesquisa, confirmou suas suspeitas. Não tinha nenhum vôo saindo de Brasília para São Paulo às 16:40. Foi encontrá-lo em outra origem.

— Safado, ele foi é pra Curitiba.

— Professor Camilo, que felicidade lhe encontrar!

— Ora, Érica! Vocês me convidaram. Acham mesmo que eu ia deixar de vir?

— Ah, sei lá professor, o senhor anda tão sumido daqui.

— Desta sala, então... nem sei o quanto.

A recepção calorosa por chegar à sala das becas, de fato, era uma enorme novidade para Camilo. Da última vez que estivera nela, mendigava apoios contra um processo disciplinar, na antessala de um evento jurídico. Precisava das duas mãos para contar, nos dedos, aqueles que lhe viraram as costas, que o deixaram falando sozinho, enquanto abriam armários em busca de suas vestes talares. Usada como ponto de encontro dos professores ou apenas base de apoio para os eventos do contíguo Salão Nobre, a sala era recoberta pelas portinholas brancas dos pequenos cubículos onde as becas a serem usadas em ocasiões especiais, como as posses ou sessões de aulas de concursos à cátedra, eram guardadas. Com uma longa mesa retangular ao centro, rodeada por pesadas cadeiras vermelhas de espaldar alto, sobre um piso de taco, apenas parcialmente coberto por tapetes orientais, o local era ainda cercado por pesados sofás nas laterais. A sala só enchia quando reunia os convidados vip aos mais disputados seminários. Ou nos atos públicos, como o que se preparava para acontecer naquele exato momento. Havia uma eletricidade no ar, estudantes entravam e saiam da sala agitados, representantes de entidades da sociedade civil adentravam, estranhados pelo glamour. E barulho, um estridente barulho que já ouvia por detrás das pesadas cortinas.

— Vão falar o Gilberto, Salomão e o professor Comparato. Mas eu queria muito que o senhor fosse o primeiro da casa a discursar.

— Com essa tropa estelar, por que é que precisam de mim?

— Para incendiar esse salão nobre. Não vai sobrar espaço para uma mosca hoje aí; vai ter batucada e cantoria. O que o senhor diria para botar fogo nessa plateia, professor?

Camilo não precisou pensar muito. Ainda que não fosse propriamente a sua estratégia discursiva, muito mais contida e serena, e que, como professor, sempre se sentira mais tentado a explicar do que comover, fazer pensar a ser repetido, intuiu que a plateia estava se formando muito mais para ser ouvida do que ouvir, para gritar do que aplaudir. Não achou meio mais simples, direto e objetivo, do que começar logo pelo fim:

— Moro na prisão!

— A condução coercitiva é ilegal. Podem procurar, vocês não vão encontrar em nenhum código, em nenhuma lei. Sim, tem uma condução coercitiva da testemunha que se recusa a depor. Para isso, é que tem a "coerção", a força. No processo, os juízes chamam isso de conduzir a testemunha "sob vara". Mas isso só existe para quem não quer prestar depoimento. Quem está se ocultando. Ou intimado, simplesmente falta. Essa condução coercitiva que o Moro inventou, in-ven-tou, porque ela não existe na lei, não é coercitiva para forçar a pessoa prestar depoimento, quando ela não quer. É para levá-la, sob vara, mesmo que ela não resista. A intenção é de subjugar, de humilhar, de constranger. E ele não faz isso com a testemunha, que tem obrigação de prestar depoimento e de dizer a verdade. Ele faz isso com o "indiciado", o suspeito, aquele que vai ser acusado, e que, portanto, nem tem a obrigação de prestar depoimento, nem de dizer a verdade. Então para que é que ele manda a polícia federal levar o Lula, sob vara, sob ameaça de arma, para dizer algo que, primeiro, ele não se recusou; segundo: ele nem é obrigado a fazer. Isso é uma prisão disfarçada, feita para atrapalhar a defesa do réu, e constranger, coagir, humilhar. Ele faz isso mesmo sabendo que ele não pode.

— Sérgio Moro não pode usar a prisão como forma de extorquir uma confissão, uma delação. Isso seria tortura. Você já imaginou: a pessoa é sequestrada em sua casa, levada por um bando de pessoas armadas, colocada em uma sala e, então, ouvida pela polícia ou pelos promotores. Se concordar em dedurar alguém, e se esse alguém interessar aos promotores, então ela vai ser solta. Se não fica preso, como disse um dos homens da Lava Jato, "passarinho canta melhor dentro da gaiola". Então, essa prisão que é feita e pode ser desfeita se a pessoa confessa e delata, não é uma prisão, é uma tortura. Não precisa ameaçar bater para ser tortura. Você tira a pessoa de casa de madrugada, arranca dos familiares, mostra na TV, coloca numa cela. Humilha e difama. E ele só tem a vida de volta se contar o que os caras querem ouvir.

— Isso parece pouco, mas ele fez tudo isso, e ainda mais. Ele mandou grampear os telefones do Lula – aliás, grampeou até os telefones dos advogados, para que ele soubesse antes como ia ser a defesa. Mas grampeou Lula, inclusive com a presidenta. E quando ele achou uma coisa que podia atrapalhar a Dilma, ele não teve dúvida: pegou a fita e mandou pro Jornal Nacional. Mas não pode, gravação é secreta e tem que ficar dentro do processo. Mas ele fez. Porque para o Moro, não existe direito à privacidade: tudo pode ser exibido, desde que interesse a ele. Para o Moro, não existe direito à liberdade. Ele pode prender quando achar que é importante prender. Para o Moro, não existe direito, não existe limite. Todo dia ele comete um crime diferente, mas como ele diz que é contra a corrupção, então pode. Então, ele é do bem. Então, fica tudo certo. Mas quando chegar o fim do processo, ele é o que vai ter a ficha mais suja, porque ele comete crime todo dia.

Ele manda prender, ele manda torturar e ele manda grampear quem, como e por quanto tempo ele quiser. E a moçada que não sabe direito, mesmo a moçada que faz faculdade de direito, bate palma pra ele. E o jornal bate palma para ele. A televisão bate palma pra ele. Os deputados, com medo de ficar com fama de corrupto, batem palma pra ele. No fim do dia, tem tanta gente batendo palma pra ele, que ele vai dormir pensando: eu posso fazer tudo isso de novo. Só tem um jeito de parar esse Estado policial em que o país está se transformando. Um só jeito. Não tem escolha, não tem alternativa. Eu vou dizer uma vez só, mas vocês repitam se concordarem...

Mais de mil pessoas se levantaram no Salão Nobre naquele instante e gritaram com a força de seus pulmões. A faculdade ainda ia ouvir discursos homéricos, reflexões contundentes e falas emocionadas. Mas levou mais de meia hora para que deixassem, por alguns breves segundos, de entoar o grito de guerra:

— Moro na prisão! Moro na prisão!

Érica fitou Camilo com carinho e admiração. O evento que organizara com tamanha dedicação tinha bombado. Não eram muitos professores que se atreveram a entrar. Alguns olharam da porta, só de soslaio. O pessoal do XI nem previa um número de estudantes muito grande também, faculdade polarizada, mas o colorido das presenças, dos representantes e das faixas de tantas entidades, talvez apontasse para o fato de que a faculdade de direito, justamente a faculdade de direito, estava calada até demais. Como se o direito mesmo não estivesse sendo torturado naqueles dias. Ela sentiu o quanto tinha acertado ao confiar no taco do professor Mascarenhas. Ele andava arredio e pouco presente, combalido e quem sabe se não em depressão, mas ainda tinha um vigor capaz de seduzir a muitos. Ela sorriu e agradeceu e, antes que pudesse dar-lhe um abraço como pretendia, aproveitou o fragmento de segundo em que a plateia silenciou para chamar o próximo orador. Quando se virou de novo, Camilo já não estava mais lá.

— Moro na prisão... esse cara é patético.

Arthur folheava as páginas do jornal no café da manhã, e, a despeito das barbaridades que lera nessa pequena matéria encravada no pé de página da Política, sentiu-se reconfortado por ter compreendido antes do tempo a mitificação barata em torno do professor Mascarenhas.

— Honestamente, não sei como você aguentou tanto tempo como aluna dele – mas certamente tem algo a ver com ter largado a faculdade. Se um cara desses é um modelo, não a culpo por ter desistido...

— Os promotores têm que aprender a lidar com o outro lado também, não só os jornalistas.

— Bobagem, o outro lado aqui é elogio do crime. Sabe o que mais me espanta? Pessoas como ele nem fazem isso por uma vantagem pessoal. Não os respeitaria, mas pelo menos entenderia. Ele faz por convicção. Por idolatria. Aí fecham os olhos para a malandragem, tudo é desculpável. O mocinho vira vilão...

— Eu acho que é exatamente essa lógica, Arthur, contra a qual eles tentam se opor. Esse salvacionismo, o mocinho e o vilão, o bandido e o super-herói. Esse maniqueísmo não lhes devolve um discurso?

— Maria, isso tudo é relativizar corrupção. Nosso pacto é claro, liberdade de opinião, liberdade de reunião, liberdade de expressão, manifestação etc. Mas isso tudo dentro uma República. Sem que as pessoas subtraiam para si próprios aquilo que pertence ao grupo. Se você deixa isso acontecer, todas as liberdades soam falso.

— Objetivamente, você refutaria todos os argumentos? Ou será que não está fazendo exatamente a mesma coisa que acusa: passando pano para os excessos.

— Esse negócio de excesso, de abuso, é tudo discurso. Pra começar, ele nem entende tanto de processo penal assim, para ficar querendo dar lições. Depois, se tiver excesso, se tiver abuso, pô, nosso sistema recursal é o mais generoso do planeta. Tudo pode ser objeto de recurso até o infinito. Não dá para colocar a culpa no juiz, se os tribunais mantêm a decisão.

— Esse é um ponto importante, Arthur. Eu diria que é o mais relevante. Mas a argumentação deles é que o Supremo está acovardado, os tribunais vão na *vibe* da opinião pública e etc.

— Pois é. Eles perdem nos tribunais e também perdem na opinião pública. Só eles têm razão, só eles dizem a verdade. E, enquanto isso, fazem a farra com o dinheiro público. E nos espaços públicos, né? Você acha que está certo eles usarem um prédio público, de uma faculdade pública, para fazer política partidária? Não acho que esteja certo, não. Quer fazer um seminário, é uma coisa; um ato de repúdio, sei lá, já é estranho. Mas usar um espaço público para instigar a multidão contra o Judiciário? Com os funcionários públicos, a energia, água e tudo mais custeado pelo povo? Não entendo bem como a São Francisco permitiu uma coisa dessas...

Maria adorava o papel do advogado do diabo, fazendo o contraponto ao lavajatista praticante e juramentado que tinha em casa. Isso lhe ajudava um pouco a colocar as questões em ordem dentro de sua cabeça. Tinha um enorme orgulho do marido que era um promotor responsável, extremamente ético e, no dia a dia, muito pouco dado a arroubos de linguagem. Arthur acabara sendo conhecido como um grande negociador e uma pessoa sempre disposta a debater argumentos. Ultimamente, no entanto, tinha subido alguns degraus na defesa da operação, do MPF, de Sérgio Moro, e na repulsa aos que os criticavam de forma leviana. E no meio do discurso matutino, enquanto ela preparava tapioca com ovos mexidos e um suco natural de laranja, percebeu que ele quase se transfigurara com a reação aquele ato na Sanfran. Ela não sabia se por ser na faculdade, que ele advogava também ser sua, pelos gritos, de fato, em decibéis acima da crítica política ou por se tratar de Camilo, a quem desferia uma resposta desproporcional.

Arthur estava nervoso como se aquelas palavras de ordem tivessem sido dirigidas a si mesmo. E falou sério quando concluiu que a faculdade não podia ter cedido o espaço. Tão sério que resolveu se mexer e agitar um pedido de explicações sobre como o ato teria transcorrido, para eventualmente avaliar a necessidade de providências.

Nos dias que se seguiram, o pedido foi bater na sala do diretor da faculdade, bem quando ele tentava contornar a reclamação de professores da casa, indignados com o ato. O diretor disse que apenas cedera o espaço para um ato público que reuniria diversos professores da casa, autoridades convidadas e muitos estudantes. É um espaço público, utilizado por entidades da sociedade civil, acompanhadas de professores da casa. E deixou absolutamente claro que a faculdade estaria de portas abertas para receber, no mesmo espaço, a turma contrária, os defensores do impeachment.

Eles toparam, mas não quiseram perder o lugar de fala da crítica ao aparelhamento. E depois que haviam organizado o suficiente, comunicaram ao diretor que o ato em resposta seria realizado na tribuna livre, do Largo São Francisco, defronte ao prédio histórico. Para resguardar o interesse público e a imagem da faculdade.

Ainda não se sabia que a imagem da faculdade sairia muito, mais muito mais arranhada.

Com a radicalização do discurso, Camilo esperava um isolamento ainda maior. Na faculdade, onde a reação se daria naquela mesma noite e na imprensa, com espaço, se fosse possível, mais reduzido. Mas aconteceu justamente o contrário.

A repercussão do ato foi grande e alguns professores vieram, ainda que forma tímida e privada, cumprimentá-lo pela coragem. Alguém precisava levantar a voz, que bom que foi alguém da São Francisco, diriam alguns; esse déspota de toga está merecendo, na versão dos mais exaltados. E o vídeo do discurso navegou pelas redes sociais de uma forma impactante. Por óbvio que seu anacronismo analógico ainda não lhe permitira acompanhar tudo instantaneamente, mas Érica fez questão de lhe transmitir boa parte das *mentions*. Telefones para entrevistas começaram a pipocar. Primeiro, de veículos engajados, blogs ou sites de esquerda, que clamavam por alguém que tivesse condição de cumprir as duas premissas da boa comunicação: um discurso inteligente e uma forma aguda de transmiti-lo. Mas começaram a pingar, lentamente, convites da grande imprensa a ponto de que tivesse a convicção: furei a bolha.

O melhor indicativo do sucesso, para ele, foi o retorno de Maria. Ela já vinha lhe cobrando respostas a uma mensagem que agradecia o almoço e o convidava para o troco, em lugar que ela escolheria. Mas ele nem chegara a responder. Pois ela escreveu de novo, não apenas confirmando o convite, como querendo, agora sim, uma entrevista *on the records*, com foto e tudo, ela disse. E como se tivesse percebido o movimento, ou apenas intuído, arrematava: primeiro para mim, hein?

E para ele que não entendia como podia ter sido catapultado em um ambiente tão abertamente hostil, estava prestes a compreender as consequências da lógica da polarização e da espetacularização da política: quanto mais definidos os adversários, quanto mais radicais os discursos, mais fáceis de serem incorporados à narrativa oficial. Neste mundo, menos nunca é mais.

A entrevista que daria a Maria, com foto e tudo, acabou sendo postergada no último momento. Mas por uma causa justificável. Foi ele mesmo que tomou a liberdade de sugerir, crendo que podia ter mais a falar depois da matéria que ela devia cobrir.

— Vai ter um ato em troco aqui na São Francisco. Os golpistas, liderado pela Janaina Paschoal. Um amigo que é uma espécie de agente duplo me advertiu: ela está com sangue nos olhos.

— Tô sabendo, mas não deram muita importância por aqui. Você acha que merece uma atenção maior?

— Seria bom alguém com senso crítico, disse, adulando Maria.

Mas foi o que disse depois que a convenceu:

— Eu preferia falar depois deles. Aí eu posso comentar se acontecer algo relevante, o que acha?

— Acho que tem alguém escalado para acompanhar. Mas vou ficar de olho se rende. A gente se fala amanhã, ok?

Os organizadores falavam em três mil pessoas, mas é possível que não houvesse mais do que quinhentas. Pouco importa, a praça diante da entrada do prédio histórico da faculdade de direito, o famoso Largo São Francisco, estava tomado no começo da noite. A faixa verde e amarela pendurada entre árvores nominava a todos em letras pretas: "Juristas pelo Impeachment". É verdade que não eram todos juristas que os cercavam; tirando aqueles senhores de terno escuro que se aboletavam na tribuna de alvenaria recoberta de mármore branco que era o palco do Território Livre, havia um pouco de tudo na plateia, inclusive a turma da percussão que não deixava o ato em silêncio um só minuto. Mas foram, de fato, os juristas que tomavam a palavra, com destaque para os que efetivamente estavam sendo celebrados: os autores do pedido de impeachment da presidente Dilma.

O decano Hélio Bicudo, que tinha sido fundador do PT, e desafeto do ex-presidente Lula, foi duro. A despeito de ter servido ao Ministério Público durante a ditadura militar, e ter ganhado protagonismo na luta contra o esquadrão da morte, disse que, em toda a sua carreira, nunca viu "tantos desvios e tanta pouca vergonha". Miguel Reale Jr. instava, no discurso, os deputados a optarem entre "o bolso ou a honra", como se optassem pela "honra" viessem ter algum tipo de prejuízo. E até mesmo uma pessoa comedida por ofício, o desembargador Newton de Lucca, defendeu entusiasticamente seu colega Sérgio Moro e encerrou a fala com um grito de "Fora PT", distante dos tradicionais padrões atribuídos a magistrados.

Mas resumido o ato nestes discursos previsíveis e enfadonhos, teria sido mesmo o caso de deixar um repórter iniciante cobrir o textual, com um pequeno registro. Nada indicava que aquele movimento seria mesmo mais do que uma resposta, e assim mesmo miúda, ao ato que os juristas contra o golpe haviam realizado, dias antes, com pompa e circunstância, no Salão Nobre. Mas não bastava competir com aquele ato, era preciso marcar a diferença. Expor juristas sem a leviandade de posturas partidárias, esbanjando conhecimento e saber, de modo que os questionamentos sobre a legalidade do impeachment ficassem restrito aos governistas de aluguel. Afinal de contas, quanto mais a questão se mostrasse aceita na coletividade jurídica, mais os parlamentares se sentiriam livres para decidir politicamente. A batalha pela narrativa também fazia parte da guerra. Mas a arma que os "golpistas" possuíam não era, certamente, a mais adequada para granjear essa legitimidade. Foi disparada quase que sem alarde.

A professora começou falando tranquila e serena, voz até baixa para se fazer escutar. Quem a viu no princípio do discurso lembrando da faculdade de Recife e de Tobias Barreto, ainda não tinha a menor ideia de como aquilo ia acabar. Mas quando a advogada Janaína Paschoal, vestida com uma camisa social amarela, se empolgou, tão logo lembrava de supostas lições de seu pai e avô, como o de fazer o bem, usar o conhecimento a serviço da nação e coisas que tais, foi gradativamente aumentando o tom e a velocidade de sua voz, engatando em um discurso mítico e salvacionista. Sobre cobras que se apossam do poder com ânimo de se perpetuar e a sede de dinheiro.

Sem que se pudesse prever uma alteração tão súbita, começou a caminhar de forma agitada para a frente e para trás do pequeno palco, a gritar com uma força que nem parecia ter em seus pulmões e, por fim, fazer tudo isso balançando freneticamente uma bandeira sobre sua cabeça. Brandia de forma alucinada que era o fim da "República das Cobras". O batuque lhe acompanhou compassadamente, muitas pessoas, incrédulas, não conseguiam acompanhar sua sintonia – o octagenário Bicudo chegou a arregalar os olhos e se curvar instintivamente para trás.

Ela gritava intensamente como se estivesse tomada, batia cabeça como uma estrela do metal, e girava a camisa imitando um helicóptero sobre sua cabeça, que a qualquer momento parecia poder decolar. Não deu outra.

Ela foi absoluta no dia seguinte, nas redes, nas mídias e, sobretudo, nos memes. Poucos atos representaram a *vibe* dos apoiadores do golpe como esse. Os juristas pelo impeachment podiam passar uma imagem de combatividade, de indignação ou até de urgência. Mas certamente não de sabedoria, de moderação ou bom-senso. O invejado posto de "professor do Largo de São Francisco" deixou de ser uma insigne que dispensava apresentações. Para o bem e para o mal, Janaína passou a ser uma condensação dessa figura.

Maria ficou horrorizada com o espetáculo que presenciou. E embora isso tivesse sido uma enorme surpresa – afinal, lá estavam os competentes advogados que ajuizaram a ação do impeachment, normalmente tratados pela seriedade e não pela pregação barata – a dica de Camilo se revelara, mais uma vez, certeira. Ela de fato vinha com sangue nos olhos, mas concluiu que nem ele imaginaria o quanto eles podiam se revirar na performance.

Maria escreveu dez linhas se tanto com o celular apoiado sobre a bolsa e mandou para a redação da plataforma digital, juntamente com o vídeo que gravara de seu celular. Pela manhã escreveria algo mais relevante – mas estava convencida de que as palavras não seriam suficientes, e provavelmente nem mesmo necessárias, para descrever a experiência de que havia tomado parte. Foi objetiva, agregando detalhes como roupa, entonação e desenvoltura, crendo que isso por si só bastaria para chamar atenção ao vídeo. E foi mais ou menos os que os jornais, um dia depois, acabaram por traduzir economizando, em demasia, os adjetivos. Colunistas e blogueiros, porém, fizeram a festa.

E, quando já estava por partir, com um certo engulho pelo que vira, tomou um último e mais impactante susto. Viu o presidente da associação dos promotores descendo do tablado junto com a deputada. Ele dá um abraço demorado em outro homem de terno, de costas para Maria, e ao final, apresenta o homem à deputada. Foi só nesse momento que estranhou aquela pessoa que cumprimenta a popstar com um beijo no rosto, um carinho no ombro e um sorriso na cara, como se acabara de ouvir o discurso de uma estadista. A imagem pelas costas havia lhe dado um pequeno calafrio, mas ao vê-lo de perfil, tremeu. Maria não precisava de apresentações, nem chegar mais perto para ouvir sua voz. De longe, reconheceu Arthur.

Virou-se e saiu correndo.

— Nós temos que entender que estamos vivendo um momento diferente. Pode ser que seja só agora e depois tudo volte ao normal. Meu palpite é que estamos decrescendo um degrau na racionalidade política. A gente passou a considerar o absurdo como uma variável aceitável. Ele tem sido penteado, maquiado, normalizado. Mas é o absurdo. Eduardo Cunha é o absurdo. O que ele faz é movido pela vingança, pela fúria, pela suspeição absoluta. Mas quando a gente reclama, o STF contorna, corrige umas vírgulas e no final das contas legitima. É um absurdo sob controle. Janaina é um absurdo. É grotesco, uma exibição performática que não tem nada a ver com o direito. Mas isso é colocado de lado e ela volta a ser citada como uma advogada respeitada que ajuíza a ação do impeachment. Se eu pudesse prever, eu diria que essa queda da racionalidade vem para ficar, porque uma vez que a gente se acostuma a lidar com o absurdo como variável, ele vai se tornando factível. E abre a porta para outros absurdos ainda menos aceitáveis. Quando a gente vê, a suposta luta pela "ética na política" vai deixar um rastro de vale-tudo que vai ser tudo, menos ética....

Camilo não passou a ser ouvido apenas pela mídia, mas pela própria esquerda. Foi ganhando espaço em ambientes dos quais se mostrava ausente há anos. Na conversa com os membros do Jurídico do PT, a discussão girava em torno das opções que se apresentavam: cruzar os braços e denunciar o impeachment como um jogo de cartas marcadas ou judicializar e correr o risco, muito provável, da legitimação pelo STF.

— Se correr o bicho pega, se ficar o bicho come. Jamais devemos abrir mão da resistência e parte significativa dela será mesmo em forma de denúncia. Então, não sobra espaço para opções. É preciso lutar com as armas que estejam à disposição, sem abrir mão da denúncia da absoluta ineficácia delas. A denúncia é uma luta para a história. E lá na frente vai ser indispensável mostrar o diminuto espaço que se teve para contrapor. Eu não tenho dúvidas de que ela será impichada;

mas também, nenhuma, de que o substrato jurídico para isso, as pedaladas fiscais, vão explicar cada vez menos a decisão. É um álibi que só funciona para o hoje; para o futuro, isso não vai ser sequer lembrado. E a defesa intransigente hoje é o caminho para a deslegitimação dessa deposição. A história nos absolverá, mas precisamos chegar vivos até lá.

Camilo era da opinião de que os dados já estavam lançados e a história imediata estava escrita. Era perda de tempo e de energia clamar que "não vai ter golpe". Vai ter. Mas o futuro dependia das ações que eles fizessem neste momento. Nós os convenceremos de que foi um erro, mas só depois que eles o tiverem feito.

No final do bate-papo, quando já arrumava os papéis para se despedir, foi alertado pela mensagem no WhatsApp. Era Maria, convidando-o para um almoço.

— Desta vez, terei de negar. Estou em Brasília.

— Eu sei. Eu também.

Celso Daniel era prefeito de Santo André em janeiro de 2002, quando foi sequestrado e, dias depois, assassinado. Liderança importante do Partido dos Trabalhadores, coordenava a elaboração do programa eleitoral de Lula e, diziam, era o favorito para ocupar o Ministério da Fazenda em um futuro governo petista. Encontrado morto em um sítio, acabou virando o pivô de uma teoria da conspiração que atormentou o partido por mais de uma década.

A polícia civil do estado de São Paulo, às mãos do governo tucano de Mário Covas e Geraldo Alckmin, concluiu que o crime não tivera motivações políticas - e que o prefeito acabou morto quando os sequestradores se deram conta de que, por engano, haviam colhido um político muito conhecido, ao invés de apenas uma vítima endinheirada que esperavam usar de isca para pedir resgate.

Estimulado por um irmão de Celso, adversário político e de relações cortadas com ele, o mito de crime político foi incensado, sobretudo, por membros do MP estadual que duvidaram das conclusões policiais. Segundo a versão "política", Celso seria o receptor de uma caixinha de propina na prefeitura, a ser encaminhada ao partido, mas teria sido morto ao descobrir que o dinheiro era desviado inclusive de seu destino ilícito pela ganância dos assessores.

Pela implicância de seus articuladores, e o interesse midiático que a teoria propagava, o inquérito chegou a ser reaberto mais de uma vez. A despeito de estar fundada em um conjunto de coincidências, daquelas que parecem irrecusáveis, como a morte suspeita de diversas pessoas "envolvidas no caso", a tese do crime político jamais teve substância. Mas sua sobrevida por interesses distintos permaneceu apavorando o PT anos a fio, como um cadáver insepulto que era revirado a cada eleição. Condenado a longa pena pela criação de um esquema milionário de desvio de verbas publicitárias, que impactara o governo Lula, e antes disso, o de Eduardo Azeredo, do PSDB mineiro, o publicitário Marcos Valério ressuscitaria o escândalo para apontar outra suposta ligação com destroços do Mensalão.

E como os fantasmas continuam eternos, quando uma das inúmeras fases da Operação Lava Jato foi bater em um empresário do ABC, lá estava a história sendo levantada de novo, como mostra do vigor de uma teoria da conspiração supostamente jamais desmentida.

Arthur passou alguns meses da carreira em Santo André, o suficiente para criar laços que o possibilitaram tratar como colegas os promotores locais, de cuja influência eleitoral pôde se jactar ao candidato a PGJ que acompanhava. Pois na reunião que organizou em busca de votos, foi o pedido que ouviram, que jamais deixassem a investigação do Ministério

Público ser desprezada. A primeira reunião que Arthur teve com a força-tarefa da Lava Jato, em que pretendeu indicar os possíveis laços provenientes do "crime político" com o escândalo de corrupção, foi, portanto, o cumprimento de um compromisso de campanha.

De um lado, chamou a atenção dos colegas de Curitiba para a importância que o contato com os promotores de São Paulo poderia trazer; de outro, os colegas de Santo André deram por cumprida a promessa, quando em uma decisão de Sérgio Moro, constou que "É ainda possível que este esquema criminoso tenha alguma relação com o homicídio, em janeiro de 2002, do então Prefeito de Santo André, Celso Daniel, o que é ainda mais grave". A assertiva era leviana, mas frequentou algumas manchetes e ficou por isso mesmo.

Arthur voltaria a Curitiba outras vezes, a última delas, como vimos, recebendo promessa de apoio em uma possível candidatura à sucessão de seu chefe. Tudo o que temia era sua esposa rondando os calcanhares da Lava Jato, como mais de uma vez insinuou fazer. Por isso, quando Maria lhe consultou sobre a conveniência dela se mudar para Brasília por um período, sentiu um enorme alívio.

Mas o tempo ia se encarregar de provar o quanto estava errado.

— Como é que você me descobriu aqui, Maria?

— Camilo, Camilo, você esquece que eu sou uma jornalista, né?

— Verdade, acho que estou te subestimando.... vai ficar direto por aqui?

— Até a votação pelo menos. Pessoal pediu um reforço.

— Eu achei que você ia se dedicar mais a Curitiba...

— Era uma possibilidade, mas eu achei melhor por aqui. Meu marido é um promotor, você lembra disso, né?

— Sim, só não lembro bem do nome dele....

E caíram na gargalhada com a maior reclamação de Arthur. Olhando assim, é possível que não se tratasse apenas de um esquecimento...

— Mas ele é do MP Estadual...

E antes que Maria balançasse a cabeça afirmativamente, Camilo já intuíra o conflito de interesse.

— Coleguinha dos três patetas.... entendi.

— Descobri que ele viaja escondido para Curitiba... não quero me sentir tentada a descobrir por que.

— Hahahaha, Sérgio Moro é tão ruim que vai criar até uma crise conjugal.

— Mas essa nem foi a pior. Camilo, eu vi o Arthur se babando para a Janaína. Logo depois do showzinho.

— Então é um caso perdido.

— Por isso, me voluntariei para vir a Brasília. Tem coisas que eu prefiro não ver.

— A ignorância é sábia.

— E por falar em ignorância, que coisa é essa de você dar aula para advogado do PT? De repente, te descobriram?

— Essas coisas de mídia. Você aparece um pouco e fica legitimado. É bom, mas é ruim isso. Quem tem mais traquejo ou tem mais contatos acaba se tornando uma referência, mesmo que não tenha tanto conteúdo.

— É isso. Pela preguiça. A gente vai repercutir sempre com os mesmos. Os famosos "especialistas".

— E assim vocês acabam construindo reputações, muitas vezes indevidas.

— Tô esperando você se lamentar que é o capitalismo...

— Nem preciso dizer...

— E por falar em aula, que acha de me dizer o que veio falar com os advogados do PT?

— Vim falar para eles sobre a armadilha do absurdo.

— Ai meu Deus, pera aí que eu vou pegar minha caderneta; aliás, acho que isso merece uma caderneta novinha...

Sobre grande parte do Sudeste, permanece a atuação da massa de ar seco, mantendo o tempo com predomínio do sol, temperaturas elevadas e baixa umidade relativa do ar. Cumprindo à risca a previsão meteorológica, o sol mantinha-se absoluto no céu paulistano, rodeado de poucas nuvens naquele aprazível domingo de outono. Camilo acordou depois das nove e, café tomado e caminhada matinal feita, dirigiu-se ao Vale do Anhangabaú, onde pretendia se juntar a alguns milhares de pessoas para acompanhar a votação do impeachment, cuidadosamente marcada por Eduardo Cunha para domingo, com ampla transmissão pela TV. Durante o resto do dia ia ser a drástica combinação: sol intenso e nuvens, muitas nuvens, no horizonte.

Camilo almoçou no Guanabara, junto com os fiéis escudeiros da reunião das quintas, dividindo dois extensos filets à parmegiana, uma das especialidades da casa, recheado de indignações, impropérios e lamentos. Por mais que as previsões políticas estivessem certas, ninguém podia imaginar o que se daria no auditório da Câmara dos Deputados nesta tarde. Por motivos diversos do oficial, a sessão do Congresso se tornaria internacionalmente conhecida e comentada nos mais diversos programas, em especial nos de humor.

Cinco quilômetros dali, com o mesmo sol intenso e as mesmas nuvens esparsas, Arthur fazia a sua caminhada por uma avenida Paulista fechada para o trânsito de veículos, como acontecia todos os domingos, desde a passagem de Fernando Haddad pela prefeitura de São Paulo. O hábito seria mantido nas gestões seguintes, a despeito das críticas que, na época da instalação, foram proferidas ao prefeito, conhecido desestimulador das faixas trafegáveis e, por isso mesmo, um político marcado para morrer pela classe média. O quarto de milhão de pessoas, vestidos com algum adereço verde e amarelo, esperava nesta tarde percorrer literal e metaforicamente o caminho que levava da Consolação ao Paraíso.

Além da festa, o único incidente seria a prisão de um lobo solitário que, munido de uma pequena faca, atentava contra o símbolo kitsch com que a Federação das Indústrias marcara sua adesão entusiasmada na luta de classes: um enorme pato inflável amarelo. A FIESP exigira do governo Dilma uma forte desoneração tributária, supostamente para ampliar os investimentos, destinados a combater a recessão que se avizinhava. A desoneração veio e esvaziou as receitas e a capacidade do governo de investir na crise. Ao final, era Dilma quem pagaria esse pato.

Arthur comeu no McDonald's e achou que junk food combinaria bem com o dia. Animado com a perspectiva, se deu ao luxo de um sorvete, que tomava, andando, enquanto a avenida lotava.

Arthur estava só em sua caminhada, no almoço e também estaria no acompanhamento da votação pelos telões. Maria estava a trabalho acompanhando, *in loco*, o comportamento de deputados e senadores, à cata de algum vira-casaca de última hora, das conversas que antecipavam o resultado e das primeiras articulações que se forjavam para o governo Temer. Maria estava munida de sua caderneta, para anotar as observações que acompanhava em silêncio, e do gravador, para garantir as aspas da matéria de segunda. Ela não sabia, mas seriam muitas.

Quem assistiu a sessão que, por mais de seis horas, colheu os votos dos deputados para a autorização da abertura do processo de impeachment, não saberia de que a presidente Dilma Rousseff estava sendo acusada. Mais de três centenas de votos favoráveis permitiram atingir, com folga, o quórum necessário para ultrapassar a primeira fase do processo, que, com isso, seria encaminhado ao Senado. Mas não é exagero dizer que nem 5% dos votos foram fundamentados no rol de infrações atribuídas pelos denunciantes.

Quem esperou que "pedaladas fiscais" fosse uma expressão garantida no Plenário naquele domingo ficou a ver navios. Nem mesmo as acusações de corrupção ao partido, que corriam em paralelo, fora da denúncia, mas vitaminando a derrubada da presidente, mereceram menções. Os deputados desfilaram um rosário de homenagens às suas próprias famílias. Baixo clero, lideranças, pouco importa. Na hora de gritar aboletado no microfone, o voto era dedicado a cada um dos familiares. "Meus filhos Bruno e Felipe", "minha mulher Eleonora", "minha tia Eurides, que cuidou de mim desde criança", "meu neto caçula que ainda está por vir". Alguns deputados tiveram de se socorrer de uma colinha, para citar os inúmeros nomes de filhos e netos, um deles pediu a palavra em questão de ordem, para corrigir a falha por ter deixado de fora o nome de um filho. O outro achou que a menção era insuficiente e trouxe o filho em pessoa, para proferir o voto, para o desespero do presidente que gritava, "não pode, não pode". Um parlamentar achou que era razoável utilizar o reduzido espaço de fala para cumprimentar a neta que fazia aniversário.

Os deputados aproveitaram a ocasião para lembrar de suas bases, como aquele que saudou "os maçons do Brasil", o outro que dedicou o voto a todos os corretores de seguro e uma fila quase interminável de evocações religiosas, "pelos evangélicos do país", "pelos fundamentos do cristianismo", "por Deus que derrame benções sob o Brasil", fechando com a profética referência do próprio presidente Eduardo Cunha: "Que Deus tenha misericórdia desta nação".

A reunião de interesses paroquiais, o deslumbramento com a aparição em rede nacional, a absoluta desconexão das falas com o processo. O caráter folclórico revestiu a cerimônia. Não foram poucos os que votaram enrolados em bandeiras e flâmulas, ou abusaram do arroubo juvenil e dos xingamentos paralelos. Quem assistia à votação, tinha uma clara convicção de que a mudança de titularidade do Poder Executivo ia representar, quando muito, uma alteração relativamente frágil na configuração da gerência política do país. A um observador distante, não há de ter escapado uma certa incredulidade com a capacidade destes parlamentares de julgarem a presidente por crimes de responsabilidade. Cada qual em seu pequeno espaço buscava garantir seus poderes e homenagear a seus colegas, amigos e familiares, porque a ideia de um serviço prestado para a coisa pública não parecia ser propriamente a prioridade.

Bruno Araújo, do PSDB, deu o voto decisivo. Por questões de combinação geográfica e alfabética, a ele coube anunciar o 342° *sim* e, com isso, atrair para si um destaque que até então não amealhara pelos atributos políticos. A fama de ter sido o deputado que, enfim, pôde traduzir o "tchau, querida" em realidade, ainda que apenas de forma simbólica, já que todos os votos tinham igual valor, acabou sendo decisiva para sua vida política, em uma elegia do casual. Desde esse ponto, veio a ser presidente de seu partido e depois ministro. É quase como condicionar a política pública ao sabor do aleatório.

Mas nada disso teria sido minimamente relevante se os deputados, os partidos, a imprensa e os homens de bem do país, classificação tão em voga nesses tempos, não tivessem subestimado a declaração mais chã e nociva de toda a tarde. O ainda obscuro deputado Jair Bolsonaro, contumaz defensor da ditadura e das políticas de morte, fez questão de espezinhar a presidente e, com ela, a própria Constituição de 1988 que elencara com destaque a dignidade da pessoa humana. Na ânsia de projeção e na fúria de um autoritário convicto, destilou sua homenagem a um militar judicialmente reconhecido como torturador: "Pela memória do coronel Carlos Alberto Brilhante Ustra, o pavor de Dilma Rousseff". Que ele tenha saído da votação mais perto da Presidência da República do que da prisão explica em grande medida o período em que vivíamos.

Maria retirou a caderneta da bolsa e nela fez uma única observação: a vitória do absurdo.

Camilo não ficou até o fim. Quando já era possível antever o resultado, quando ficou claro que nenhum daqueles deputados supostamente em dúvida votaria contra o impeachment, quando se viu possíveis apoiadores de Dilma sendo saudados por acompanhar a manada, ele desistiu. Saiu do Anhangabaú sem fazer a fala sobre o caminhão que havia prometido ao pessoal da organização. Aquele era um domingo triste, mais triste do que os domingos costumam ser. E curtir a tristeza em bando era uma coisa que, definitivamente, ele não pretendia fazer.

Sim, havia jogo pela frente. O processo na verdade estava apenas começando e os reais julgadores seriam os senadores. Mas esse processo no Senado também era um jogo de cartas marcadas e em nenhum momento Camilo teve esperança do que podia encontrar pelo caminho, ainda que, por dever de ofício, não tenha exportado seu pessimismo para além da sala de sua própria casa.

Vendo as coisas por esse enfoque, talvez fosse mesmo difícil de entender por que, apesar de tudo, ele estava voltando para sua casa para arrumar as malas que, nesta mesma semana, transportariam seus objetos pessoais a Brasília. Alojamento em república, na casa de um assessor parlamentar, afastamento da faculdade por dois meses e um projeto a que reputava de pouca relevância: a tarefa de municiar os senadores nas perguntas às testemunhas. Tudo isso tinha, no fundo, uma única razão. Bem no fundo, quase subterrâneo. Tão alojado que, muito provavelmente, Camilo não admitiria assim facilmente. É algo ao qual jamais havia refletido, que não lhe passara pela cabeça nem nos momentos mais entusiasmados, ou que a combinação de baixa autoestima e excesso de cautela não se inscreveria normalmente como uma hipótese. Mas são justamente essas coisas que nunca acontecerão que se intrometem, sem licença e sem alarde, e quando chegam, parecem que sempre estiveram lá.

Era problema, era encrenca e era desgaste. Mas apesar de tudo era exatamente o que vinha à mente como forma de combater a tristeza de um domingo choroso e a desesperança com um futuro ainda mais sombrio. A lembrança veio em forma de uma ligação repleta de carinho e solidariedade que, em breve tempo, recolocou um sorriso em seu rosto:

— Maria, que bom falar com você.

— Quando você volta, amor?

— Não tenho ideia ainda. Mas o jornal me quer aqui durante o julgamento no Senado.

— Vocês estão achando que pode acontecer alguma coisa de diferente, que não o impeachment?

— Não, é seguro. O "sim" já tem votos suficientes. Mas aqui é um processo, não é só uma votação como na Câmara.

— Sim, vai ter acusação, defesa, testemunhas, etc

— Exato.

— Um circo.

— Sim, mas esse circo vai ser notícia todo dia. Eles acham que eu sei alguma coisa de direito...

— Alguma coisa até sabe. Quem não sabe são os senadores...

— Verdade. A questão toda estava em saber se o PT vai disputar o processo, vai se empenhar, mesmo sabendo o resultado. Ou vai deixar o barco correr e depois acusar o processo de ter sido manipulado, jogo de cartas marcadas etc. E eu mesmo fiz a reportagem dizendo que eles vão para luta. Vão disputar cada testemunho, cada documento...

— Eu li. E suponho que sua fonte em off tenha sido o professor, que agora virou coach de testemunha não é mesmo?

— Bom, você sabe que a gente não pode abrir nossas fontes. Mas também sabe que nunca trabalho com uma fonte só, então se banquei esse texto é porque pelo menos duas fontes diferentes me asseguraram disso.

— Eles vão disputar cada depoimento, cada testemunha e depois vão dizer, assim mesmo, que tudo já estava arranjado. Os réus fazem muito disso. No final, depois de toda a disputa, vêm alegar que houve cerceamento de defesa.

— É isso mesmo. Vão fazer as duas coisas. Mas a gente vai estar aqui cobrindo a defesa, até para que não paire dúvidas de que ela existiu.

— Achei que você seria deslocada para a Lava Jato depois que o impeachment passou...

— Talvez ao final. Quem sabe aí você me ajuda um pouco? Você conhece bem aquele pessoal de Curitiba, não?

— Só de ouvir dizer mesmo. Eles são federais, a gente não tem muito contato aqui.

— Ok. E você tem alguma reunião marcada em Brasília? Vai vir me visitar algum finde?

— Não tenho nada, não. Vamos combinar. Ou eu vou, ou você vem, né?

— Tá bom, a gente vai se falando. Beijo.

— Outro.

A clonagem de aparelhos celulares já promovia um grande estrago em 2016 e o mundo estava aprendendo a conhecer um consolidado mercado de dados pessoais que circulavam, especialmente, a partir de registros lançados na Internet. Segundo a confissão de Nei, foi adquirindo um HD na rua Santa Ifigênia, que ele veio a ter acesso aos dados da vítima. Isto o teria levado, primeiro, a um estelionato, conseguindo quinze mil reais de um irmão dela, que não suspeitou da origem da mensagem que recebera pedindo ajuda, de forma desesperada. Podia ter parado por aí, realizando seus lucros. Mas com o acesso aos arquivos guardados no ICloud, o horizonte se abriu e, com ele, a ganância. A extorsão se juntou ao estelionato e a solução deste crime provocaria uma alteração e tanto na história do país, ainda que na época ninguém tenha se dado conta disso.

Arthur mal havia assumido o cargo de chefe de gabinete quando recebeu uma solicitação do secretário de segurança.

— Se você tivesse que confiar um segredo de muita relevância, com que promotor você poderia contar que não se sentiria tentado a compartilhá-lo?

O caso era relativamente banal. A questão estava na vítima que, por determinação do secretário, não podia aparecer, nem mesmo por referências distantes, nos autos do inquérito.

— O segredo de justiça não é suficiente para isso?

— Não. A gente sabe que ele é facilmente violado. Eu preciso de alguém que faça normalmente o seu trabalho, com a autonomia de seu cargo, que tome as decisões jurídicas que achar conveniente, mas que não seja tentado a se enfronhar na identidade das testemunhas protegidas. Isso não podemos arriscar.

Analisando por onde o inquérito passaria, e que uma eventual designação do gabinete para determinado promotor ia causar mais alarde do que o silêncio, garantiu que ele poderia contar com o promotor natural, com quem ele mesmo, Arthur, se sentaria para explicar a situação.

— Acho mais fácil conversar com um só. Pode deixar que eu cuido disso.

O inquérito correu como um azougue, aproveitando que parte significativa das investigações haviam sido feitas antes das prisões temporárias. O instrumento principal foram as interceptações, mas o fato de ele ter sido trabalhado com um número de investigadores maior desde o início deve ter facilitado em demasia o trabalho. Nei era um estelionatário conhecido, mas de habilidades rudimentares. Chegou a fugir da polícia, quando ela se aproximou de seus contatos, mas nem isso fez com que deixasse de falar ao telefone, já grampeado. Parte dos bens apreendidos se deveu a este inacreditável cochilo.

— O que ele tem de tão diferente, Arthur?, lhe perguntou o promotor que iria recebê-lo.

— O inquérito é simples. Trambiqueiro deu golpe do uatz no irmão da vítima e levantou 15 paus. Depois, percebeu que poderia acessar fotos e etc e passou a exigir 300 mil para não revelar intimidades. E é confesso e a família toda admite, embora digam que não sabia o que ele fazia. Não tem dificuldade, mas como a vítima é casada com um figurão, famoso, exigiu que nenhum dado constasse no processo, porque isso poderia significar que ficaria de novo refém. Trate como tiver de tratar, vítimas protegidas, nomes aleatórios e tudo se resolve rápido.

O promotor nem quis saber de quem se tratava. Imaginou até que teria contato com a vítima na audiência de instrução – mas ela acabaria sendo ouvida por carta precatória, em Brasília E mesmo lá, nem chegou a ir ao Fórum. Sua presença foi suprida por uma petição em que reiterava os depoimentos colhidos na delegacia de polícia. Para todos os efeitos, era apenas Alfa.

Cerca de um ano depois, quando a situação processual já estava definida, começaram a sair as primeiras notinhas na imprensa a respeito de um processo de extorsão de que fora vítima a esposa do então vice-presidente da República, a este momento já empossado pelo impeachment. Segundo se especulou, a extorsão se devia a fotos íntimas de Marcela Temer. Arthur, que se desincumbiu da tarefa a contento, guardou consigo uma cópia do processo. A última exigência do extorsionário foi a de que ela devia lhe pagar urgente, para receber o material, já que "amanhã vai ser votado o impeachment". Marcela jamais sucumbiu e, pelos relatos das conversas trocadas, mantinha-se firme que sua vida podia ser devassada que não havia rigorosamente nada a esconder. Nei tentou intimidá-la com questão de marqueteiro de campanha, mas também não teve sucesso.

Não se pode dizer o mesmo do colega de Arthur que na época dos fatos assumia a secretaria de segurança. Em poucos meses, Alexandre de Moraes seria nomeado, pelo presidente interino, o novo ministro da Justiça. E com a morte de Teori Zavaschi, outra nomeação, agora para o Supremo. O resto da história é conhecida.

Para sermos precisos, o primeiro movimento pelo impeachment de Dilma aconteceu antes mesmo de sua posse. Uma semana depois da eleição, um ato na avenida Paulista reunia os adeptos da recontagem, do impeachment e, estreando na passarela, os da intervenção federal. Não eram muitos e ainda não eram unidos como seriam nos meses seguintes. Mas mal o resultado da eleição saíra, começara um movimento que não tinha hora para acabar: um impeachment em busca de um crime de responsabilidade.

Com a luneta da história, pode parecer incrível que tivesse sido o PSDB o primeiro partido a questionar o resultado das urnas. Evitando chamar o apelo oficialmente de recontagem, o partido, por seu candidato derrotado, exigia uma "auditoria especial sobre a apuração de votos", calcado naquilo que mais tarde seria conhecido como fake news: "A confiabilidade da apuração e a infalibilidade da urna eletrônica tem sido questionadas pela população, nas redes sociais".

Tradicionalmente, o golpismo brasileiro sempre vestiu roupagem jurídica e não seria diferente agora. Getúlio em 1950, a ditadura e a vacância do cargo de presidente em 1964, o pretexto para o pacote de abril e tantas outras sinuosidades.

Não era imprevisível, portanto, que se buscasse um obstáculo jurídico à continuação do governo Dilma. Houve quem justificasse, em um paralelo com a improbidade, que ela devia ser responsabilizada pelos escândalos do Petrolão, ainda que seu nome jamais trafegasse nas bocas dos delatores ou em contas milionárias em paraísos fiscais. Seria uma espécie de ação culposa.

A pena em busca do crime vagou por mais de ano, até que se encontrasse a galinha dos ovos de ouro, por obra e graça do Tribunal de Contas da União.

À primeira vista, a questão parecia técnica demais para servir de guia ao processo de impedimento, sobretudo, por ser de difícil compreensão ao leigo. Mas foi exatamente esse atributo que permitiu que as pedaladas fiscais tivessem essa função de garantir a roupagem jurídica. A dubiedade foi essencial. Cabendo mais de uma leitura, não podia ser facilmente descartada. A disputa de narrativas estava oficialmente aberta.

Para uma jornalista como Maria, com noções básicas de direito, mas nenhuma delas ligadas às finanças públicas, era um trabalho e tanto entender a acusação e se mover entre os argumentos favoráveis e contrários. Havia bons juristas a defender a tese e isso, para os fins da mídia, era mais do que suficiente, sobretudo, porque todos aqueles que professavam uma opinião diferente, invariavelmente podiam ser encaixados na prateleira dos defensores do governo.

Havia um elemento que ajudava a versão do crime, o ambiente de responsabilidade fiscal que havia sido imposto no país desde a gestão FHC. Esse assunto jamais podia ser discutido nos anos oitenta, em que o país mergulhou na hiperinflação. A maior racionalidade imposta aos gestores públicos desde meados dos noventa foi abrindo passo para exigências maiores na área financeira, casando com a ideia de que indicadores mais confiáveis sobre a saúde econômica tinham impacto mais decisivo nas avaliações do país em meio à globalização.

O difícil era explicar como as pedaladas fiscais, que haviam sido ignoradas nas gestões do próprio FHC e de Lula, agora assumiam uma importância tão decisiva.

As pedaladas, em si, eram um apelido para o desvio, um contorno, um drible na regra. Operações no orçamento público, realizadas pelo Tesouro Nacional, que postergavam o repasse de verbas a bancos públicos, com a intenção de minimizar a situação fiscal do governo. Em resumo, transações que permitiriam que o governo apresentasse indicadores melhores ao mercado.

Os gastos teriam ocorrido, mas ainda não haviam saído oficialmente da conta do governo. Assim, poderia ser apregoado um superávit primário que, em verdade, não se sustentava. De um lado, a existência destas operações desde FHC indicava que elas não seriam assim tão importantes; de outro, a dimensão maior em que ocorreram no governo Dilma apontava para um desvio que deixava de ser periférico.

O governo estava tentando evitar que sua má administração fosse visível desde logo, dizia a oposição; nenhum dinheiro foi desviado e tudo se fez para garantir que os recursos jamais faltassem aos mais vulneráveis, respondia o governo. No meio do duelo de versões, o Tribunal de Contas que aprovara contas dos governos anteriores com essa ressalva, deu uma guinada para rejeitar as de Dilma, porque o governo teria ultrapassado em muito, no tempo e nos recursos, o que seria admissível.

— Uma falha que era perdoada em outras gestões se aprofundou nessa justamente pela crise. Você realmente acha que isso é suficiente para isentá-la?

— Sob o ponto de vista dos princípios, não. Essa é uma defesa normalmente desprezada nos tribunais no âmbito penal. O fato de que outros também cometeram crimes não diminuem os seus.

— Nossa, me surpreendeu essa admissão, Camilo.

— Eu estaria mentido se não a fizesse, Maria. Mas tem um porém. O que está em jogo não é um princípio e nem mesmo uma atitude. O que está em jogo é um governo que foi eleito pelo povo. Foram milhões e milhões de votos e, a partir daí, fica difícil você justificar o impeachment com base em um crime que vários outros cometeram. Um juiz julgaria assim e pronto. Mas um Congresso não pode fechar os olhos a isso.

— Mas o Congresso não estaria julgando de acordo com a vontade do povo? As pesquisas estão dando apoio ao impeachment.

— Parte do povo está insatisfeito com o governo. Mas isso não é suficiente para o impeachment, certo? Mesmo se for a maioria. Cabe ao Congresso analisar se os fatos atribuídos à Dilma são suficientemente fortes para justificar por si só o impedimento. E claramente não o são. Mas você me pediu um segundo argumento. Vá lá: não faz diferença se um réu comete crime se um outro cometeu antes e não foi punido, ok. Mas, esses que não foram punidos, não foram porque o Tribunal não entendeu que isso era caso para reprovar contas. Assim, era possível compreender que a assessoria jurídica de Dilma se balizasse por esses entendimentos. A gente chama isso de boa-fé objetiva: se é aceito, eu posso fazer. Daí, de repente, o

Tribunal de Contas muda o entendimento. O razoável é que isso só valha daqui para diante, ou seja, nunca mais atrasar repasses, porque isso não é manobra contábil, mas é crime de responsabilidade. Certamente, ela não teria admitido que o governo fizesse, se houvesse esse entendimento.

— Quer saber, eu acho que ela vai ser impichada pelo conjunto da obra. Isso é só um pretexto. Mas cabia ao governo não dar pretextos. Não dá para ser tudo ao mesmo tempo: impopular e ilegal. Fica um conjunto explosivo.

— Mas se esse for realmente o fundamento, os problemas do governo, a deficiência na gestão econômica, etc, seria o caso de impichar também ao vice, não? Que, a propósito, também deu pretexto, assinou decretos etc.

— Primeiro, a gente tira a Dilma, depois....

E não puderam evitar as gargalhadas. O fato de terem secado a garrafa de vinho certamente ajudou para isso. Camilo disse um "eu me rendo", mas apenas como forma de mudar de assunto, mais do que dar razão a Maria. E, a despeito da enorme aridez dos direitos financeiro e constitucional, e da certeza de que Camilo jamais ia convencê-la, e vice-versa, Maria estava um pouco reticente em sepultar o tema. Menos por sua intrínseca importância e mais pelo papel que ele representava naquele momento. Temia que a liga desaparecesse e Camilo se inclinasse a sair.

Ele fora muito receptivo quando ela avisou que ia fazer um macarrão e pediu que trouxesse vinho. Para Maria, nada estava sendo mais reconfortante do que a sua companhia, que passou a exigir em uma frequência cada vez maior. Sua conversa era instigante, sua serenidade invejável, sua sabedoria, sedutora. E a solidão que ela sentia, mesmo antes de vir a Brasília, e talvez por isso mesmo que tenha se decidido a vir, a fazia muito carente. Assim, quando o assunto finalmente se encerrou, sem solução como sempre, e ele se levantou da mesa e fez menção de se despedir, Maria só teve forças para dizer:

— Fique.

Ele pensou duas vezes. Mas não demorou mais do que um minuto para isso. O orgulho batia à sua porta, a vaidade a escancarava. O medo de não estar à altura povoara seus pensamentos no curso da conversa, na qual, fugindo à regra, fumara um cigarro nervosamente após o outro. Mas a atração que aquela mulher provocava não lhe permitiria fraquejar. Trinta segundos de um olhar penetrante e a visão alucinada de uma boca carnuda que falava palavras que ele já não ouvia foram mais do que suficientes. E ele ficou.

— O Prático é o Palocci, o Heitor é o Dutra, e o Cícero sou eu.

Pouco depois da eleição, José Eduardo Cardozo dava imagens ao apelido que a imprensa colocara nos três principais assessores de campanha de Dilma Rousseff, que assumiriam postos chaves com sua vitória. Palocci seria o ministro da Fazenda, Cardozo, da Justiça, e José Eduardo Dutra, preservado para ser presidente nacional do PT.

Apesar de ser o único dos três a permanecer a gestão inteira no governo, Cardozo amealhou inúmeras críticas entre os filiados ou simpatizantes do partido. É que sobre seu nariz a Polícia Federal, que a ele estava subordinada, representou uma força de exceção, com a guarida que fora dada pelo MPF, e indiretamente por Moro, na Lava Jato. Cardozo se defendia dizendo que tanto havia conduzido as questões da segurança de forma republicana, que a polícia participara da perseguição a Lula sem que, em nenhum momento, fosse importunada pelo ministro. O que ele via como força moral, era traduzido pelos aliados como tibieza. Não teria sido competente para impedir essa tomada de poder por uma força-tarefa que se notabilizara pelo predomínio da eficiência sobre a legalidade e que materializava a seletividade que a operação representava contra o partido.

Vários outros criticaram a forma dura como a legislação do inimigo foi sendo incorporada aos poucos ao patrimônio legal: a Lei da Ficha Limpa, que relatara na Câmara; a Lei das Organizações Criminosas, que, afinal de contas, viabilizaria o tropel de delações que marcaram a Lava Jato; e, posteriormente, ainda, a aprovação da Lei Antiterrorismo, que a nata dos países ocidentais exigia como contrapartida à realização dos grandes eventos.

Mas toda essa implicância com José Eduardo Cardozo iria ter fim quando ele resolveu largar a pasta da Justiça e assumir a defesa de Dilma, a partir do comando da Advocacia-Geral da União. Fosse ou não certo que as operações policiais seletivas resultavam de alguma displicência sua, fato é que ele resolveu pagar o preço político de assumir a defesa da presidente.

E, a partir daí, foi um guerreiro, utilizando todos os meios que estavam em seu poder, e alguns deles que ele fez estar, para lutar uma luta em que, desde o início, estava marcado para morrer. Os embates foram duros, mas, uma vez oferecendo-se para liderar a defesa, não poupou nem uma arma, não desperdiçou nenhum dos tiros. Na fábula, ao revés da leitura que sugeriria, ele desempenhava mesmo o papel de Prático, embora para o sopro do lobo mau que os esperavam, nem a alvenaria demoradamente construída serviria.

Por essa disposição para luta, Camilo o respeitava profundamente. E foi por isso que aceitou uma inusitada incumbência.

— Camilo, eu sei que você não é do direito financeiro. Mas também sei que está muito requisitado para falar sobre impeachment, sempre com muita propriedade e engajamento. Os senadores pediram que alguém pudesse perder um tempinho com eles e suas assessorias e ajudar na compreensão dos meandros do processo e para a elaboração de perguntas na comissão. Os assessores todos gostam de você – você é um ídolo para eles. Foi professor de muitos, orientador de alguns e referência de todos. Então, se você puder aceitar esse encargo, eu tenho certeza que eles ficarão felizes, e senadores felizes ajudam muito a gente.

Marcou de ficar em Brasília pouco mais de um mês e, como tinha um amigo na Capital, isentou o partido de gastar com moradia. Aceitou o convite de uma reunião mais demorada com toda a equipe de trabalho e prometeu, dentro dos limites da confidencialidade e oportunidade, ir conduzindo os parlamentares a entender os argumentos jurídicos da defesa de Dilma.

A reunião de apresentação foi célere; Camilo disse qual era a sua função e que estava ali somente para ajudar a unificar a defesa. Mas que, por óbvio, cada senador e cada senadora poderia usar o seu tempo nas perguntas na comissão como bem lhes aprouvesse. E que, independentemente das reuniões periódicas, estava à disposição de todos, senadores e assessores, para fornecer explicações e recolher sugestões de qualquer ordem. Eles teriam gostado muito disso, pois não há quem não se entenda expert em direito para trazer sugestões miraculosas. Mas a verdade é que tirando a senadora Gleisi que, de forma simpática, abriu a reunião, apenas Vanessa Grazziotin ficara na sala até o final, escrevendo o tempo todo em seu caderninho. Camilo despediu-se dando a ela o merecido destaque:

— Se fosse uma avaliação, só ela teria direito a dez!

Todos riram, inclusive a senadora, que lhe respondeu com um olhar afetuoso, e ele pôde desembarcar do Congresso para mais uma série de entrevistas.

Infelizmente, nenhuma delas com Maria.

Babette tinha dezenove anos. Um corpo torneado que gerava frisson ao caminhar. Pele morena jambo, seios fartos e rijos. Olhos castanhos escuros, cabelos longos e pretos. Mas apesar de tudo isso, chamou atenção pela rapidez de raciocínio e firmeza de propósitos. Ela parecia saber, sempre, o que estava por detrás dos discursos e das convenções. E tinha pouco ou nenhum receio de dizer. Não era a mais popular entre as meninas, que a apelidaram, supostamente com más intenções, de Rosa Luxemburgo. Mas era cobiçada pelos garotos das mais variadas tendências.

Por óbvio, não demorou a entrar no círculo dos seguidores do professor Mascarenhas, o mestre que pretendia descortinar as mazelas do sistema, as hipocrisias do direito e lançar seus alunos no emaranhado das teorias críticas. Não só ingressou no grupo como, em pouco tempo, era uma das participantes mais ativas. Não tinha jeito de não ser notada. Jamais compactuou com o silêncio, era aquela que quebrava o gelo da reunião ao começar e fazia uma desconcertante pergunta ao final, quando já não sobrava tempo para respostas. Mas o professor Mascarenhas jamais a deixaria no vácuo, nem que, para isso, fosse necessário estender o horário das aulas em grupo. Ou espichar o assunto para um café.

Babette era um quadro em formação e Camilo achou que merecia ser trabalhada, sugerindo que ela buscasse outros instrumentos para cobrir suas lacunas. Apresentou-a a um curso de leituras de O Capital, que entendeu poder acomodar melhor suas inquietudes, mas quando ela perguntou se ele mesmo não podia dar algumas aulas particulares, sua solidariedade proletária balançou. E da rapidez de raciocínio, da firmeza de propósitos e das críticas às instituições, percebeu que a pele morena, os olhos agudos e castanhos e, sobretudo, os seios fartos e rijos estavam lhe despertando mais atenção.

Ele subiu ao paraíso e desceu ao inferno em poucas semanas. Enredou-se em um jogo de sedução e luxúria que não teve forças, nem vontade, para interromper por conta própria.

O romance com a pós-adolescente era uma espécie de afirmação para ele, que navegava na meia-idade. Algo como um teste de virilidade que normalmente atribuiria à moral burguesa alicerçada no patriarcado. Mas a verdade é que Babette chegou quando quis e foi-se embora quando pretendeu, deixando-o a ver navios, que logo, aliás, naufragariam. Com o tempo, foi-se tornando deslumbrado e descuidado e, saberia disso depois, deixou-se fotografar às bitocas em um restaurante e de mãos dadas pela rua.

Teve pouco tempo para lamber as feridas, quando Babette lhe comunicou que havia conhecido alguém, que estava a fim de um relacionamento sério e que não queria ser desleal. Bateu duro, mas muito pouco perto do que estava por vir.

Camilo fazia parte do projeto de treinamento da Capes e, portanto, era também um dos avaliadores dos estudantes que buscam acesso aos grupos de pesquisa, e às bolsas que pagavam. Ele até sugeriu que os professores não deveriam avaliar seus próprios alunos, mas foi voto vencido. Acabou que Babette não só fez uma belíssima prova, e, portanto, já reunia amplas condições de acesso, como Camilo nem precisava ouvi-la, em entrevista, para saber de seu compromisso com o saber e a crítica. Mas vai daí que o seu deslumbramento e o seu pouco cuidado acabaram revelando, por algum aluno esperto e ligado, o breve romance com sua discípula. Uma aluna que se sentiu prejudicada na escolha levou o caso à direção da faculdade e causou um escândalo de proporções geométricas. Babette se sentiu humilhada com a acusação e largou o projeto antes de receber a primeira prestação da bolsa. Foi substituída por outro aluno que estava na primeira suplência. Mas o pior viria com uma pequena maldade da direção, que já estava com Camilo na marcação desde a fatídica entrevista.

Para avaliar seu comportamento, a questão foi endereçada ao comitê de assédio. Mas não o da faculdade de direito, e sim o que funcionava associado à própria reitoria. Se, de fato, isso acabou por deixar Camilo mais distante de um processo administrativo que, afinal, não foi mesmo aberto, até porque Babette o inocentava, o colocou em outra saia ainda mais justa. A professora responsável pelo comitê da USP era Antônia Oliveira, do departamento de letras, sua própria companheira.

A lembrança do episódio mostrava a Camilo que o sentimento de culpa não estava totalmente disperso. Maria não era mais sua aluna e o assédio não rondava a relação. Essa era uma lição que aprendera a duras penas. Mas a traição também cobrou seu preço, menos por formalidades, já que ele e Antônia não chegaram a se casar, mas por uma terrível sensação de constrangimento ao ter de encará-la logo em seguida. Levou um esporro e a recomendação para que jamais lhe desse o desgosto de tomar contato com uma escapadela por um documento oficial. Por mais que a responsabilidade estivesse agora nas costas de Maria, sentiu-se muito pouco à vontade com a situação. Recebeu como resposta, algo que, provavelmente, Babette teria a condição e coragem de dizer:

— Isso é coisa minha, não se mete.

A cena parecia, à primeira vista, assustadora. De perto, pouco mais que patética. Dezenas de homens e mulheres vestindo longas capas pretas sobre o corpo, se enfileirando nas portas do Palácio da Justiça, entre pequenas bandeiras do Brasil, cantando, com vigor, quase raiva, o hino nacional, cuja melodia tocava ao fundo em uma playlist improvisada, de um celular. Do Rio de Janeiro, onde se viu pela primeira vez, a cena se repetiu quase que imediatamente em uma enormidade de fóruns Brasil afora. A homenagem espontânea que a magistratura fazia contra as críticas a Sérgio Moro levou alguns juízes ao protagonismo e outros ao mais profundo constrangimento. Na situação em que o juiz de Curitiba era colocado, negar-se à homenagem era quase um insulto. Àqueles que trabalhavam sem toga, foi recomendado que vestissem ternos ou tailleurs pretos. A mistura de luto e patriotismo combinava muito pouco com a missão constitucional dos juízes. Mas a celebração do símbolo, diziam, era fundamental para garantir a sobrevivência da luta contra a corrupção.

Era nessa imagem, exatamente nela, que Arthur baseava a montagem da campanha à reeleição do procurador-geral, incumbência que ganhou quando assumiu a chefia de gabinete.

— É preciso resgatar esse compromisso com a ética, com entusiasmo e sem vergonha. É isso que nos manterá unidos e firmes no propósito de purificação da classe política. Pela projeção de Moro, pode parecer que este é um desafio dos juízes, mas tudo o que ele fez e ainda faz, e virá a fazer, decorre da coragem e competência dos membros do Ministério Público que desmontaram, e continuam desmontando, essas quadrilhas de malversação do erário. Nós apostávamos em bons políticos para reverter essa lógica da corrupção; hoje compreendemos que apenas os políticos não a conseguirão. Temos a função de soerguer a democracia republicana. A ética na política e a moralidade no serviço público. Sem a nossa união, todos esses avanços serão corroídos...

Como criticar a Lava Jato era simplesmente suicídio, a oposição não podia se opor ao discurso central – apenas fazer críticas paralelas, que não alteravam a pauta. E como as questões corporativas, notadamente a salarial, sempre ocupavam um espaço primordial nos discursos eleitorais, a fórmula de incorporá-la era, mais uma vez, chamar atenção aos desafios institucionais que tinham pela frente:

— Só um Ministério Público temido é um Ministério Público poderoso. Nós só seremos devidamente respeitados, inclusive financeiramente, quando entenderem o quanto de poder reside em nossas mãos. E hoje, a par de todo o poder institucional, temos ainda um enorme poder popular. A primeira das consequências das manifestações de 2013 foi justamente barrar a PEC 37, que pretendia cassar nosso direito à investigação. Um MP temido é um MP forte; um MP forte é um MP bem-remunerado.

Aprovada, em linhas gerais, a direção, partiu para desenvolvê-la com uma empresa de marketing, contratada pelo grupo que apoiava o PGJ. Até porque, cinismo dos cinismos, "não podemos gastar um centavo de dinheiro público".

Arthur estava perto da promoção a procurador de Justiça, quando poderia concorrer também à chefia da instituição. Ser o nome de preferência para suceder o chefe era prioritário. Mas que não se pense que o apego à Lava Jato vinha por esse oblíquo motivo. Arthur tinha, pela operação, verdadeira adoração. Ele havia pesquisado para o mestrado as bases da Operação Mãos Limpas e conseguia identificar ponto por ponto como a dinâmica se repetia em Curitiba: prisões preventivas, delações, acompanhamento pela mídia, apoio público, tudo destinado a quebrar a resistência do poder político. Uma nova democracia sairá dos escombros da operação e os governantes que vierem depois terão, no mínimo, o receio de enfrentar os mesmos fiscais. Havia sombras no horizonte e exageros aqui e ali. Mas, como gostava de dizer, não se faz omelete sem quebrar os ovos. Se for diferente, não conseguirão chegar ao fim.

— Acho que podemos colocar também o volume de trabalho no MP em São Paulo, sobretudo, o de prefeitos que respondem, ou já foram afastados, por improbidade administrativa. É importante que a carreira se sinta partícipe desse desafio, não apenas uma expectadora.

É só quando realmente as pessoas se reconhecem nos líderes, quando sentem que seus desígnios pessoais são iguais aos dele, quando encontram uma oportunidade de replicar o mesmo em seu local, é que sentirão a verdadeira pertinência.

— Ética na política e na vida pública, Você faz parte desse esforço – veio a ser escolhido como um dos slogans de campanha.

Quando ouviu o ex-ministro Miguel Reale Jr. falar em "dêbacle", na comissão especial, Maria teve a impressão de que acompanhar a oitiva dos acusadores no Senado não seria nada simples. Mas tão logo Janaína Paschoal assumiu o microfone, minutos depois, percebeu que nada de muito complexo juridicamente seria dito naquele auditório. Verdade seja dita, Janaina era interrompida a cada dois ou três minutos – mas, por outro lado, era impossível não dar razão aos senadores que a interpelavam. Ela gastou uns quinze minutos de sua fala inicial para explicar que jamais tinha apertado a mão de FHC e Alckmin, a despeito de ter assessorado órgãos de primeiro e segundo escalão em ambos os governos. Fez questão de esclarecer, "ao povo que nos assiste", porque não tinha vínculo algum com o oposicionista PSDB, sobretudo, depois que veio à tona o fato de ela ter recebido quarenta e cinco mil reais por um parecer sobre o impeachment.

— Eu guardo é mágoa de FHC – alardeava a advogada, pois os tucanos teriam demorado muito a aderir ao pedido.

Por várias vezes, foi interrompida para que se direcionasse ao assunto em questão, a acusação que redigira. E quando, finalmente, resolveu adentrar no mérito, narrou que tudo começou quando estranhou a notícia de que o BNDES estaria emprestando dinheiro para obras em Angola, Cuba e Venezuela. E aí, outra corrente de repúdios instando que ela falasse sobre a acusação na dimensão que teria sido recebida pela Câmara dos Deputados.

— Eu escrevi dezesseis páginas sobre a Lava Jato para o impeachment, não tenho culpa se Eduardo Cunha, que os petistas tanto repudiam, resolveu deixar ela de fora...

Para Maria, o destaque maior teria sido a admissão da professora que estava sóbria no ato do Largo São Francisco, embora "muita gente tenha especulado que eu estivesse bêbada". Não sem razão, pensou. Mas a advogada era mesmo uma mestra na produção de imagens, e o destaque de todos os jornalistas seria o seu choro quando brandia em prol dos "brasileirinhos", que não podiam perder a esperança:

— Que eles acreditem que valha a pena lutar por este livro sagrado - disse, levantando um exemplar da Constituição Federal.

Na resposta aos senadores, a advogada foi desviando das perguntas incômodas, alargando o quanto podia as considerações políticas, e sempre frisando que estava lá para esclarecer a população. Era por isso que insistiu fortemente em que o Senado poderia julgar Dilma pelas questões ligadas à Lava Jato, a despeito das advertências dos senadores sobre o que estava em julgamento. O público que lhe interessava atrás das telas e não a frente das câmaras.

A aluna mais dedicada fez a crítica à ausência do professor. Vanessa Grazziotin apontou que, novamente, Miguel Reale Jr, que teria se incumbido da acusação sobre pedaladas e decretos, saiu da casa antes de responder às perguntas, o que já havia feito na Câmara. Espremido pelo senador Lindberg, o jurista chegou a falar algumas vezes no "conjunto da obra" e na recessão que o país vivia, recusando-se a discutir "minudências", em uma situação tão delicada. Janaína foi, como sempre, mais incisiva, ainda que profundamente genérica:

— É a maior fraude que eu já vi na vida.

Enfim, quem chegou à audiência sem a convicção da

prática dos crimes, saiu dela com a mesma incerteza. Mas o que se antevia pelas perguntas, nas breves exposições dos parlamentares, e era isso que Maria pretendia passar a seus leitores, é que cada um já estava com seu voto decidido.

Arthur tinha razão em pensar na similaridade da Lava Jato com a Operação Mãos Limpas. O problema é que a maioria das pessoas que buscavam essa comparação eram críticas do trabalho de Moro. Isso porque a operação italiana havia resultado em uma devastação do sistema partidário e, como efeito colateral, na eleição de Silvio Berlusconi, um aventureiro empresário do futebol e da mídia, que chegara ao poder justamente com a bandeira da antipolítica. Mas essa não era uma crítica que devia incomodar muito a Moro. Dez anos antes de estar pilotando a Lava Jato, ele mesmo havia escrito um artigo celebrando a Mani Pulite como "uma das mais exitosas cruzadas judiciárias contra a corrupção, um momento extraordinário na história contemporânea do Judiciário". E mesmo com relação a amplificar o descrédito da classe política, nunca o vira como um problema, mas solução: "O processo de deslegitimação foi essencial para a própria continuidade da operação".

E se tinha algo capaz de provocar uma devastação no sistema partidário, era a comemorada decisão dos executivos da Odebrecht em fazer acordos de delação premiada. Marcelo Odebrecht, o presidente da empresa, recusou-se a isso por mais de ano e meio em que esteve preso, mas a apreensão de documentos em poder de uma secretária acabou tornando a confissão inevitável. Os procuradores da força-tarefa já tinham em suas mãos uma espécie de organograma de um departamento de propina, eufemisticamente chamado de Setor de Operações Estruturadas. Naquele final de março, começo de abril, o MPF tinha a plena convicção de que a corrupção das empreiteiras já estava desestruturada.

Nos meses que vieram a seguir, um batalhão de reuniões ocorreu até que chegassem a produzir o que viria a se transformar na "delação do fim do mundo". Um dos procuradores comemorou de forma entusiástica: "Dia histórico. Se conseguirmos trabalhar bem com esse acordo, vamos refundar esse Brasil".

Não precisamos de muito para saber que nem a delação trouxe o "fim do mundo", nem eles cumpriram a ambiciosa meta de refundar o país. Mas o fato é que, quando abril de 2016 entrou, Brasília tinha um motivo a mais para aumentar a eletricidade.

Maria que era uma repórter perspicaz, logo percebeu que se havia uma enormidade de pessoas que poderiam estar envolvidas em um departamento de propinas por longo tempo, em que dinheiro era pago, especialmente, por via de ajuda em campanhas eleitorais, era muito provável que houvesse pessoal com foro privilegiado a ser investigado. E isso ficaria a cargo do procurador-geral da República. Resolveu, então, buscar a assessoria de Rodrigo Janot em busca de uma entrevista exclusiva, lançando a ideia de que havia sido alocada pelo jornal para fazer um perfil do procurador-geral, uma entrevista mais alongada e, em face disso, com maior destaque. Seu intuito nem era o de publicar nada exclusivo neste momento, mas criar um vínculo de que pudesse se aproveitar mais adiante, quando, previa, a coisa ia pegar fogo.

Demorou dois dias para conseguir e, a bem da verdade, a entrevista foi repleta de platitudes. Janot ainda não queria se comprometer com a questão, confiando plenamente na negociação que seria feita pela força-tarefa. Na falta de elementos melhores, esse acabou sendo o lide da matéria, fazendo que Maria, já sem o mesmo entusiasmo de outrora, colocasse um pouquinho mais de água no moinho da Lava Jato.

A matéria agradou a turma de Curitiba e, por tabela, pelos cumprimentos recebidos, acabou por agradar a Janot também. Para o jornal, uma afirmação exclusiva, ainda que meio genérica, era sempre ponto de prestígio, indicando que suas fontes tinham acesso ilimitado ao poder. E para Maria, por fim, tendo agradado a todos, valorizou um contato que mais adiante lhe seria relevante.

Quando, enfim, a "delação do fim do mundo" sairia da gaveta, a imprensa fez um carnaval com ela, mas quase ocultou o desabafo do patriarca Emilio Odebrecht: "A imprensa toda sabia que efetivamente o que acontecia era isso. Por que agora estão fazendo isso? Por que não fizeram isso há dez, vinte anos atrás. Essa imprensa sabia disso tudo e fica agora com essa demagogia....".

Maria nem precisaria esperar tanto. Já ouvia isso de Camilo dia sim, dia não.

E hoje, felizmente, era um dia sim.

— Você era um professor muito sedutor, cativante.

— Eu era um pouco mais jovem.

— Nada, você continua com espírito jovem. Acho que é a rebeldia, a indignação. Isso deixa as pessoas eternamente jovens.

— Ou ranzinzas.

— Também... Eu achei que ia ser assim. Que ia me libertar dessa vida vulgar e burguesa. Mas parece que todo aquele viço da juventude, a rebeldia que eu tinha, passou antes mesmo que eu amadurecesse. Me olho hoje e me sinto super acomodada.

— Mas isso está te incomodando, não? Já é um bom começo.

Maria gostava de Camilo por perto. Ia se acostumando com ele cada vez mais perto. Os carinhos, as carícias e as tensões que essa proximidade provocava de uma forma intensa. Mas ela sentia uma vontade incontrolável de conversar, uma necessidade imensa de ouvir a sua voz. A conversa era ao mesmo tempo afrodisíaca e relaxante. Ela continuava querendo aprender, entender, compreender. E a forma como Camilo conseguia magnetizá-la enquanto falava, mais ainda do que falava, a fazia arrepiar. Queria muito que ele soubesse disso, mas ficava com medo o suficiente de quando o encanto iria se romper.

— Se fosse Brigitte Bardot, você diria: as três melhores coisas da vida são um papinho antes e uma d.r. depois...

E fazê-la rir. Sempre. Por mais ranzinza e reclamão que ele se mostrasse, sempre encontrava uma forma para fazê-la rir.

— Você era rebelde para se libertar de seus pais; será que essa rebeldia está voltando para se libertar do Arthur? Você veio para cá para tirar umas férias dele?

— É isso mesmo.

— E quando as férias acabarem, você volta.

— Provavelmente. Você não tem mais idade para ficar com o coração partido.

— Já aprendi essa lição. Foi doído, mas aprendi.

— Você e Antônia viviam um casamento aberto?

— A gente nunca chegou a casar. Vivemos um pouco na minha casa, um pouco na dela. Outro tanto se cruzando. Olhando pra trás, hoje, eu me arrependo. A liberdade não me proporcionou nenhum bom fruto.

— Talvez pra ela tenha proporcionado.

— Pode ser.

— Te incomoda pensar nisso?

— Nela com outro? Pode ser que em algum momento tenha me incomodado. Mas ela se foi tão cedo que me incomoda demais sua ausência. Se eu soubesse que teria tão pouco dela, teria aproveitado mais cada momento.

— A gente nunca sabe isso, né?

— Não. Nosso aprendizado é sempre com muito sofrimento.

— Está com medo que eu te faça sofrer?

— O que vier depois, a gente vê.

— Sim, essa é a *vibe*. Primeiro, a gente tira a Dilma, depois...

— Depois, a gente se arrepende.

— Sabe que às vezes eu acho que você é uma daquelas pessoas que veio do futuro para dizer pra gente não fazer a bobagem que a gente está prestes a fazer.

— E não consigo convencer ninguém, porque não posso contar...

— Isso.

— É uma meia verdade. Eu vim do futuro e sei que vocês não deveriam fazer isso. Mas também sei que mudar o passado inverte a porra toda. E lá no futuro, vocês já estão se arrependendo do que fizeram.

— Vem pra cá que eu quero me arrepender um pouquinho mais...

Ela o faria sofrer. Ele já sabia disso. Mas foi assim mesmo.

Quando Eduardo Cunha mandou processar o pedido de impeachment contra Dilma Rousseff, logo em seguida à negativa de apoio do partido ao arquivamento de sua denúncia no Conselho de Ética, o PT reclamou. Dilma reclamou. E muitos outros não envolvidos também reclamaram. Não haveria aí um desvio de finalidade? Uma forma de retaliar e se vingar de adversários, inclusive intimidando outros, pelo exemplo, para que não recusem seus pedidos? Para garantir a si próprio contra a apuração de condutas irregulares?

O Supremo Tribunal Federal não considerou isso motivo para anular o ato; encarou como uma arguição de suspeição e disse que os parlamentares não eram suscetíveis a essa acusação, pela própria natureza do cargo.

Duas semanas depois que Eduardo Cunha tinha dado o pontapé inicial no pedido de impeachment, o procurador-geral da República pediu, ao mesmo Supremo, seu afastamento cautelar, urgente, do mandato de deputado, ou, ao menos, da presidência da Câmara.

Maria havia estudado com afinco esse longo documento, de quase duzentas páginas, porque achou que isso podia mudar o rumo do processo de impeachment. E o que ela descobriu na acusação é que o Ministério Público juntou um considerável repertório de documentos, justamente para mostrar que o deputado frequentemente usava o cargo com "manifesto desvio de finalidade" e com o objetivo de constranger e intimidar testemunhas, colaboradores, advogados etc, para embaraçar e impedir investigação contra si mesmo.

No final do longo documento, que ela só conseguira ler na madrugada, Rodrigo Janot insistia que Cunha deveria ser suspenso imediatamente, pois do contrário "não hesitará em perseguir e utilizar todos os instrumentos que possua para se retaliar e se vingar de seus adversários, como faz habitualmente".

A leitura demorou mais do que o habitual, não só porque havia muitos argumentos, muitas referências a testemunhos em CPIs, no Ministério Público e mais ainda em reportagens da imprensa. Mas demorou porque ela também rodou o documento de cima para baixo e de trás para frente para ver o que ele dizia da "retaliação e vingança" contra Dilma. Procura inócua, porque, apesar de ter sido oferecido às vésperas do recesso, em 19 de dezembro, pouco mais de duas semanas depois do ato de Cunha no impeachment, a ele não se fazia nenhuma referência.

A maior parte das declarações teria sido obtida ainda no final do primeiro semestre de 2015. Pelo volume das informações, supunha-se que a peça já estava pronta fazia um tempo. Mas, verdade seja dita, a petição trazia também, ao final, dados de uma busca e apreensão realizada nos imóveis do deputado, nos dias imediatamente anteriores.

Mas a questão que se afirmava urgente não foi assim tão urgente. Não foi decidida na véspera do recesso forense daquele ano, e nem logo depois da virada. Ficou assim uma corda no pescoço do deputado que, experiente e calejado, conseguia se movimentar muito bem com ela. Quando já estava em Brasília, Maria se lembrou de uma das profecias de Camilo: este traste vai ser abandonado quando não for mais necessário.

Na madrugada do dia 5 de maio, com o processo de impeachment já rolando no Senado, o ministro Teori Zavascki determinou a suspensão do mandato e o desalojou da presidência da Câmara. O plenário acabou por confirmar, acompanhando de forma unânime. Por 11 votos a zero, Eduardo Cunha estava fora da presidência e do cargo, numa liminar que jamais foi revertida, pois ele acabaria, em sequência, sendo cassado na Câmara e, depois, preso. Abandonado, quando já não era mais necessário.

Uma bomba dessas não explode todo dia em Brasília e, portanto, assim que soube, Maria se preparou para a pauta. Consultou suas anotações antigas do pedido de Janot e foi ler a decisão do Supremo, certa de que seria indicada para esta cobertura. Mas Brasília estava com temperatura alta em muitos lugares ao mesmo tempo. Então, ao invés de escrever sobre o pedido e a "urgência" em seu acatamento, ao invés de conversar mais uma vez com Janot, para a repercussão, ou mesmo ouvir os impropérios lançados por Cunha, a ordem da chefia de reportagem era que ela ficasse no Senado mesmo, cobrindo os bastidores da Comissão Especial do Impeachment, que daria sua decisão no dia seguinte – ainda que ela já soubesse que o resultado seria 15 x 5 para aprovar o relatório do senador Anastasia.

A pergunta que tinha vontade de fazer acabaria sendo feita por Camilo, a quem seu colega de jornal entrevistou rapidamente pelo telefone:

— O que seria do processo do impeachment se esse desvio de finalidade de uma ação intimidatória e vingativa de Eduardo Cunha fosse reconhecido um pouco antes? Se o MP tivesse entrado com ação antes de ele receber o impeachment, já que profetizava que ele não hesitaria em se vingar dos adversários para garantir suas posições, como faz habitualmente? O que seria do processo, levado por Cunha, com mão de ferro na Câmara, se a Justiça o tivesse afastado tão logo foi feito o pedido urgente?

Não havia muitas respostas para essas perguntas.

Maria esforçou-se em fazer um balanço realista e desapaixonado da Comissão Especial, inclusive a perícia que, realizada ao final da instrução, por pedido do advogado José Eduardo Cardozo, concluíra que, afinal de contas, não havia pedaladas fiscais a serem atribuídas à Dilma, mas, por outro lado, apontou que ainda sobrava a responsabilidade pelos decretos, dando munição a ambas as narrativas. Pelo sim, pelo não, pela vaguidade dos denunciantes, pelo depoimento incisivo das testemunhas de acusação e pela sobriedade dos juristas que vieram depor em defesa da presidente, as provas pouco importavam. Na semana seguinte, o processo de impeachment seria oficialmente aberto e ela estaria fora do governo.

Como bem concluíra Camilo, ao final de suas perguntas, cada vez mais se provava que o timing era mesmo o senhor da razão.

Leonel Brizola, que com o tempo também se demonstrou ser um sábio na arte, dizia que a política ama a traição, mas abomina o traidor. As escaramuças e deslealdades eram matéria-prima da vida política – mas a identificação da figura do traidor sempre causava um repúdio, sobretudo no Brasil.

Deve ter sido por isso que, depois de garantir ao mercado que estava disposto a fazer um programa de governo diverso de todas as ideias que continha aquele com o qual se elegera vice, Michel Temer agiu no sentido de lutar contra a consolidação da persona do traidor. O método mais eficiente que encontrou foi o de se passar por vítima, na expectativa de que suas ações pudessem, se não se darem por legitimadas, ao menos fortemente atenuadas. Mais ou menos como o redutor de penas do homicídio privilegiado beneficiando o assassino que agiu "logo após injusta provocação, sob o efeito de violenta emoção".

O instrumento da vitimização foi uma carta encaminhada à Dilma, mas tornada pública praticamente no mesmo instante, e que ficou conhecida por sua epígrafe tirada de um provérbio romano: *verba volant, scripta manent*. As palavras voam, os escritos permanecem. Nesta, tal qual um marido traído, Temer apontou que se sempre foi tratado como um vice decorativo, que ficou alheio de todas as reuniões importantes de governo, sobretudo as econômicas, que aliados sabidamente indicados por ele estavam sendo desprezados e que, audácia maior, fora alijado das reuniões com o vice-presidente norte-americano, Joe Biden, com quem, supostamente, construíra boa amizade.

O texto rendeu inúmeros memes nas redes sociais, iniciando uma série explícita de sofrência política – seja como um garoto emburrado ou um experiente político fortemente ressentido, Michel Temer virou um palco de brincadeiras e gozações e a exposição pública da fraqueza não lhe afiançou, propriamente, a estatura de estadista que os governantes pretendem se auferir. Bem longe disso.

Mas o sincericídio do vice tinha outro propósito: ao mesmo tempo em que entoava a narrativa de vítima da primeira traição, pretendeu mostrar a todos que as suscetibilidades que talvez pudessem impedir que ele vestisse a camisa de presidente simplesmente não existiam. Ele preferiu se passar por corno, do que ficar com a pecha do adúltero.

As questões políticas que envolviam o impeachment giravam também em torno do *day after*: não teríamos a mesma instabilidade com o vice na presidência? Sob o ponto de vista jurídico, ainda um pouco mais temeroso, porque ele estava léguas mais próximas do fisiologismo político e das acusações de corrupção. Não à toa, um editorial da Folha de S.Paulo, no começo do processo, instava a renúncia de ambos, compreendendo que a legitimidade fora perdida pela chapa e que, da forma como se pretendia fazer, as questões jurídicas ficariam mesmo sem resposta.

Essa era, talvez entre todas, a concordância maior que Maria tinha com a posição do próprio jornal. A sustentação da presidente ficara inviabilizada e a do vice não seria lá muito diferente. Enquanto o processo foi ganhando corpo, entre os partidários do impeachment, cristalizavam-se duas correntes: aquela que entendia que Temer deveria perder junto o cargo, até porque, se for por pedaladas, ele também teria lá suas impressões digitais – sem contar as que provavelmente deixara em alguma franja da Lava Jato. A outra posição era coberta pelo pragmatismo e buscava concentrar todo apoio em um único processo capaz de progredir. Nas veias populares, ficou conhecido como o mote: "Primeiro, a gente tira a Dilma", um pequeno passo para a reconquista da moralidade, que não poderia ficar em risco, se dependesse, desde logo, de abrir um extemporâneo processo eleitoral.

Talvez isso ficasse mais fácil de decidir se a conversa que viria a ser conhecida com o slogan de "estancar a sangria", ou seu apelido mais popular "Com o Supremo, com tudo", de Romero Jucá e Sérgio Machado, tivesse se tornado pública antes. Ela chega à mídia apenas em 23 de maio, quando Dilma já havia sido afastada - embora mais tarde tenha se sabido que Deltan Dallagnol falou dela a Moro ainda no dia 15 de abril.

Essa dúvida sobre o que fazer com Temer corroeu boa parte dos defensores do impeachment, sobretudo aqueles que diziam fazê-lo por motivos éticos, insinuando que, por ação, omissão ou simples ambiência, Dilma havia se tornado moralmente incapaz para conduzir o governo. O mais próximo representante desta posição estava dentro de casa. Seja pela defesa extremada de uma revolução ética na política, seja por ter algum conhecimento antecipado de dados dos bff's da Lava Jato, Arthur defendia o impeachment por uma questão estratégica.

— O processo, em si, pode levar à renúncia de ambos; ou mesmo, uma vez dando certo, mobilizar a sociedade para continuar expurgando os maus administradores. O fato é que tem de continuar.

Por tudo isso, e também, é certo, pelas condições que antecederam ao encontro, Maria não podia se surpreender mais com o convite para o almoço que lhe fora feito, assim de supetão e surpresa, sem prévio aviso, por nada menos que o seu marido. E mais ainda, como se isso fosse possível, com o teor da conversa que nele tiveram:

— Você nem me avisou que vinha a Brasília...

— Foi de repente pra mim também. Mas eu estava saindo tão cedo... Não mandei mensagem porque fiquei com medo de te acordar. Se em São Paulo você dorme com o celular ligado no criado-mudo, imaginei que aqui em Brasília, nestes tempos, o toque estaria acionado, né?

— Sim, você sabe, política não tem hora para acontecer. O que importa não se faz em horário comercial. Mas você foi a um hotel? Não vai ficar lá em casa?

— Adoraria, Maria. Mas eu vou entrar em reuniões até a noite, daquelas sem hora pra acabar, e vou sair cedinho, de volta, de modo que achei que ia te atrapalhar.

Não era toda a verdade. Arthur podia chegar de surpresa e podia acertar de ficar no apê de sua esposa. Mas as duas coisas juntas é que ele não faria. Não que não tivesse inato um certo pendor investigativo, mas justamente por isso. Não queria encontrar o que não queria encontrar. Então, o mínimo que podia fazer era dar-lhe um tempo para, querendo, preparar o apartamento para recebê-lo. Maria não custou a entender isso e a função cimentadora do silêncio. Mas isso tudo estava longe ainda de surpreendê-la.

— Mas eu queria mesmo conhecer seu apartamento, até para saber se é um bom lugar para a gente morar juntos.

— Ué, está vindo a Brasília?

— A história é um pouco longa, mas eu vou resumi-la. O novo ministro da Justiça é um colega de MP. Nos cruzamos várias vezes pela carreira e, por algum motivo que desconheço, ele confia muito em mim. E me convidou para um cargo na Secretaria Nacional da Justiça. Quer que eu seja uma espécie de articulador das ações do ministério com os promotores.

— E você vai trabalhar no governo Temer? É nele que vocês vão fazer aquela tal revolução ética?

— Eu pensei bastante sobre isso...

— Bastante parece um exagero, não? Não te passou pela cabeça conversar comigo antes?

— Eu fiquei meio imprensado pelo tempo, Maria. Ele precisava de uma resposta urgente, porque o governo, você viu, começou sem aviso. Não deu tempo de preparar um ministério inteiro. Ele não tinha como convidar pessoas antes do resultado e, depois do resultado, já veio o afastamento, de modo que foi o caso de trocar pneus com o carro em movimento.

— E eu sou uma jornalista a quem você não queria passar essa informação antes da hora...

— Imagina, Maria. Nunca duvidei da sua discrição comigo.

Era mentira. E ela já estava esperando o momento perfeito para jogar na cara dele. Mas optou em não fazer. Havia outras coisas em jogo naquela hora e sua cabeça estava um pouco desordenada para tomar atitudes cujas consequências seriam incertas.

— Então foi pelo quesito esposa, mesmo? Em outros tempos, você não teria nem coragem de fazer sem pedir minha benção, não é mesmo?

— É. Mas eu não queria te dar essa responsabilidade. E como você estava aqui, como eu podia imaginar que você ficasse chateada de eu vir morar junto?

— Você sabe que eu vim para cobrir o impeachment e isso ficou para trás, né?

— Mas você não voltou um só fim de semana para casa. Se Brasília estivesse te angustiando, você teria voltado. Ou me dito, pelo menos. Não falou nada.

Não havia dado tempo suficiente para ela assimilar que Arthur estava indo para o governo Temer. Mas de certa forma, a viagem escondida para Curitiba, o cumprimento entusiasmado à Janaina, essa amizade com Alexandre de Moraes que nunca teve conhecimento, tudo isso estava montando um quadro de um certo oportunismo que não havia se manifestado nele de forma intensa até agora. Mas nem isso era relevante, porque, sem que tivesse tempo para pensar, o que estava à sua frente, nada mais nada menos, é se estava pronta para interromper as férias de seu casamento, fechar a porta a Camilo e recomeçar a vida em uma outra realidade. Arthur estava lhe apresentando simplesmente a "ponte para o futuro" naquele almoço, bem ali, entre a salada e o prato principal. Só faltava mesmo um scripta manent...

— Você disse que volta amanhã cedo?

— Sim, vou fazer as reuniões todas hoje e assumo de vez na segunda. Vou juntar algumas tralhas para trazer lá de casa. Eu pensava em decidir com você exatamente o que...

— Então, a gente conversa lá em casa, que tal? Estou voltando sexta, no fim da tarde.

Arthur gastou o tempo da sobremesa para tentar convencer Maria da importância estratégica de entrar no governo, inclusive para impedir que ele se desviasse de uma rota, digamos, ética e republicana. Contou de planos que pretendia colocar em execução e disse que era importante, sobretudo, impedir que desmontassem a Lava Jato. Maria alternou-se entre o semblante de espanto e o de aprovação e não deu mais que alguns grunhidos, muito pouco identificáveis. Sua cabeça começava a pensar em pautas, cada vez que ele falava sobre o governo. Enfim, Arthur dispensou o café e deixou pago o almoço, enquanto Maria sorvia seu ristreto. Estava apressado para o compromisso no Ministério.

De repente, não mais que de repente, Arthur estava de volta. E ela ainda não sabia se isso era uma boa ou má notícia.

Camilo também estava arrumando suas malas. Já sentia a falta da rotina. Deixaram-lhe uma última incumbência, que era a de preparar possíveis perguntas e sugestões de resposta para a defesa que Dilma faria, ao final do processo. Ele tinha a certeza de que ela não se submeteria a nenhuma espécie de media training e que estava, ademais, com o sangue nos olhos para responder as perguntas. E até o asfalto das velozes avenidas de Brasília sabia que os melhores momentos de fala da presidente eram mesmo quando estava furiosa. Nessas horas, ela brilha, pensou – lembrando especialmente da resposta a uma arguição imbecil do senador José Agripino sobre ela ter mentido sob tortura: "Isso faz parte de minha biografia e tenho orgulho disso, a tentação de falar a verdade quando se está sob tortura é insuportável".

Mas ele completaria seu papel, à distância, acompanhando as últimas notícias, revendo os discursos dos senadores e mesmo as teses de defesa. No fundo, tanto Cardozo quanto os demais envolvidos na defesa sabiam que tudo isso não ia fazer o menor sentido. Nem as argumentações levadas ao STF, nem os esclarecimentos aos senadores, mudariam de forma sensível o placar – ainda que, em tese, fosse necessário reverter, no mérito, apenas dois votos favoráveis ao afastamento. Mas a partir da posse, apenas os petistas continuaram chamando o presidente em exercício de interino. A política e a mídia já davam conta de que aquela substituição era um fato consumado.

Por tudo isso, Camilo compreendeu que era hora de voltar para casa, reassumir sua turma, reorganizar seu pequeno aparelho e pensar no que seria a próxima e decisiva batalha.

— É o Lula, não tem dúvidas. Eles não fizeram essa força toda para tirar a Dilma se em dois anos e meio Lula puder ganhar a eleição de novo. Eles não vão deixá-lo disputar. Vai ser preso e vai perder seus direitos políticos. Esta é a continuação do golpe.

Não dizia isso como um visitante do futuro, mas o que qualquer conhecedor, sem muito empenho, aliás, da política, poderia dizer. Sim, Lula podia ser absolvido pelo Moro, sim, o tribunal podia demorar mais tempo para julgar o recurso, olha só o tempo em que geral julgam, sim, Temer podia ser um desastre e a classe política podia mudar de ideia, premida pela sociedade. Tudo isso podia, mas não ia acontecer. E quanto mais cedo as pessoas se dessem conta disso, maior a disponibilidade para evitar, ou, ao menos, minorar as consequências desta previsão.

Tudo isso lhe fez ver que depois de tantos constitucionalistas, agora tinha chegado a vez dos advogados criminais.

Saíam de cena as arguições de desvio de finalidade, de inadequações do rito, da ausência de crime de responsabilidade. Entram no lugar o cerceamento de defesa, a incompetência, a suspeição, a presunção de inocência. Seriam eles que dariam, a partir de agora, a deixa das pautas pela defesa da democracia. Já era passada a hora de reuni-los.

Por fim, como se já não houvesse razões suficientes para fugir da capital, Maria lhe deixara um recado em tom de alerta, numa mensagem de áudio. Curta e grossa.

— Arthur está em Brasília.

Dizia pouco, explicava nada, mas para Camilo era suficiente para entender que não haveria uma despedida.

As férias tinham chegado ao fim.

Lula

O inverno em São Paulo já estava dando as suas caras. Camilo vestira um paletó leve sobre a camisa de algodão e a cada passo que subia na rampa sentia um pouco mais de frio. Não há proteção nas varandas e o vento se intromete no percurso. O ambiente arejado do prédio da PUC, em Perdizes, no começo da noite, se transforma em armadilha. Não demora, ele alcança, finalmente, o terceiro andar e o que até então lhe parecia um ambiente esvaziado muda completamente de figura. Na porta do auditório, já há fila para receber o livro e um alarido persistente é ouvido desde o corredor. Gabriela o resgata logo ao chegar e o recepciona com extrema felicidade.

— Professor Camilo, que bom recebê-lo. Vamos entrar que vou lhe indicar onde o senhor pode se sentar, antes de ser chamado à mesa.

E enquanto ele se admira pelo volume de pessoas que se espreme na sala e pela animação que dela flui, a jovem advogada segue dando-lhe instruções, que ele mal registra, salvo a parte final.

— E o senhor vai falar logo depois do professor Pedro Serrano...

— Então gozarei desse prazer enorme que é ouvi-lo falar. Não tem uma só vez que não me encanto.

A situação é ruim. A celebração é quase de um velório. Mas a força que exsurge da advocacia comprometida e da militância jurídica como um todo é um pequeno exemplo de como a luta não será entregue com singeleza. Muita força, muito discurso duvidoso, muita pressão ilegítima, muitas mãos se enlameando para que, enfim, eles consigam submeter a reação. E como Camilo costuma dizer:

— O desgaste que daremos aos vencedores é o embrião de sua derrocada. O esforço para nos derrotar vai fazer com que escorreguem em inúmeras cascas de banana.

Enfim, o lançamento é um sucesso. Pouco menos de um mês após a publicação da sentença de Sérgio Moro, mais de cem juristas explicam por que essa já era a crônica de uma condenação anunciada. Tão anunciada que parte dos artigos fora produzido apenas com a expectativa do que seria a sentença. E nenhum deles, nenhum, é bom que se frise, acabou surpreendido. A vagueza da acusação, o bailar conceitual, a grotesca flexibilização do direito que se exibem nas dezenas e dezenas de laudas, tudo era meticulosamente esperado.

Na hora em que subiu à mesa para falar, um motivado e acolhedor ambiente de palmas, gritos de repúdio e palavras de ordem mexeu com Camilo. Um revirar quase ininterrupto de derrotas já os devia ter deixado anestesiados. Mas pareciam ainda mais dispostos do que nunca para o embate. Respirou fundo até achar algo que estivesse à altura da contundência que o momento exigia, um começo forte e implacável. Trouxe Unamuno, direto de um auditório universitário na Espanha ocupada pelas tropas de Franco:

— "Vencereis porque tendes sobrada força bruta. Mas não convencereis porque para convencer há que persuadir. E para persuadir lhes falta algo que não tendes: razão e direito."

O auditório veio abaixo e Camilo se permitiu sorrir, depois de muito tempo.

Quando deixou a mesa, após uma saraivada de palmas com seu discurso, foi se acotovelando entre a plateia que agora já tomava a plenitude dos espaços então vagos, no esforço de se aproximar da porta. Deu abraços, apertou mãos e parou para autografar alguns livros, antes que tivesse o caminho mais ou menos desobstruído. Mas os passos que lhe faltavam para ganhar de volta o corredor lhe reservavam uma última surpresa.

— Professor Camilo, que bom vê-lo.

— Olha só, Maria. Que coincidência a encontrar aqui.

— Nem tanto, eu imaginei que você viesse.

— Mas não quero atrapalhar, se você está fazendo a cobertura...

Não era propriamente uma pauta da política. O fotógrafo já fizera o registro para a coluna da Mônica Bergamo. Ela anotou a frase de impacto para mandar à seção Tiroteio do Painel. Mas, na verdade, estava lá mesmo para forçar esse encontro, sem o qual não ia conseguir retomar a amizade de uma relação que ficou parada no tempo, e em outros patamares.

— E me diga, Maria, você está bem?

— Poxa, Camilo, você começa logo pela pergunta mais difícil de responder?

E puderam-se dar ao luxo de uma gargalhada depois de tanto tempo. Antes da bomba.

— Estou grávida.

Pouco antes das 14:00 daquele 19 de janeiro de 2017, o bimotor Hawker Beechcraft, prefixo PRSOM, chocou-se com a água da Baía de Paraty, dois quilômetros de distância da pista de pouso em que se preparava para aterrissar. Todos os cinco ocupantes do jatinho faleceram, entre eles, o proprietário da aeronave, diretor do Hotel Emiliano, e o ministro Teori Zavascki, do Supremo Tribunal Federal. O acidente chocou o país, abrindo espaço para uma gama interminável de teorias da conspiração, sobretudo, pela homologação iminente do acordo de delação da empresa Odebrecht, que envolveria até políticos do primeiro escalão.

Por um certo tempo, essas teorias orbitavam em torno do interesse de gente graúda na chamada "delação do fim do mundo". Ao correr dos anos, no entanto, o que se revelou é que o ministro era ainda mais temido pelos condutores da própria Lava Jato que, mais de uma vez, postergaram a ele o conhecimento de fatos que poderiam alterar a competência do julgamento em relação a certos réus. Para os efeitos da Lava Jato, a trágica morte de Teori Zavascki teve como consequência a assunção do ministro Edson Fachin à relatoria dos processos, sem que isso representasse qualquer vantagem aos acusados. Pelo contrário.

Para Arthur, representou o fim de sua aventura no Planalto Central. Cerca de dois meses depois, Michel Temer nomearia o primeiro – e também o único – ministro de sua cota no STF, justamente seu auxiliar na Justiça, Alexandre de Moraes. Houve, é certo, um breve momento de disputa, sobretudo com a proeminência do jurista Ives Gandra Filho, ao final preterido. A pauta moral tornaria a colocá-lo em evidência nas nomeações de Jair Bolsonaro, mas na bandeja de valores e grupos a serem prestigiados, o terrivelmente católico tampouco teria vez.

Arthur tinha a certeza de que o percurso dele não seria longo no Ministério da Justiça. O próprio presidente fora empossado para cumprir apenas o restante do mandato de Dilma Rousseff – e ninguém parecia apostar na possibilidade de uma reeleição. Não obstante o sucesso parlamentar na realização de reformas, condizentes com as expectativas da mídia e dos agentes financeiros, o presidente sempre se manteve em padrões muito modestos de popularidade. Mas a morte abrupta do ministro Teori provocaria, além de uma dança de cadeiras no STF, outra também na Esplanada, a partir do momento em que Michel Temer resolvera indicar Moraes. E como Arthur não pretendia seguir o mestre em uma assessoria que certamente seria disponibilizada para juízes, como estava sendo o hábito mais recente entre ministros dos tribunais superiores, o acidente com o jato também redirecionou a sua própria rota.

O retorno ao lar acabou se mostrando mais prazeroso do que até então poderia supor. Ele e Maria resolveram mergulhar novamente no projeto de serem pais. Largou a métrica das reuniões repentinas e das ausências sentidas; esteve todo o tempo e o tempo todo ao lado dela. E quando o tratamento resultou na gravidez gemelar, todos os planos futuros passaram a se subordinar aos destinos e aos desígnios de Isadora e Catarina.

A história do Brasil podia esperar.

You took the part/That once was my heart/So why not take all of me?

O fraseado intenso e a voz tonitruante de Lady Day inundavam o cômodo. Luz baixa, pequenos raios fúlgidos ecoando dos abajures laterais e o clichê de um copo de whisky com duas pedras de gelo dançando ao redor do dedo indicador. O sentimento anti-imperialista tinha limites intransponíveis. O jazz é a última coisa boa que os estadunidenses fizeram na música, costuma dizer em tom de desculpa. Mas é a melhor forma de afagar o ego em desencanto.

Chega a ter vontade de cantar, mas isso, é lógico, seria um crime contra a humanidade. Desperdiçar um fragmento que fosse da voz divina de Billie Holliday, ainda que apenas em uma virtual parceria, é algo a que Camilo não se atreve. Mas, crescido das dores, experimentado que se acha quanto aos fracassos, altaneiro e orgulhoso, uma dose de sofrência chique à meia luz ele se permite, enquanto refaz, na memória, na lembrança seletiva e muitas vezes letal, o diálogo da última noite, no mais profundo silêncio.

— Eu saí correndo e a gente não teve tempo de conversar. Estive procurando uma oportunidade para corrigir isso.

— Nós dois sabíamos que mais hora menos hora isso ia acontecer, não é mesmo? Não foi falta de aviso.

— Não foi. Mas doeu menos por causa disso?

Será mesmo que ela chegou a perguntar dessa forma? Tudo parecia lógico e encaixado, mas por algum motivo, ele não conseguia revê-la balbuciando essas palavras. Doeu menos por causa disso?

— Doeu tudo o que devia doer. Mas a vida prossegue. E você, conseguiu colocar a casa em ordem?

— A gente precisou ficar um pouco distante para sentir que ainda faz sentido juntos. Mas eu queria te dizer...

Não, sem prêmios de consolação. Se Camilo tivesse deixado ela dizer o que pretendia, ele certamente teria algo mais generoso ou amável para lembrar hoje. Mas é exatamente esse amor aos pedaços que mais o faria sofrer. Foi, mas dizer em detalhes como e o tanto que foi, apenas ajuda a deixar o fim submerso.

— Não precisa dizer nada, Maria. Cada um de nós viveu o que precisava e sentiu o que podia. Não adianta a gente tentar reconciliar esse momento. Vamos deixar ele lá para trás, onde fazia sentido.

— Vamos falar da Dilma, então?

— Sabe o que eu queria saber? Como foi a experiência do Arthur no governo Temer...

Camilo também sabia o quanto o discurso moralista de ocasião se chocava com as oportunidades que surgiam como cavalos encilhados, aquelas que, de repente, não se podem abrir mão. Vão se os anéis e também os princípios. Todo falso moralista é assessor de um corrupto, com muito orgulho.

— O Alexandre fez questão que ele fosse ao Ministério. E, olha, acho que para ele não foi ruim, não. Saiu na hora certa, também.

Arthur já estava de volta a São Paulo quando o escândalo das gravações de Joesley vieram à tona. Felizmente não teve de tomar partido entre a acusação de seus amigos do MPF e a muralha parlamentar que impediu que se processasse a denúncia. Não havia um Eduardo Cunha para levar aquilo adiante, mas essa contradição não precisava ser lembrada, não é mesmo?

— No fim, quem acabou acusado de corrupção foi ele e não Dilma. Você não acha isso irônico? Na mesma gravação na qual se descobre o pilantra que é o Aécio? Nem um roteirista tão clichê seria capaz de produzir essa reviravolta.

— Parece que eu ouço você dizendo antes as coisas que vão acontecer. Nada me surpreende mais.

— Se você tivesse uma pergunta para fazer para o seu amigo que veio do futuro, uma só, qual seria?

— Lula, certamente o Lula. O que vai acontecer com ele?

— Não precisa vir do futuro para saber, não é mesmo? Você imagina que depois de todo esse esforço para tirar a Dilma, esse esforço político, esse esforço institucional, jurídico até, eles deixariam o Lula concorrer e voltar, tudo de novo? Não tem saída, eles estão condenados a condená-lo.

Maria sorria cada vez que conseguia extrair de Camilo o seu lado mais profético. Ele tinha muitas certezas e poucas dúvidas. E o pior é que invariavelmente estava com a razão. Ainda assim, não esmorecia. Ou quase nunca. Pelo menos, não esmoreceu na frente dela.

You took the best/ so why you don't take the rest/ Baby, take all of me.

— Me conta, que história é essa de gravidez....

A par da proximidade com o alto escalão, de que o contato pessoal com Janot foi o melhor exemplo, que, inclusive, lhe garantiu momentos de exclusividade na denúncia contra

Temer, Maria tinha ainda outro dispositivo de razoável preferência nos seus contatinhos: o acesso aos críticos, os questionadores, a esquerda do direito. E isso devia, sobretudo, a Camilo, que ia lhe abrindo portas aos amigos, enfatizando a confiabilidade dela, que era um material de primeira necessidade para quem se via, normalmente, apartado e continuamente desconfiado da grande mídia. Seu discurso pessoal de indignação com o jogo jogado das estrelas de primeiro escalão costumava impressionar. Mas eram as aberturas de espaço, aqui e ali, a reprodução cuidadosa das teses contrastantes, e o recíproco alimentar das fontes, que lhe garantia a predileção.

Por essas e outras, sofria o bullying na redação, de colegas que a apelidaram de Marie, le Rouge. Pouco importa, isso a aproximava dos entrevistados que usavam a gramática do golpe e os críticos mais profundos de Sérgio Moro, pouco econômicos, inclusive, nos adjetivos. É certo que Arthur a compensara abrindo algumas portas palacianas, muito em razão de sua própria consciência pesada. Noves fora, estava livre e desonerada para cobrir a oposição, seus repúdios e suas lamúrias.

Mimimi ou xororô para muitos, para ela eram notícias em estado bruto, como a informação que causou estardalhaço e controvérsias, de que os juízes mais alinhados às históricas garantias pretendiam simplesmente não aplicar as regras da nova reforma trabalhista. Quem, senão Maria, estava em condições de fornecer à grande mídia esse panorama coalhado de observações sobre os pontos considerados inconstitucionais pelos juízes. Pois ela cobriu a agenda de um encontro da Associação Juízes para a Democracia e pôde traduzir, com consistência técnica e o aprendizado de uma militância qualificada, que a conciliação de cúpula que resultara na reforma podia não produzir os resultados tão esperados.

Foi manchete do dia e um alerta para jornalistas que abusavam dos preconceitos, no trato com fontes críticas, sobretudo, da ideologia dos patrões. Ainda que as consequências da notícia acabassem por revigorar os mecanismos de compressão, usualmente empregados sempre que o poder se sente ameaçado. É que do outro lado da linha dos juízes para a democracia estava o baluarte da tradicional família cristã e, mais ainda, empresarial. Alertas, avisos e intimidações iram garantir a sequência da matéria.

O que os juízes argumentavam é que o fundamento básico de legitimidade da legislação do trabalho, reconhecido no Tratado de Versalhes, na constituição da Organização Internacional do Trabalho - OIT, é o do diálogo entre representantes do Estado, do Capital e dos empregados. É isso que garantiria a participação direta dos trabalhadores na elaboração das regulamentações. Mas graças ao belo trabalho de reportagem do The Intercept, já se sabia que foram lobistas de associações empresariais os autores das principais emendas da reforma trabalhista, protocoladas por deputados distintos, mas inteiramente redigidas em computadores das entidades patronais. Mais da metade das emendas, aliás, havia sido acolhida pelo relator, dando a indicação de que foi nesta fase, efetivamente, que a redação da reforma se consolidou. Uma fase quase toda tomada pelas emendas empresariais disfarçadas de iniciativas parlamentares.

Para além da forma, os juízes diziam que a reforma fazia tabula rasa do caráter de proteção da legislação trabalhista, que era a lógica constitucional, dificultava sobremaneira a litigância dos empregados e, no momento em que mais assentava a prevalência do negociado sobre o legislado, fulminava a estrutura sindical, criando toda forma de dificuldade para a captação de recursos.

— Não vamos legitimar uma reforma que veio para mutilar direitos, foi a frase escolhida por Maria para encabeçar as críticas, o que fomentaria, por óbvio, um turbilhão de repúdios sobre o ativismo da justiça e o trabalho supostamente quixotesco dessa magistratura de esquerda.

Camilo traduziria isso na mais concreta demonstração da ruptura institucional:

— Essas propostas são muito mais importantes para explicar o impeachment do que as pedaladas. Era para fazer exatamente isso, que o governo eleito com uma plataforma de proteção aos mais vulneráveis não faria. Por isso que foi preciso depor a presidente. É isso que prova o golpe, não apenas um outro rito que foi ultrapassado.

Mas ela achou que era passar dos limites fazer a correlação. Foi honesta com o diagnóstico, com as propostas e com a amplitude do debate das juízas e dos juízes que durou um fim de semana inteiro. Demorou outro tanto para tentar explicar que não era sua atribuição dar título à reportagem, como aquele sensacionalista que o editor escolhera:

"Ativismo dos juízes prepara sabotagem à reforma".

Ao final, recorreu à prata da casa para amainar a repercussão.

— Camilo, explica para os meninos que eu até consigo fazer deles primeira página, mas não controlar como eles serão tratados por lá...

"Eu vou tomar uma decisão revolucionária, deixando de lado a lei, porque pela lei não se pode condená-lo de maneira nenhuma".

A frase dita pelo ministro General Rodrigo Octávio, em 15 de dezembro de 1976, referia-se ao julgamento do deputado Márcio Moreira Alves e acabara de ser conhecida, pela liberação dos áudios das sessões secretas do Superior Tribunal Militar durante a ditadura, graças à persistência do advogado Fernando Fernandes em pleitos junto ao Supremo.

"Acredito que devíamos ter feito um novo processo desse moço, tendo em vista as publicações que ele fez no estrangeiro. Um desserviço que ele está prestando à Pátria. Agora condená-lo em bases jurídicas é completamente inexequível...."

Camilo tomou essa frase como ponto de partida para o artigo que escrevera para os *Comentários à uma sentença anunciada*. O ato "revolucionário" a que se refere o general é, na verdade, a confissão da impossibilidade de julgar o deputado pelo discurso em plena Câmara; uma condenação que não se ampara na lei, mas na certeza moral de que, "pelos desserviços prestados à nação", pela provocação aos militares, enfim, ele devia ser condenado.

Será que se nós pudéssemos ouvir a consciência de Sérgio Moro, se houvesse assim uma sessão secreta dentro da qual se sentisse à vontade para discutir com seus pares, ele seria capaz de proporcionar a mesma confissão? Porque, de uma forma ou de outra, é mais ou menos isso o que procurou demonstrar no curso do processo e no apanhado das inúmeras laudas de sua mais famosa decisão.

Provar ele provara muito, menos o necessário. Moro estava destinado a superar todas as incertezas, sobrepor-se à legislação com "novos entendimentos" e impor modernas formas de obtenção de prova, importando até leis e jurisprudências norte-americanas. Como expressou, no respeitado espaço de uma coluna no Jornal O Globo, o jornalista Carlos Alberto Sardenberg: "Há um novo Direito em campo. É praticado em Curitiba e está colocando um monte de bandidos na cadeia." E é exatamente por esse "serviço à pátria", ou seja, "colocar bandidos na cadeia", que esse novo direito, praticado em Curitiba, poderia ser aceito e, ainda mais, aplaudido.

Sejamos mais claros, como claro fora o general Rodrigo Octávio. Condenar sim. Mas como um ato revolucionário...

O artigo tinha algumas explicações mais consistentes, uma análise profunda das questões do direito penal envolvidas e um relato bem minucioso das aventuras processuais a que o juiz submetera os réus, também a partir de interpretações coalhadas de modernidade e eficiência. Mas para as palestras que se seguiram, uma versão condensada e mais contundente do texto acabou funcionando melhor. Batendo apenas nas teclas que chamavam mais atenção.

Camilo esteve em vários cantos levando a palavra da razão e, segundo a opinião corrente, blasfemando contra uma verdade quase bíblica. Mas o que percebia, de forma gradual, é que tinha cada vez mais público para expor as suas desconfianças e replicar suas inquietudes. O jogo jogado das autoridades, aquilo que de forma arrogante se autodenominava República de Curitiba, vinha, lentamente, sendo colocado à prova. Moro permanecia com a primazia da verdade, sobretudo, porque dele emanava a versão oficial, a voz das togas e, ao mesmo tempo, a voz da mídia. Mas a cada momento se agregavam aqueles que começavam a achar esse hiper endeusamento, essa jurisdição absoluta, um pouco perigosa.

Em Ribeirão Preto, no auditório da faculdade da USP onde, curiosamente, era mais convidado a palestrar que no próprio Largo São Francisco, ouviu a pergunta de um jovem e empolgado estudante de direito:

— Professor. Se nós tivéssemos acesso a sessões secretas como essas, com o Moro, o que o senhor acha que encontraríamos?

Camilo pesou a resposta, com medo de que ela pudesse ser compreendida como uma forma qualquer de convite ou estímulo e fez questão de esclarecer que sessões secretas, como aquelas do STM durante a ditadura, não existiam mais.

— Honestamente, meu rapaz, eu acho que nós iríamos encontrar a mesma coisa de que vimos acusando ele faz um tempo. O juiz inventando direito contra um réu que já vem condenando desde antes de o processo começar.

Camilo parou, respirou, mediu as palavras mais um pouco e arrematou:

— Talvez com uma gramática de mais fácil compreensão...

A plateia riu e o estudante questionador apenas balançou a cabeça em aprovação. Camilo não tinha ideia de onde isso podia parar.

— Com a palavra, o doutor Arthur Evilásio, pela Procuradoria-Geral da Justiça.

— Senhor presidente, quero iniciar cumprimentando o orador que me antecedeu, doutor Fábio, seja pela decisão de sustentar em favor de seu réu, seja pela capacidade de expor todas as teses de forma objetiva e sintética. Cumprimento sua dedicação, não obstante venha aqui, em nome do Ministério Púbico, opinar pelo improvimento do recurso, com a manutenção integral da sentença de primeiro grau. Todos os elementos necessários à condenação estiveram muito bem fundamentados pelo juízo de piso, seja a materialidade, seja a autoria ou a comprovação da consumação do delito e de sua forma qualificada. Dadas as circunstâncias do fato, muito bem alinhadas na decisão da origem, era mesmo caso de fixar o regime fechado para a condenação, sobretudo pela intensidade da ameaça, à mão armada, e ainda acobertada pelos maus antecedentes do apelante. Senhor presidente, o parecer da PGJ é pelo improvimento do apelo.

Paulatinamente, Arthur vinha se integrando à nova rotina. Uma sessão a cada duas semanas, tomando quase toda a tarde, com algo em torno de vinte sustentações orais que lhe incumbiria fazer. Um volume de pareceres que, com a colaboração dos assistentes, não lhe tomavam mais do que três ou quatro tardes pela semana. Um plantão por mês e algumas poucas tarefas esparsas para ajudar na administração da Procuradoria.

Sua vida ia entrando nos trilhos, a partir de uma rotina muito mais previsível. O relacionamento com os desembargadores da Câmara Criminal ia de vento em popa. Distante, a princípio, respeitoso em todo o percurso e gradativamente se transformando em amigável. A bem da verdade, com o término da sessão, e o aceite em tomar um café com os julgadores, vinha se acelerando fortemente na amabilidade. Afinal, descobria o porquê:

— Doutor Evilásio, nosso amigo Nicácio se aposenta em dois meses. Como o senhor sabe, ele vem do MP. Vai abrir uma vaga de desembargador aos promotores. O senhor não gostaria de entrar pelo quinto e quem sabe fazer parte da nossa Câmara?

— Presidente, confesso que ainda não tinha pensado no assunto...

— O senhor não terá a menor dificuldade de entrar na lista sêxtupla. É amigo do procurador-geral, foi seu chefe de gabinete. Nós lhes damos o aval no TJ. E o senhor sabe, o Robertinho, atual presidente, é da nossa Câmara. Também não vejo dificuldade alguma para entrar na tríplice. Com esse apreço todo pelo ex-ministro da Justiça, agora no Supremo, menos ainda do governador...

— Nunca pensei em fazer esses cálculos... Cheguei há pouco na banca e ainda estou me acostumando com essa rotina de segundo grau.

— Não é lá muito diferente. Nós temos visto que o seu pensamento no direito penal é muito próximo do nosso. E o senhor parece ser uma pessoa de ótimo trato. Vai estar entre amigos por aqui.

— Isso eu já me dei conta. Se é uma coisa de que eu não posso reclamar, é da forma calorosa com que fui recebido pelos senhores.

— Lógico que o senhor tem os seus projetos, não o culpo. Mas caso este seja um projeto que o senhor se anime, estou aqui para dizer, não em meu nome, em nome de todos, fui apenas o portador desse convite. Me incumbiram de dizer que estamos de braços abertos para recebê-lo. Para o TJ, será uma honra; para nós em particular, uma alegria!

— Não tenho palavras para lhe agradecer. Só dizer que vou pensar com muito carinho nisso. E o senhor, presidente, será sem dúvida, a primeira pessoa a quem comunicarei minha decisão. Até lá, pode ficar tranquilo, vou deixar essa conversa apenas entre nós...

Mas não demorou dois dias até que ele descumprisse essa reserva.

— Pelo amor de Deus, você está louco?

— Eles foram muito gentis...

— Mas você não vai decidir sua carreira na base na gentileza dos outros, vai? Você tem as melhores perspectivas aqui no MP, você pode ser, vai ser, precisamos que seja o novo procurador-geral. E vai trocar isso por um lanchinho semanal com alimentos de fácil deglutição pelos velhinhos?

— Não esquece que eu vou ser pai de gêmeas....

— Nem pensar... você vai preferir ser um entre 360 a ser o chefão aqui?

— Acho que me esconder nem é uma proposta tão ruim...

— Bom, se você realmente quiser, nós lhe fazemos desembargador. Mas essa conversinha de entrar na Câmara, você sabe que eles não podem prometer, né? Alguém pede remoção e já foi. Você vai ser atropelado por um acervo gigante no Privado, que é o que todo novo desembarga pega... Mas, com todo o respeito, aqui nós precisamos muito mais de você. Se você me diz hoje que não vai concorrer eu nem sei quem escolheria...

— Estou me sentindo leiloado.

— Com certeza, vou dar o maior lance. Veja, Arthur, o Brasil é outro desde o ano passado. Tem uma avenida de possibilidades desde que o PT foi expelido do poder. Vão ser anos e anos até que eles tenham condição de voltar. E precisamos ter quadros moderados à altura. Estou de butuca na situação em Brasília, quero estar melhor posicionado em dezoito. E, para isso, eu preciso de alguém que possa me ajudar por aqui. Temos um longo caminho pela frente.

E continuou sem chances para Arthur argumentar:

— Precisamos estar no lugar certo na hora certa; se tudo der errado, daí você vai. Vai continuar tendo o mesmo prestígio. Mas agora, não abra mão do seu futuro.

— Não esqueça da Maria. A situação não ficou muito fácil quando ela estava em Brasília.

— Quem vai para Brasília vou ser eu...você fica aqui em São Paulo. Agora, isso é uma verdade. Não decida nada sem conversar antes com ela. Ela tem que se sentir participante de todo o processo. Assim, lá na frente, não tem muito o que reclamar. Se você tivesse me ouvido, da outra vez, ela não ia ficar chateada. Vai por mim, conversa com jeitinho e ela vai ser sua chefe de campanha. Mas não leva esse negócio de desembargador pra ela, não. Vai te achar muito velho... e mulher quando acha o homem velho, já sabe, né?

Arthur não tinha a menor ambição de ser desembargador e até lhe irritava um pouco a ideia de que os membros do Ministério Público pudessem pensar em se "promover" para juiz no final da carreira. Era quase uma forma de diminuir toda a história. Mas o fato é que até então não tinha recebido uma sinalização muito clara de Jaques de que ele era mesmo o seu candidato. A recusa em reassumir a chefia de gabinete havia criado alguma espécie de ressentimento. Ou ao menos era o que ele sentira. Para o sim ou para o não, precisava resolver seus projetos e não o faria sem que tivesse um empurrão destes:

— Cara, desde que a gente se conheceu no jogo do Timão lá no Pacaembu que eu tenho na minha cabeça que você é a pessoa com quem eu mais posso contar no MP. Você me ajudou a chegar até aqui. Eu vou te ajudar a me substituir. E vamos em frente. Ao infinito e além!

— A nós - respondeu Arthur brindando com a taça do Pinot Noir que dividiam na saleta mais reclusa do bar.

— Saúde!

Da primeira vez que teve contato com Sérgio Moro, Maria ficou com uma péssima impressão. Talvez por isso não tenha se voluntariado a ir a Curitiba, servir de setorista na Lava Jato. É verdade que não fora um encontro exclusivo, uma entrevista mais alentada ou mesmo um bate-papo descontraído. Ele estava sob a mira das câmaras e se comportou como se elas realmente devessem se acender e se apagar diante da sua maior ou menor aproximação a elas. Não era muito diferente de uma celebridade instantânea – e foi isso que a incomodou.

Ele era esperado na sala das comissões do Senado e estava vindo como especialista para dar opiniões sobre um projeto de lei. Mas não era, de modo algum, uma opinião desinteressada. O projeto que havia sido redigido pelos colegas da Associação dos Juízes Federais, e apresentado pelo senador paranaense Roberto Requião, tinha ligação direta com as consequências que pretendia provocar em seu trabalho: era uma proposta para permitir a decretação da prisão com a decisão de segundo grau, rodeando um pouco a jurisprudência do Supremo.

Em setembro de 2015, o juiz de Curitiba já era suficientemente famoso para atrair uma centena de jornalistas à sala onde a audiência pública ocorria, normalmente sem público algum. A essa altura, a diretoria da Petrobrás já havia caído, as primeiras delações batiam nos calcanhares de líderes petistas, e o Ministério Público já processava o presidente e o ex-presidente da Câmara dos Deputados. José Dirceu e Marcelo Odebrecht já estavam presos. Moro era um sucesso ambulante e por onde passava, uma chuva de flashes iluminava o ambiente.

Mas ele não estava sozinho no evento, e a confrontação de ideias se mostrou bem desfavorável a ele. Como Maria não presenciou outras oportunidades em que isso teria acontecido, passou a acreditar que, quando mais o tempo passava, menos ele admitia esse tipo de confronto. De modo que os anos foram correndo com ele falando praticamente sozinho – e os flashes só aumentavam.

Em relação ao projeto propriamente dito, falou alguns truísmos, como o fato de que as defesas queriam recursos para deixar prescrever os processos e ninguém nunca ser preso. Disse que a presunção de inocência devia ser avaliada apenas antes da sentença, porque depois de tudo provado, a presunção era de culpa. E citou alguns recursos folclóricos que ficavam tramitando por anos, explicando que em países sérios isso seria inimaginável.

Mas vai daí que, ao lado dos defensores da proposta, vieram outros operadores do direito que eram bem contrários a ela. Um juiz carioca fez uma bela demonstração histórica de como os direitos foram sendo gradativamente suprimidos no fascismo italiano, num percurso que lembrava muito o atual, mas recebeu como resposta de Moro, o pífio argumento de que não era o caso de discutir a legislação de outros países. Um advogado paulista esclareceu que a proposta era inconstitucional, porque desde 2009 o STF deixara claro que a prisão antes do trânsito em julgado só podia ser decretada com algum fundamento concreto, como o medo de fuga ou ameaça a testemunhas. Um dos juízes federais da entourage de Moro explicou que essa questão ia mudar logo, mas não disse muito bem o porquê. Moro reclamou dos colegas que o criticavam por estrelismo, mas tão logo passou adiante o microfone para o outro grupo, saiu da sala antes de ouvi-los, alegando compromissos, e, sob promessas de uma coletiva, carregou o séquito de jornalistas atrás dele, esvaziando por completo a audiência.

Maria achou que ele tinha poucas condições de enfrentar um debate em igualdade de condições, e não tinha muita firmeza em conceitos que pareciam básicos. Mas o que ele dizia, ele fazia. E por seus conceitos mais ou menos flácidos e sua erudição pouco valiosa, uma turma considerável de figurões estava sendo levada para a cadeia, acertando fazer delações, devolvendo dinheiro ao Estado etc.

— Os outros, ora, estão preocupados em defender seus bandidos de estimação e frustrados quando percebem que a justiça, que nunca funcionou para os grandes, podia, enfim, ser rápida e impiedosa.

A princípio, Maria não havia entendido muito bem por que uma proposta como essa seria tão importante para a Lava Jato, porque, mais do que simplesmente decretar a prisão no julgamento em segundo grau, Moro estava decretando prisões antes mesmo do processo começar. Nada foi obstáculo para ele, nem mesmo a desconfiança inicial do STF. Então por que uma luta dessas pela prisão em segundo grau era tão relevante? Por que se dar ao luxo de deixar Curitiba, discutir com pessoas desconhecidas e ainda se expor ao ridículo?

Ela só foi entender isso mais adiante, quando de sua longa conversa com Rodrigo Janot. Se a prisão em segundo grau não vinga, muita gente graúda vai pagar pra ver e esperar a decisão do Supremo, sem sucumbir às tentações da delação premiada, dizia o procurador. A prisão antecipada era essencial para a turma mais empoderada dos delatores, era preciso que eles realmente tivessem medo da prisão para que ajudassem a continuidade da operação.

O projeto de Requião não deu mesmo em nada. Os críticos estavam certos; era inconstitucional. E se o STF mudasse de opinião, como assentou um dos juízes ali presentes, aí que ele já não seria mesmo necessário. Mas o projeto foi a forma encontrada de suscitar a questão no meio político, de gerar engajamento e discussões, e reacender o assunto onde ele teria condições de fazer a diferença. No começo de fevereiro, tal qual um dos juízes da comitiva de Moro prenunciava, o Supremo mudou mesmo de posição, um cavalo de pau que seria decisivo para a história do país.

Passada a má impressão, estava lá de novo Maria batendo às portas da República de Curitiba. Pela posição em que havia se colocado, era a jornalista com mais contato com a turma de advogados que andava detonando a sentença que cravou a condenação de Lula no caso triplex. E era a mais indicada para ouvir a reação de Moro. Agora, finalmente, sozinho, sem contraposição. Ou, quase isso.

— O senhor ficou satisfeito com a repercussão da sentença?

— Eu fiquei satisfeito por cumprir o meu papel. A repercussão não me diz respeito.

— O senhor foi muito criticado durante a condução do processo. O senhor achou que era necessário usar a sentença para se defender? Nela, o senhor explica a condução coercitiva, o grampo no escritório dos advogados, a conversa entre Lula e Dilma...

— Eu não sou acusado, logo não tenho que me defender. Mas, na sentença, é obrigação do juiz responder aos argumentos da defesa. E eu só fiz isso porque é minha obrigação. Não me cabe dizer que tese eu acho pertinente ou não: se a defesa alegou, eu tinha que responder.

— Até hoje, muitos juristas divergem da sua concepção de propriedade de fato, argumentando que, no Brasil, só se transfere a propriedade por registro. Dizem que o senhor usou conceitos elásticos...

— Eu sugiro que você leia juristas melhores.

— Há muita dúvida também em relação à competência. Por que todos esses casos caem na sua mão? O que a justiça de Curitiba tem a ver com fatos ocorridos com uma empresa que é do Rio de Janeiro e um governo sediado em Brasília?

— As razões da competência foram exaustivamente explicadas nas decisões. É só ler. Mas eu te faço uma pergunta: se essas críticas são tão pertinentes assim, por que nenhum tribunal alterou a competência? O TRF, o STJ, o STF. Não tem decisão de nenhum deles dizendo que a competência está errada. Você não acha estranho isso?

— O senhor também é criticado por ter se valido de jurisprudência norte-americana, para superar a falta de referências em decisões brasileiras. O senhor concorda com essa crítica?

— Às vezes dizem que sou ignorante e não conheço o direito; noutras sou acusado de ser erudito demais. Não se pode levar a sério essas críticas.

Moro seguia à risca as recomendações que havia passado previamente à jornalista. Não responderia sobre questões intrinsecamente ligadas à sentença, pois isso era tarefa dos tribunais. Não cabia a ele fazer a crítica, e menos ainda a defesa, das argumentações que havia lançado na decisão. E, portanto, suas respostas entre o lacônico e o debochado, tinham como principal objetivo desmerecer a crítica: ela não era suficientemente relevante que o levasse a fazer argumentações maiores.

Podia ser traço de arrogância, mas também um esforço de contenção, aquele medo que juízes têm de falar mais do que precisam e se enrolar justamente por isso. Tudo estava, portanto, no script. Ele não recusou a falar como Maria supunha, à primeira vista; mas ao mesmo tempo inviabilizava a produção de uma matéria que despertasse a atenção. Com seu vocabulário que ainda incorporava o brilho dos brocardos jurídicos, Maria chamava isso de recusa qualificada: não nega entrevista, mas a desmonta.

Tudo ia conforme o esperado, até que ela tocou num ponto sensível, usou uma palavra que, aparentemente, o incomodava demais, justamente porque era o termo com que a oposição, os petistas, os "defensores de bandidos" etc, estavam pretendendo carimbar sua ação e que vinha ganhando repercussão internacional.

— O senhor considera justo dizer, como se tem dito, que existe uma perseguição judicial no caso. O que o senhor acha da acusação de lawfare?

Pode ser que tenha sido pelo uso da palavra em inglês. Até agora, quem se destacava na incorporação do léxico estrangeiro era o próprio juiz, acusado de ter sido treinado nos Estados Unidos e ser, ele mesmo, um agente disfarçado da CIA. Era ele quem fizera cursos em Harvard e trazia as novidades da legislação anticorrupção dos ianques. Talvez fosse pela singeleza do slogan – publicitários sabem da extrema facilidade que é divulgar uma causa quando o termo é bem escolhido. Talvez porque isso já estivesse a trafegar fora do país, e ele não queria ter a imagem arranhada, nem que fosse à distância.

— Isso sim é uma coisa grotesca. Esse pessoal que não quer saber de direito, que não quer saber de Justiça, que não admite que a Justiça possa funcionar também contra os poderosos, que não querem avançar, não querem aprender, não querem eficiência, querem apenas a Justiça travada, como ela sempre foi, esse pessoal agora se reúne para usar uma palavra que nem sabe o que significa. Mas é mais fácil para fazer propaganda, né? Não tem que pensar, não tem que estudar, não tem que conhecer o direito. Se seu cliente foi condenado, se seu político está respondendo a processo, já tem a desculpa pronta: lawfare. Isso é uma redução de debate, uma propaganda política, uma desculpa esfarrapada, e me estranha muito que um jornal sério como o seu possa levar esse tipo de argumento, nem argumento é na verdade, mas esse tipo de pretexto em consideração. Acho que já acabamos, não é mesmo?

Maria se esforçou para recolocar as coisas nos devidos lugares, e disse que sua função era justamente a de ouvi-lo para rebater esses argumentos. E que, por óbvio, o jornal não pode fechar os ouvidos as críticas, mesmo quando reconhece seus interesses e sua insuficiência. E que ninguém poderia rebatê-las melhor do que ele, que tinha, como sabia, amplo espaço para manifestações, por artigos ou entrevistas. E fez uma última pergunta para deixar claro que era ela que dizia quando a entrevista terminava:

— Quais são os próximos passos?

— O próximo passo é a imprensa parar de dar tanta importância às críticas à minha pessoa e acompanhar os recursos que são julgados nos tribunais. Aí vai ficar claro se isso tudo é uma coisa de Sérgio Moro ou a forma como a Justiça age quando recebe uma denúncia fundamentada e não tem preguiça nem compromissos que a impeçam de decidir.

Seguiu-se uma breve explicação da assessora de imprensa lembrando que Moro havia sido muito justo e equilibrado e não decretara a prisão de nenhum réu, a despeito do volume de provas arrecadado, e que a isto não se estava dando o menor destaque. E a lembrança da posição que o Supremo chegara em relação à prisão em segundo grau.

A tônica das últimas respostas levou Maria a concluir que devia prosseguir viagem a Porto Alegre, onde seria jogado o próximo e mais importante lance deste jogo. Pediu e recebeu autorização para fazê-lo.

— Isto também se passou em Porto Alegre. É difícil, para mim, discutir numa aula de direito; chego a ter medo de que os alunos reconheçam isso como direito e aí todo o esforço de pensamento estará arruinado. Talvez fosse melhor esconder determinadas passagens, na esperança de que elas nunca sejam encontradas, e não se corra o risco de fazer com que a crítica alimente o próprio absurdo...

Camilo falava sem parar e seus alunos, como sempre, divididos entre prestar atenção profunda e entender o raciocínio na hora, ou ir anotando para captar as sutilezas depois, com mais tempo. Como já vinha acontecendo há alguns meses, as salas estavam lotadas além das carteiras. Corria um boca-a-boca entre alunos da Sanfran, e até de fora dela, que as aulas de Camilo eram verdadeiros rojões endereçados à Lava Jato e eram um lugar, como poucos, em que os estudantes e militantes podiam se armar para a crítica que, de forma panfletária, já faziam sem tanto argumento. Camilo era o nome do momento na contracultura do direito e chapiscar uma outra frase dele para inserir em um artigo ou discussão parecia ser bem interessante. Ele nunca se incomodou muito com as listas de presença, quando o seu preenchimento parecia superior aos dos alunos, menos ainda quando, com casa cheia, era até difícil que seus próprios alunos conseguissem lugar para sentar. No fundo da classe, um jovem barbudo de camiseta vermelha, com um dizer qualquer subrevolucionário, anotava frase após frase e, vez por outra, tirava uma foto da sala e do professor.

— Vejam só. Para dizer que Moro não cometeu irregularidade ao divulgar o áudio da conversa entre Dilma e Lula, para impedir até mesmo de que se abrisse um processo para investigar a ilicitude, o que fez a Corte Especial do Tribunal Federal do Rio Grande do Sul? Arquivou a representação contra Moro por um expressivo placar de 13 a 1. E qual foi o argumento do voto condutor? Um caso inédito, como a Lava Jato, admite soluções excepcionais, também, inéditas. Em resumo, por ser um caso excepcional, os desembargadores admitem que sejam tomadas medidas excepcionais. Eu não sei exatamente no que a Lava Jato é, juridicamente, um caso inédito – até porque o ineditismo não costuma ser um critério para a aplicação da lei. Ninguém sabe dizer com precisão que casos como esses nunca existiram. Mas, enfim, ainda que a Operação Lava Jato pudesse ser "inédita", o que seriam essas tais medidas "excepcionais"? Essas medidas seriam excepcionais porque não teriam sido previstas, ou seja, não estão na lei. Então o que a Corte Plena do tribunal quer dizer é que se estivermos diante de um caso inédito, excepcional, diferente, nós podemos aceitar soluções também inéditas, também excepcionais, também diferentes, ou seja, decisões que não estão na lei. A questão toda é de saber a quem cabe dizer que determinada situação é excepcional e, portanto, não se precisa aplicar a lei? Essa pessoa que puder dizer isso certamente estará acima da lei.

Nesses momentos, a comunidade de alunos mal pisca, com receio de perder alguma referência. E era exatamente nas referências que a aula ganhava o seu brilho.

— Apensas para lembrar de um autor que ficou muito famoso discutindo justamente essa questão: para Carl Schmitt, era a consciência do povo que indicava quando a lei devia ser excepcionada. E consciência do povo, para ele, era o Führer... e a gente sabe muito bem no que isso foi dar. Não em palavras ásperas, mas em campos de extermínio. Mas aqui vou chamar a atenção de outro autor que estudou muito o estado de exceção, aquela situação em que, por diversos motivos, a lei não deve ser aplicada. Giorgio Agamben fez uma crítica profunda, a partir de referências romanas, para a situação em que o direito é congelado e, portanto, a situação permite que ele simplesmente não seja empregado. Mas ele fez uma crítica, não uma justificação. Pôs a nu não só as origens do estado de exceção, mas como o direito vai, sorrateiramente, normalizando isso. E quem é que a gente encontra na fundamentação dessa decisão do Pleno do Tribunal gaúcho, que arquivou a representação contra Moro? Ele mesmo, Giorgio Agamben. Ele está citado por Eros Grau, mas está lá: "Diante de situações como tais o juiz aplica a norma à exceção 'desaplicando-a', isto é, retirando-a da 'exceção [Agamben 2002:25]". Para quem não leu, ou leu e não entendeu, Agamben está criticando o emprego da exceção, que é exatamente aquilo que os desembargadores resolveram fazer: sim, tem uma lei, mas a situação é de tal forma inédita que se admitem soluções excepcionais, ou da exceção, ou seja, fora da lei. Isso é mais ou menos como usar Michel Foucault para dizer: tá vendo ele disse que era vigiar e punir, então está liberado.

E a classe gargalha, porque, de fato, ninguém poderia supor que um juiz fosse usar a constatação crítica da estrutura do poder como uma forma de justificá-lo. Mas era exatamente que se fazia com Agamben.

— O que o tribunal fez foi dizer: essa coisa é tão diferente que não precisa aplicar a lei. Pode tomar umas medidas diferentes mesmo. Mas não é exatamente o que se está dizendo em relação à Lava Jato como um todo? Que as peculiaridades dela permitem o que normalmente a lei não permite? A questão é só decidir: quem vai ser o nosso Führer que vai tomar essas decisões?

A classe o aplaudiu efusivamente quando a aula acabou, o que, de certa forma, mostrava que tudo se passava mesmo sob uma situação excepcional. Na vida real, professor nenhum era aplaudido, tanto mais Camilo que, a par de um fã-clube militante, granjeava uma multidão de desafetos. A contundência de suas aulas, a abertura para alunos de fora, o momento de grande ebulição, tudo isso tornava a situação, digamos, inédita.

O aluno barbudo de camiseta vermelha saiu um pouco antes da sala, esperando o professor na porta, como quem pretende tirar alguma dúvida em particular. Mas não chegou a se aproximar, seguindo-o com os olhos primeiro, e depois, no caminhar, até que o professor saísse da faculdade e tomasse um táxi.

Ele voltaria a assisti-lo uma vez mais na sede do Sindicato dos Advogados, onde foi encontrá-lo, numa "roda de conversa" sobre a Lava Jato. Três horas de um debate cansativo, porque não só não havia limite de tempo, como havia muitas intervenções da plateia nas perguntas que viravam longas considerações. Mas ele ficou até o fim, e um pouco mais, quando o pessoal se reuniu em um bar e ele pôde acompanhar, a uma certa distância, sozinho, Camilo pegando outro táxi.

Foi só na última vez que resolveu registrar o encontro e dar por encerrada sua missão. No fundo da sala, com um bonezinho do MST, estava com a mão livre de anotações, mas elas foram rapidamente ocupadas pelas palmas que eram mobilizadas com a chamada dos oradores e ao final de cada fala. Quando Camilo encerrou, entoando, novamente, as palavras de Unamuno ao general franquista, enfatizando o "não tendes nem razão nem direito", já se preparou para sair da sala. Antes que conseguisse ganhar o saguão, foi compelido a pegar o celular e tirar uma foto do professor que, no esforço de se desvencilhar da multidão, acabara de ser alcançado por uma mulher. Como o ângulo não era dos melhores, sua visão era apenas de trás, o jovem saiu pedindo licença aos gritos e cotoveladas para chegar à porta da sala estupidamente lotada da PUC. Com atraso, porque parou atrás de um homem enorme que o bloqueou com seu corpo, enquanto pedia autógrafos e tirava selfies.

Quando, enfim, se libera, nem Camilo nem a mulher estão mais à sua vista. O que parecia ser uma derrota fragorosa, torna-se uma oportunidade ainda melhor, porque consegue vê-los da varanda do terceiro andar, caminhando pela rua Ministro Godoy. Ele corre de volta na porta da sala, e adquire um livro que será o seu ingresso. Passou por dois bares até encontrar o casal no terceiro, sentado na mesa exterior. Ele com uma long neck, ela com uma coca zero.

— Puxa, professor, que sorte. Tentei conseguir a sua assinatura lá no evento, mas estava muito difícil de chegar até o senhor...

— Olha, eu já vi escritor fazendo sucesso, mas sendo perseguido por leitor, não é assim tão comum...

— Hahaha, professor, eu já tinha desistido e marquei com a minha namorada de tomar uma cerveja. Aí vi o senhor aqui, o senhor se incomoda de me dar um autógrafo?

— Se você teve tanto esforço, como é que vou dizer não?

O boné do MST parece ser uma senha de segurança. Nestes tempos polarizados, travar conversa sobre política em um bar era sinal de perigo.

— Luis Carlos, professor - diz o rapaz, enquanto Camilo busca a caneta para lançar a assinatura, debaixo de uma saudação ligeira.

— O senhor é meu aluno, desculpe a pergunta, mas lembro de sua cara, mas não de seu nome...

-Não, estive em uma aula na SanFran e gostei demais. E quando vi que o senhor vinha para o lançamento do livro, aí que me animei em comprar...

Camilo devolve o livro autografado e antes que possa voltar à conversa com Maria, o rapaz ainda implora por uma selfie. Maria se voluntaria para tirar a foto, mas ele diz que tira sozinho. Se coloca ao lado do professor e deixa um espacinho atrás para que a própria Maria, sem saber, também saia na foto. Agradece, pede desculpas, e sai do bar o mais rápido possível, esquecendo-se até do "encontro com a namorada".

Assim que atravessa a rua, manda a foto pelo zap.

Feito.

Arthur só ficou sabendo que Maria estava de volta de vez a São Paulo quando se reencontraram, em casa, depois do breve almoço em Brasília. Havia uma razão para a gangorra: ele chegava em Brasília pela posse de Michel Temer, enquanto ela havia ido a Capital para cobrir o processo de afastamento de Dilma Rousseff. Aquele maio, portanto, inverteu as posições. Ele até entendia isso, mas a coincidência foi tão justa, tão imediata e tão de surpresa, que chegou a passar pela sua cabeça que ela tenha decidido voltar assim que soube que ele ia para lá. O afastamento era uma questão profissional, ela jurava, mas algo na relação parecia ter se esgarçado, tamanho foi o desinteresse em voltar pra casa nos finais de semana. E até mesmo as conversas pelo telefone tinham se tornando cada vez mais distantes. E quando achou que finalmente iam voltar a ter uma vida regular de casal, o distanciamento permaneceu.

Tudo isso mexeu um tanto com Arthur, ainda que tivesse mantido um comportamento suficientemente alheio a qualquer conspiração, tanto que preferiu encontrá-la antes no restaurante, do que surpreendê-la em sua casa. Mas vai daí que a decisão aparentemente abrupta de Maria de voltar para São Paulo acabou por fazê-lo conhecer seu apartamento. Ficou com a incumbência de contratar uma faxineira, recolher o que restou de pertences da esposa e entregar a chave à imobiliária.

Havia poucas roupas e objetos de Maria no apartamento. Recolheu em uma mochila, enquanto esperava para abrir a porta à faxineira. Separou o que era de geladeira, e ainda estava apto para consumir, para que a própria diarista levasse em uma sacola térmica. E assim que deu as instruções, preparou-se para começar o seu expediente. Fugiu da tentação de olhar mais de perto lençóis e toalhas, que seriam depositadas numa mala que deixou sobre a cama. Mas não resistiu a conferir um cinzeiro repleto, por supor que Maria pudesse ter voltado a fumar maconha – o que fazia, muito raramente, nos momentos de tristeza. Era uma ação de cuidado, de proteção, de carinho, repetia para si mesmo, até que concluiu que o cinzeiro estava cheio de cinzas de tabaco e pontas de cigarro, que ela jamais consumia. Podia ser de uma amiga, mas não tinha marcas de batom; ou, enfim, sei lá, quem sabe uma fonte em uma reunião muito secreta. Arthur saiu de lá sem concluir nada e a falta de conclusão, como era normal, levou o membro do Ministério Público a prosseguir nas investigações.

Elas não foram profundas, nem tão invasivas, quanto um agora ocupante do Ministério da Justiça podia fazer. Mas também não tão inócuas, porque há certos mecanismos que uma vez colocados em funcionamento, dificilmente estancam por conta própria. O ciúme era um deles.

Ele conseguiu uma segunda via da conta do celular de Maria e por uma intuição quase despretensiosa, foi lá que identificou uma multidão de interurbanos dirigidos ao mesmo celular. Achou curioso o fato de que se ambos estivessem em São Paulo, os contatos nem seriam identificados. São esses golpes de sorte que costumam levar as investigações adiante, refletiu. Ele ruminou por mais de uma semana, antes de buscar saber quem era aquele contato tão frequente. Tão parceiro, em horas das mais inimagináveis. O anjo da guarda lhe estimulava a pensar que se alguém falava tanto ao telefone com outra pessoa é porque não estava suficientemente perto dela; o diabinho de sua consciência, ao contrário, berrava que um volume tão grande de ligações mostrava ainda mais do que um contato superficial de uma noite de tristeza e solidão.

Não teve dificuldades de encontrar a cara metade que dividiria com ela, pelo menos as angústias, mas muito provavelmente também os carinhos. E a resposta ao mesmo tempo que lhe parecia estar a seus olhos, de outro lado o espantava profundamente. Na real, jamais pensou que o apego de Maria ao ex-professor pudesse ter algo mais do que uma reverência intelectual. Já tinha ouvido algo muito superficial acerca de Camilo, mas vasculhou um pouco mais, nos contatos com amigos veteranos, até se inteirar do escândalo da aluna que aprovara numa bolsa de estudos, no meio de um affair. O conflito de interesses, a hierarquia misturada com sexo, componente do assédio, estiveram presentes e, portanto, na linha dos antecedentes que entregam os criminosos, dissipou suas dúvidas.

Incrivelmente, porém, na segunda separação profissional, ele e Maria ficaram muito mais próximos. Ele voltava a São Paulo toda sexta-feira. Ela o visitara em alguns meios de semana, e sim, voltaram a falar freneticamente pelo telefone, quase como um ritual. E detalhe ainda mais incisivo, Maria retomou, por conta própria a ideia da maternidade e começaram a fazer planos para o futuro regresso de Arthur para casa.

Por tudo isso, Arthur arquivou suas suspeitas. Não por entendê-las indevidas, mas por reconhecê-las superadas. E, no segundo tempo do relacionamento, elas já não tinham mais muita serventia. Isso teria ficado acobertado na poeira do esquecimento, nas cinzas do perdão, não fosse um fragmento de conversa que, de passagem, ouviu de Maria, falando com sua chefe de reportagem. Até então, especulou que eles pudessem ter vivido um amor de verão, tão intenso quanto descartável. É chato, é desagradável saber. Mas o que fica no passado, no passado está.

Mas quando ele ouviu algo como "deixa que eu falo com Camilo", intuiu que talvez não tivesse ficado tão no passado assim. Os dois já estavam em São Paulo, já eram cúmplices de uma dupla gravidez, e Arthur imaginou que tão cedo não voltaria a ouvir o nome de seu provecto professor. Sim, a idade avançada de Camilo o deixava ainda mais atônito, e desconfiado de seus próprios atributos e a capacidade de fazê-la sentir prazer. A própria luta pela gravidez havia acendido uma nova etapa sexual do casamento, o que lhe deixara ainda mais atônito.

Foi nesse momento, nessa mistura de raiva ressuscitada e de masculinidade tóxica, que, a par de todos os indícios que viviam uma segunda lua de mel, ou talvez exatamente por isso, resolveu tomar uma pequena e profilática providência.

— Não quero que faça uma procura tão exaustiva nem que o siga por todo o lugar. Essas coisas costumam deixar marcas. Acompanhe o professor em locais públicos, primeiro. Vamos ver se podemos descartar essas bobagens de que ouvi falar.

Luisinho era um investigador de polícia que reunia eficiência e discrição, que Arthur conhecera do tempo em que ele ficou designado para ajudar os promotores. Ele tinha um enorme apreço pelo ex-chefe, que intervira, com sucesso, para que conseguisse mudar de delegacia, quando voltara, de fato, aos quadros da polícia.

— Obrigado, patrão, estou lhe devendo uma – disse Luisinho na despedida.

Foi essa dívida que Arthur decidiu cobrar, acrescida de uma pequena caixinha para as despesas, que Luisinho rejeitou a princípio, mas acabou aceitando. Ele estava certo que Arthur só queria tirar essa suspeita que alugara um triplex na sua cabeça. E, portanto, nem fazia tanta questão de uma vigilância profunda, destinada a virar a vida do professor de cabeça para baixo. Era mais algo que pudesse dizer: é, isso ficou mesmo no passado.

Luisinho deixou a barba crescer um pouco mais e se guarneceu de um guarda-roupas mais apropriado para se aproximar do professor comuna. Camisetas vermelhas, boné do MST e palavras de ordem na ponta da língua. Para o desespero do chefe, Luisinho disse que até estava gostando de ouvir as palestras de Camilo. Surpreendeu-se ao descobrir que ele falava mais mal de promotores e juízes do que de policiais mesmo. E entendeu que toda a revolta contra a Lava Jato estava poupando seus amigos da Federal. Nos relatórios, enfatizava o fato de que ele era bastante querido pelos alunos e seguidores, o que, no fundo, apenas acrescentava à ideia de sedução uma dose sentida de realismo.

Quando mandou o selfie do encontro no bar para Arthur, perguntou secamente a ele: continuo?

Mas o procurador de Justiça achou que já estava suficiente. Agora era hora dele decidir o que, e como fazer.

Diversamente da recepção desconfiada e das respostas vazias de Moro, o desembargador Thompson Flores, presidente do Tribunal Regional Federal, com sede em Porto Alegre, foi simpático, acolhedor e não se furtou a responder nenhuma pergunta. Nem economizou nas respostas. Depois de cinco minutos de conversa, Maria já tinha um lide para a entrevista: "Presidente de tribunal diz que sentença de Moro é irrepreensível e vai entrar para a história". O que lhe sobrava de disposição, faltava em cautela. Melhor ainda, pensou Maria, esse é um tipo de entrevista que tem reclamação, tem repercussão e tem continuação.

Juridicamente, o papel do presidente do Tribunal é nenhum em relação à turma julgadora. Não há hierarquia na jurisdição e nada do que ele dizia podia ser incorporado à decisão dos três desembargadores que julgariam os recursos. Mas, do ponto de vista político, criava-se o clima de que a sentença era de respeito, de valor jurídico inquestionável e que, ainda, marcaria história, que eram exatamente os atributos que a mídia se esforçava para emplacar na decisão de Moro: cultura jurídica e ineditismo, parafraseando o próprio réu, da categoria do *nunca visto antes na história*.

Não se podia descartar a possibilidade de que a entrevista pudesse ajudar a decisão de algum ponto eventualmente mais delicado: a predisposição do sistema judicial a reconhecer o acerto acaba funcionando indiretamente como uma pressão aos divergentes. Mas ainda que isso não fosse necessário, ou seja, que os desembargadores pensassem a mesma coisa, o prestígio conferido à decisão atuava no sentido de limitar a crítica. Não, não podia ser verdade que ele estava errado se todo o ambiente judicial pensava mais ou menos a mesma coisa. Para completar, aceitou a provocação de Maria para dizer que a Lava Jato prestou um inequívoco serviço ao país, mostrando que "o Brasil chegou a um nível inaceitável de corrupção".

Elegante, culto e com antepassados historicamente conhecidos. Leitor voraz e poliglota. O desembargador expelia cultura e refinamento por todos os poros. Mas também escorregava na própria ambição. Quando disse a ela que desconhecia as provas dos autos, sua avaliação acerca da sentença que faria história se tornou um pouco menos relevante. Quando se deteve a elogiar as chamadas "provas indiciárias", mostrou que, no fundo, não acreditava muito na propalada robustez probatória. Ninguém fala na força dos indícios quando está diante de um festival de provas. Por fim, a afirmação de que Moro afastou muto bem as questões preliminares, notadamente, ele frisou, os questionamentos sobre sua suspeição, saberemos depois, não amadureceria muito bem.

O mais relevante, disse Maria à sua editora, ele teria falado em off. Com o gravador desligado.

— É óbvio que eles vão apertar o passo para julgar. Aqui é matar ou morrer, porque se atrasa, vão dizer que agiram em benefício do réu. Melhor ser criticado por fazer do que por se omitir.

Maria começou a achar que havia possibilidade de Lula ser preso até o final daquele ano. Mas ainda não quis levantar essa lebre. Como muitos no jornal achavam, o público ainda não estava preparado para isso.

— Vamos esperar que isso saia formalmente das autoridades, e que não pareça simplesmente uma ambição, lhe indicou a chefia. Ainda que fosse, emendou aos sorrisos.

— Os homens fazem sua própria história, mas não a fazem como querem; não a fazem sob circunstâncias de sua escolha, e sim sob aquelas com que se defrontam diretamente, legadas e transmitidas pelo passado.

Camilo achou que era pertinente começar com Marx, no 18 de Brumário. Talvez pudesse emendar que a história se repetia duas vezes, como dizia Hegel, mas a segunda como farsa. Mas o que queria chamar a atenção de seus companheiros era para o fato de que as armadilhas da história é que nos faziam compreender e transformar a realidade. É justamente quando as derrotas nos abatem, que temos mais capacidade de entender o mecanismo que as põe em movimento e, a partir disso, reagir. E era, mais do que nunca, a hora de reagir.

— Agora, nós entendemos que não basta ter uma Constituição democrática. Que não adianta nos pendurar em vitórias antigas, porque todas as conquistas sociais só são mantidas quando as forças sociais que a determinaram permanecem em vigília. Para as classes populares, não há fim da história. Ela é reescrita a cada momento. Cada degrau que avançamos pode ser, e em regra será, objeto de ataque assim que o consideremos seguro. E é exatamente agora, que a gente constata que essa estrutura supostamente infalível, essa democracia liberal na qual nos escoramos pode ruir como um castelo de cartas, um edifício construído no pântano, que a gente entende melhor como isso funciona. É nesse momento que a gente deve aprender a conhecer as estruturas que deverão ser erguidas, e suportadas, para que não desabem sobre nossas cabeças novamente. Essa tranquilidade arrogante, que nos fez supor que, no fim das contas, algum parágrafo da Constituição ia impedir que Dilma fosse deposta ou que Lula seja condenado. Mas nem que existam vários parágrafos, incisos, artigos e até cláusulas pétreas. Até as cláusulas pétreas desmancham no ar. Nada disso será seguro, se não houver forças sociais que impeçam o seu desprezo.

Camilo normalmente estava de terno e gravata em eventos nos quais tomava a palavra; um paletó, quando mais informal. O dia claro, o tempo quente do Rio e o ambiente de explícito companheirismo permitiram que se apresentasse de calça jeans e uma camiseta polo. O dia estivera tão limpo que foi fácil se perder na floresta que circundava o prédio na PUC, no Rio de Janeiro, nos calcanhares da pedra da Gávea. Pôde sentar-se à beira do riacho, receber o delicioso vento na cara que moderava o calor carioca e encontrar a sua turma no vão que dá acesso ao prédio principal. Era como tantos outros dias nesses tempos bicudos, um dia de festa em meio a um ambiente de pesar.

— Professor Camilo, que felicidade. É um enorme prazer revê-lo.

— Taninha, minha querida. Estava com saudades.

— Brasília não é a mesma sem o senhor.... você, desculpe...

— Brasília não é a mesma sem Dilma, não é? Depois que ela saiu e do jeito que ela saiu, eu não senti muita vontade em voltar pra lá. Mas quero dizer que adorei o contato com os meus alunos senadores...

— Eles mais ainda, professor. Até hoje, me perguntam se não podemos trazê-lo para uma roda de conversa ou só um bate-papo. Eu só respondo o que me disse...

— Que tão cedo não volto a Brasília.

— E, se Deus quiser, nem tão tarde.

— Vocês estão todos de parabéns, esse encontro é tudo de bom.

— Nós todos, professor. Nós não teríamos conseguido isso sem a ajuda de vocês.

Isso, no caso, era a fundação da Associação Brasileira de Juristas pela Democracia, reunindo advogados, operadores do direito, professores, estudantes e agregados. Gente de literalmente todos os Estado do Brasil e que, juntos, demonstravam uma força que até então o conservador e tradicional meio jurídico jamais soube revelar. Paradoxalmente, o fundo do poço havia despertado muitos para a reação. Sérgio Moro e companhia eram responsáveis por essa reunião tão expressiva.

— Há uma coisa que é importante. Não, mais do que importante, crucial. Aqui, nem todos podem fazer as críticas que desejariam. Muitos podem, mas sua voz não ecoa. E tudo faz parecer que, como os absurdos passam sem contestação, que são fatos normais. Mas aí é que está a força da organização. Vamos dar voz a quem, sozinho, não pode falar e, principalmente, a quem, falando, não pode ser ouvido. Nós temos diferenças de concepção, muitas divergências de estratégia, e eu prevejo reuniões intermináveis para fazer o consenso progressivo funcionar. Mas todos esses problemas são fichinhas perto das soluções que podemos encontrar com a organização. A representação de juízes que violam a lei, a proposição de temas ao Congresso, notas de repúdio a violências e campanhas de mobilização. O mundo do direito nunca mais será o mesmo depois deste fim de semana.

E o auditório, como já era praxe em quase todos os lugares em que Camilo abria o berrante, veio abaixo em aplausos. Ele sabia bem das dificuldades, estava orgulhoso de ter apresentado uns a outros, e de ter assinado, assim que pôde, o livro de filiação. Mas sua participação não se esgotaria no apadrinhamento, pois ele seria um dos mais ativos, sobretudo, na imposição de notas e representações, inclusive aos Conselhos Nacionais de Justiça e do Ministério Público, no cerco intransigente e ininterrupto aos pontas de lanças da Lava Jato.

A primeira das providências foi um repúdio do tamanho do destaque que a entrevista do presidente do Tribunal gaúcho tivera nos jornais da véspera. Era preciso marcar em cima, mesmo criando o clima do desagrado. Cada um que se atrevesse a abrir politicamente o caminho da Lava Jato devia ser política e juridicamente cobrado. Não como vingança, mas como uma forma de impor condutas minimamente cautelosas, para que ninguém se sentisse livre a esse ponto de ir elogiando sentença de processo que não leu, ou dando ao julgamento um crédito desmesurado.

À custa disso, lá foi ele ouvido mais uma vez para repercutir a matéria de Maria:

— Você já sabe como eu vou começar, né:

— Isso é um absurdo eu já coloquei......hahahaha

— Muito importante, apesar de lamentável, a revelação feita por esta Folha, na edição de ontem. Por ela soubemos que o presidente do Tribunal, que admitiu não conhecer os autos, acha a sentença de Moro irretocável, muito bem fundamentada e, mais, que vai fazer história. É uma pressão indevida sobre os julgadores, e uma análise de processo que, como todos sabem, não pode ser feita por outro magistrado. Mas chama a atenção na entrevista o esforço de louvar a validade dos indícios, que é o que se faz sempre que faltam as provas. Isso ele conseguiu identificar de longe, mesmo sem conhecer o processo. Não tenho dúvidas que esta vai mesmo ser uma sentença histórica. Mas não por bons motivos...

— Irretocável, vai fazer história essa declaração....

— Sim, a começar pelo fato de que já não falo por mim.

— Ok, ok: disse o professor Camilo Mascarenhas, em nome da Associação Brasileira de Juristas pela Democracia. Está bom assim? Tá meio fidalgo, parece o próprio Thompson...

— Eu só não te mando ir pra aquele lugar, Maria, porque talvez eu ficasse com vontade de te acompanhar...

— Beijos, me liga.

— Notícias de Brasília?

— Julga em janeiro, segundo me disseram.

— Alguma chance de absolvição, você acha?

— Nenhuma. Lula está fora da eleição.

— Você sabe o que isso significa, né, Arthur?

— Que o PT não deve voltar ao poder tão cedo.

— Do jeito que as coisas andam, nem Jesus Cristo se voltasse à Terra e se dissesse candidato do PT tinha chance.

— Será que os tucanos emplacam, agora?

— De jeito nenhum. Aquela gravação do Aécio deixou o PSDB totalmente sem chances.

— É só o Aécio...

— Não, o Eduardo Azeredo no mensalão; o Aécio na gravação da JBS. Eles não foram simples membros do partido, foram presidentes.

— É, pode ser. Sei lá quem ganha com tudo isso...

— O nome é Bolsonaro.

— Pelo amor, Jaques. Ele é tudo de ruim...

— É por isso que vai ganhar. Essa é a hora da virada. Os que eram bons, tido por bons, ficaram todos marcados. A hora é de quem vem de fora da política.

— Mas ele não vem de fora, vive da política há décadas.

— Mas é tão inexpressivo na política, que parece ser de fora. Ninguém identifica ele como o sistema. Ele é o cara que luta contra o sistema, porque o sistema não funciona.

— Ele é um projeto de ditador.

— É verdade. Mas os ditadores aqui sabem conviver na democracia. Veja o Getúlio. Foi ditador, caiu, voltou na democracia, eleito. Aqui as coisas são assim, ninguém é tão marcado para o resto da vida...

— Jaques, nem os militares gostam dele.

— Não gostavam. Ele era sindicalista e queria fazer o diabo pra receber aumento. Aí deram uma gelada nele. Mas os amigos dele estão no poder agora. E depois da passagem de Dilma, militar não confia mais em civil. Ele já não é o patinho feio lá nos quarteis não.

— Mas é aqui fora, né?

— É. Mas você conhece o ditado, né? Quem ama o feio, bonito lhe parece.

— Cacete, Jaques, e você ama o feio assim? É para tanto?

— Lógico que não. Mas quero estar bem posicionado. Porque o governo do PT sai em crise com a sociedade. Então, é bem provável que o eleitor queira um presidente que, com toda a certeza, não vai compor com Lula. E estar bem posicionado é escolher o lado antes que todo mundo escolha. Quem chegar primeiro, vai sentar na janelinha. Quem chegar depois, entra onde couber.

— Olha, Jaques, confesso que me custa acreditar que você vai votar no Bolsonaro.

— Você não está pronto para essa conversa. Mas a verdade é que *você* também vai votar no Bolsonaro...

— Pelo amor de Deus, não é isso que você vai dizer pra Maria, não é mesmo?

— Ô, louco, lógico que não. Estou dizendo para você. E é bom que você saiba, porque quando a eleição pegar fogo por aqui, este já vai ser o tema. E certamente alguém vai querer se apresentar como o bolsonarista do MP. Você pode garantir que ele não terá espaço se a candidatura decolar?

— E você imagina que eu ocuparia esse espaço?

— Não, estou dizendo que eu vou impedir que alguém o ocupe. Se eu chegar antes, você vai ter caminho aberto.

— E a minha eleição vai dar o caminho para você ganhar espaço lá dentro.

— Uma mão lava a outra.

— Já estou até me arrependendo deste convite...

— Fica tranquilo. Vai por mim. Vamos caminhar em linhas paralelas. E vamos fazer elas se encontrarem só quando a gente precisar. E a Maria, deixa comigo...

Arthur deixou. E não se arrependeu. Jaques não era um encantador de serpentes à toa. Sabia muito bem escolher o discurso de acordo com o interlocutor. Arthur estava um pouco apreensivo com o apetite do mentor, mas não propriamente com sua visão. Ele tinha uma esperteza política que o fazia se posicionar muito bem. E ao contrário do que fazia parecer, raramente se expunha e cometia jogadas arriscadas. Ele ia fazer um trabalho de bastidor, o suficiente para se manter à curta distância, mas não ser obrigado a se mostrar antes da hora. Bom, pelo menos é o que Arthur imaginava.

— Jaques, querido, que gentileza vir provar da minha comida.

— Dizem que as grávidas têm apetite dobrado. E uma chef de comida faminta nos apresenta grandes possibilidades...

— Mas é também um perigo.

— Eu pago pra ver, Maria. E, falando sério, eu que tenho que agradecer esse convite. Eneida ia adorar estar aqui, te mandou beijos e, olha, um vinho que ela mesmo comprou. Mas era a sua noite de avó e isso ela não abre mão por nada desse mundo...

— Dizem que as avós se divertem bem mais que as mães. Será que eu não consigo pular logo essa fase?

— Nesse game, a fase é obrigatória. E falo com experiência de causa: é bem difícil de transpor.

— O bichinho deve morrer várias vezes antes de conseguir, né?

— Muitas, muitas....

E a gargalhada tomou conta do ambiente antes que Maria apresentasse a comida: salada verde e um pappardelle com ragu de cogumelos que, mais tarde, Jaques repetiria com tamanho gosto que nem ela poderia supor que fosse por simples cortesia. Abriram o vinho para os homens, mas Maria, em profissão de fé por uma gravidez o mais natural possível, ficou na água com gás.

— Arthur me disse que você queria fazer uma proposta a ele sobre o futuro.

— Sim, e ele respondeu: se é sobre o futuro, faça para Maria também.

— Até parece. Não vem com muita onda que esta é uma jogada ensaiada que eu sei.

— Mas é uma repórter investigativa. Quem teria coragem de tentar enganá-la, não é mesmo?

Quem, quem, se perguntava Arthur, abismado com a capacidade discursiva do amigo, que pode até ter aumentado com as duas doses de whisky que tomaram no esquenta.

— Bom, não adianta vir com nariz de cera, que vou ser gongado.

— Isso, direto ao ponto.

— Papo reto, diria meu filho mais novo. Estou tentando convencer seu marido a se candidatar para a minha sucessão.

— Ele não é muito novo, não?

— Tem os requisitos objetivos, Maria. E se me deixar expor um pouco mais, vou convencer a ambos que tem os subjetivos também...

Se dependesse simplesmente de sua exposição, ninguém teria dúvida. Mas Arthur conhece Maria e, neste momento, o que ela está pensando é: puta merda, o cara quer ser candidato e não tem coragem de falar direto comigo. Então faz todo esse carnaval para ver se o chefe dele me convence. E sim, Maria estava absolutamente coberta de razão. E reconhecer isso era o passo mais seguro para evitar uma briga depois.

— Eu estou reticente. E do jeito que estou reticente, Jaques entendeu que jamais te convenceria...

— Ué, se você não consegue se convencer como é que quer convencer a mim? E nem precisa, né? Quem tem que decidir a candidatura é você, não eu...

— Olha, Maria. Aí vou ser obrigado a discordar. Esse é um tipo de campanha, de ambição, que não se faz sozinho. Não dá para tratar disso apenas como um passo na carreira do Arthur. Porque, querendo ou não, acaba afetando a família toda. Vai ser entrevista, exposição, às vezes críticas agudas, enfim, quando eu fui disputar, fizemos uma assembleia lá em casa. Todo mundo teve palpite.

— E foi unânime?

— Digamos que foi um consenso progressivo...

— Você demorou a convencer a Eneida?

— Na verdade, e isso fica entre nós, foi ela que demorou a me convencer. Porque eu tinha medo que podia dar muito trabalho a ela, ficar muito ausente, e tinha recusado a primeira proposta. Mas achei que devia dividir com a família. E ela foi me convencendo...

— E, no final, você deu muito trabalho pra ela?

— Até que não. É por isso que eu fiquei animado em convidar o Arthur. É menos hard do que eu imaginei. Se tivesse sido tão pesado como eu supunha, ia sugerir que ele recusasse mesmo. As crianças vão estar pequenas ainda...

— E ele vai ficar longe, não?

— Então, nem tanto. De um lado sim, a gente não tem muita hora. Pode ser chamado pelo governador, mídia, ou acontece algo muito grave no fim da tarde e sabe-se lá que horas volta.

Mas isso não acontece o tempo todo. E o dia a dia é trabalho, mas tem muita assessoria. Nossa função é tomar decisões. E muitas delas podem ser tomadas à distância. Não precisa sentar para fazer uma peça muito importante com prazo curto. Sempre vai ter alguém pronto para fazê-la pela gente, com bastante competência. Viaja, mas pouco para fora de São Paulo. Um pouco Brasília, mas Brasília, né, quem nunca...

Brasília era uma lembrança incômoda. Arthur ainda convivia com a dúvida e a incerteza. Quanto mais a gravidez de Maria avançava, mais ele se dissuadia a confrontá-la. Brasília ainda seria por um bom tempo uma pedra no sapato da relação de ambos. Ele esteve a centímetros de uma conversa definitiva, daquelas para colocar as cartas na mesa. Mas todo mundo sabe que depois que as cartas são colocadas na mesa, elas nunca mais voltam às mãos dos jogadores. E se fosse entrar em uma disputa como essa, a última coisa de que carecia era de um escândalo.

— Olha, essa decisão é do Arthur. Se ele está indeciso, deve ter bons motivos. Mas ele pode contar comigo para o que precisar. Menos, e já vou avisando, de qualquer tipo de reportagem para lhe ajudar.

— Que crueldade! Uma entrevista de página inteira é o mínimo que ele merece.

— Vai ter certamente, mas não por mim... Aliás, depois que eu voltar da licença, já decidi, vou pra Cidades, para cobrir meio ambiente. E quando puder viajar de novo, voltar à pauta indígena. Política já deu pra mim.

— Ah, eu achei que a gente ia discutir aqui se foi impeachment ou foi golpe...

— Se continuar, Jaques, você vai ficar sem sobremesa...

— Ainda dá para confiar na Justiça.

A foto correu as redes sociais e acabou sendo o mais fidedigno retrato da decisão do TRF4. Encimada com o texto:

"Os cinco jornalistas que fizeram a diferença na cobertura da Lava Jato", a postagem do Facebook exibia o sorriso incontido e a satisfação orgulhosa daqueles repórteres, em relação à decisão "que acabará levando Lula para trás das grades", como anunciava.

Um nojo, pensou Maria, assim que a recebeu pelos grupos de mensagens. Alguns jornalistas indignados pela postura pouco profissional, outros pela arrogância e a indelicadeza de não se reportarem a todos os colegas.

Mas o que a foto exibia era mais, bem mais do que uma simples torcida ou um comportamento pernóstico. Ela mostrava o quanto a mídia se comprometera com o processo, como se fizesse parte dele. Era uma comemoração de vitória, não simplesmente de dever cumprido. Não fosse a entrada de cabeça da grande imprensa no processo, é até possível que a decisão não fosse esta. Quem dizia isso, a bem da verdade, era o próprio Sérgio Moro quando, por várias vezes, agradeceu o apoio popular, sem o qual não teria chegado a seu destino.

Maria não deixava de sentir um certo alívio - a confirmação da condenação pelo Tribunal gaúcho livrava a todos da vinculação a Sérgio Moro. Eles podiam dizer agora que a decisão não estava mais lastreada na questionável figura do herói justiceiro, mas incorporada ao patrimônio judiciário, sujeita ao crivo de outra instância, superior a ele, inclusive. Mas isso era apenas uma meia-verdade, porque o empenho do juiz em ganhar a opinião pública afetava a todos, sejam os jornalistas, sejam os desembargadores ou ministros.

Maria começou a cobertura da Lava Jato vendo em Moro a figura de um lutador antissistema, que pretendia reverter a jurisprudência tradicional que encarava como uma rede de proteção aos corruptos. Entendia, como vários, que ele ultrapassava limites e tomava para si decisões que deveriam ser da lei, mas um certo sentido de justiça parecia enredar esta espécie de vingador solitário. Como aqueles policiais reprimidos pela burocracia que o cinema norte-americano adorava exibir, sendo, ao final, reconhecidos mesmo quebrando as regras. Com o tempo passando, já não conseguia mais vê-lo como rebelde de qualquer forma, e sim alguém a quem o sistema concedeu licença para quebrar regras, de uma forma extremamente seletiva.

O curioso da legenda da foto, pensou, eram a menção a si próprios como "os jornalistas que fizeram diferença". *Faz diferença* vinha a ser exatamente o nome do prêmio que a Rede Globo oferecera ao próprio Sérgio Moro – como, aliás, fizera antes com Joaquim Barbosa. Camilo costumava ironizar dizendo que, de fato, ambos mereciam a estatueta, porque, efetivamente, como magistrados, haviam feito diferente. Diferente do que a lei previa.

A turma da pesada, da foto no Facebook, havia se reunido justamente na sede do Tribunal em Porto Alegre para assistir, e logo comemorar, a condenação de Lula por 3 a 0. A frase final deixava uma indagação: ainda dá para confiar na Justiça; mas e na imprensa?

A essa altura, o resultado já era previsível, e como havia adiantado à sua chefia, a celeridade no julgamento também. Era preciso terminar um trabalho que havia sido começado e que não podia ficar pela metade, como seria se Lula ainda pudesse concorrer à presidência. A absoluta convergência da turma julgadora em relação aos argumentos e às penas que todos fixavam de forma unânime; e a velocidade do próprio julgamento, sem comparação com a média dos processos no tribunal, incluindo aqueles da própria Lava Jato, indicavam que as discussões acerca da legitimidade da decisão colegiada ainda iam dar muito pano pra manga. Mas nessa hora é que Maria entendeu, com ainda maior profundidade, o porquê da luta pela prisão em segundo grau ter sido a mais feroz batalha do meio jurídico, e a que mais envolveu a mídia.

Mandou mensagem a Camilo, menos para entrevistá-lo do que para compartilhar um afeto. Não imaginou que fosse receber uma resposta diferente da que veio, em poucos instantes:

— Um soco no estômago.

Como Camilo diria mais tarde, nas conversas travadas no grupo de uatz dos criminalistas, os desembargadores resolveram dobrar a aposta. Não apenas mantiveram a condenação, como ainda aumentaram as penas. De nove anos, a sentença de Lula pulou para mais de doze. Não havia concessões – exatamente porque não podia haver. Todos os pilares duramente questionados na sentença foram legitimados pela instância superior: a vara era competente, Moro não agira com parcialidade, as provas eram suficientes, a infração grave é que merecia uma pena ainda maior. É certo que isso só foi possível porque a acusação também recorreu. Mas ficava no ar quase uma advertência: ousar combater o sistema inclui ser obrigado a suportar sua pesada resposta.

A partir de agora, estava claro, mesmo a luta jurídica seria realizada em várias frentes. Havia uma certa convicção de que só o Supremo podia inverter a situação e só uma mudança radical na temperatura e pressão da sociedade sobre o caso podia inverter a posição do Supremo. O Tribunal ainda estivera extremamente dividido acerca da possibilidade da prisão em segundo grau. A acusação apostou na mudança de entendimento, justamente quando a questão jurídica parecia mais assentada. A mudança do STF, no mesmo contexto do processo de impeachment de Dilma, era uma mostra de como a jurisprudência dançava de acordo com as expectativas e pressões sociais. Esse era o caminho, tinham concluído os membros do grupo Prerrogativas, portanto, esse era o objetivo. Ainda que alcançá-lo, diante de um Judiciário conservador e extremamente satisfeito com a decisão desta tarde, ia ser nada menos que penoso.

Quem podia dizer melhor da satisfação dos juízes era Arthur, que acompanhara o julgamento ao lado dos desembargadores da 13ª Câmara Criminal, já que as sessões de ambas as cortes se sobrepuseram.

— Agora sim, quero ver aquele pessoal que passou meses dizendo que era tudo da cabeça do Sérgio Moro.

— Uma sentença irretocável. Moro até fixou a pena baixa demais, mas o pessoal que entende achou que podia anular tudo. Deram-se muito mal.

— Isso é importante para valorizar o trabalho de todos os juízes. Mostrar que a gente não condena ou absolve apenas porque a opinião pública quer. A sociedade quer. Mas ele só foi condenado porque tinha prova. E quanta prova...

Uma a uma, as manifestações eram todas de júbilo. A maioria delas no café, servido no intervalo, mas o presidente fez questão de levar o tema ao público, quando a sessão retornou:

— Quero aproveitar a oportunidade e fazer o registro de que, na data de hoje, foi mantida a decisão condenatória do Sr. Luiz Inácio Lula da Silva e outros, que fora julgada pelo juiz Sérgio Moro. Juiz esse que foi fortemente atacado pelos seguidores do ex-presidente, pelos petistas e por juristas, juristas não, homens do direito que haviam optado por um endeusamento do ex-presidente. Para todos esses o nosso recado: quem quer que tenha cometido crimes vai ser processado e julgado, independentemente da posição ou cargo que ocupem. O Judiciário com medo de político bandido acabou hoje.

Como, de todos, Arthur era o mais próximo da turma da Lava Jato, pela via da força-tarefa da acusação, foi estimulado a falar algumas palavras, o que só fez a contragosto, para não fazer desfeita. Foi econômico e desapaixonado. Brindou, apenas, aos procuradores da República que empreenderam a investigação e o processo, com enorme competência. E que não se conformaram com a sentença, porque entenderam, e sabemos agora que estavam corretos, as penas tinham sido fixadas em patamar muito baixo.

Alguns advogados aplaudiram, outros mostraram desaprovação, mas no geral, mais importados com seus próprios processos, a maior parte deles fez cara de paisagem, esperando que o julgamento não atrasasse demais em face destas manifestações.

Arthur esperou até o final da sessão e um pouquinho depois, certificando-se que não havia mais advogados ou estagiários na sala, para dar conta de seu incomensurável atraso:

— Presidente, se o senhor me permite, eu queria aproveitar esse momento para lhe dar uma resposta. Eu queria dizer que o convite de Vossas Excelências me deixou profundamente lisonjeado e eu tive que pensar muito sobre o que fazer. Mas, eu me decidi, conversando com os colegas mais próximos e atendendo a um apelo do atual procurador-geral, que vou colocar meu nome à disposição na próxima eleição. Eu estava quase me convencendo que entrar pelo quinto ia ser mesmo um grande futuro. Mas eu ainda tenho um tempo de carreira pela frente, para que possa mudar de ideia. Eu peço a compreensão dos senhores, e também a torcida, vou me candidatar ao cargo de procurador-geral da Justiça na próxima eleição.

Com três semanas de atraso, o ano de 2018 tinha começado para ele.

Camilo presenciara momentos tristes nesta trajetória. A votação na Câmara dos Deputados que dera o *start* para o processo de impeachment havia sido nada menos que deprimente. O esforço de Dilma para responder aos senadores, por horas a fio, antecipando uma votação em que já sabia derrotada, honrado, mas inglório. A madrugada em que o Supremo negara o Habeas Corpus a Lula, com o decisivo voto da ministra Rosa Weber, difícil de explicar.

Mas nada, nada havia sido mais triste do que aquela sexta-feira no Sindicato dos Metalúrgicos de São Bernardo. Com um prazo determinado para prisão, Lula optara por ficar entre os seus, esperando que os agentes federais é que fossem lhe prender. Parte considerável dos seus, por outro lado, pressionavam por alguma forma de resistência. Parecia uma espera interminável, mas ao fim do túnel não havia nenhuma réstia de luz.

Camilo mal conseguiu balbuciar uma frase com sentido, quando Lula o convidou a um abraço. Era o máximo que estava em condições de compartilhar naquele momento. E de todos, a bem da verdade, Lula é quem parecia mais à vontade, mais confortando do que sendo confortado. Abraçando, conversando, contando piadas, mas periodicamente recluso para se inteirar das informações da prisão iminente. Ele havia chegado na noite de quinta, quando a ordem de Sérgio Moro se tornara pública. O juiz dera 24 horas para que Lula se entregasse, em um despacho realizado em não mais que quinze minutos a contar do momento em que o processo chegou do Tribunal.

Na salinha em que se reuniram juristas e políticos, não faltavam sugestões. O ex-ministro Cardozo apostava em uma prisão curta e aconselhava que o presidente se entregasse o quanto antes; o advogado Greenhalgh e políticos como Gleisi e Lindbergh, que ele resistisse. Coube a Camilo, no meio de uma breve reunião intermediada por alguns comes e poucos bebes, resumir a situação que era, juridicamente, muito mais simples.

— Não se trata de escolher a melhor alternativa. Simplesmente porque não existe alternativa. Não adianta se esconder por detrás de uma visão rósea da realidade: Lula vai ser preso e a prisão não vai ser relaxada em semanas. É possível que entre na prisão agora e só saia ao cumprir uma parte da pena. Mas não existe outra alternativa. Não há resistência possível, porque a Polícia Federal vai entrar nesse prédio com todo o pessoal que tiver e ainda com o apoio da PM. A PM vai se deliciar com a incumbência. Lula já disse inúmeras vezes que não foge, não é do seu feitio. Ele pode perder a liberdade, mas não perde sua identidade. Se ele se opuser de qualquer forma à prisão, isso só vai significar que lá na frente, o juiz vai dizer: "tá vendo, como era importante prender, ele se oculta e resiste a ordem judicial". O que nós podemos fazer é estar aqui, é estar com ele. Não apenas hoje, mas em todos os próximos dias. Estar com ele ao lado dele na prisão, e estar na luta, ao lado dele, nos tribunais. A ABJD vai estar do lado dele, denunciando as violações judiciais; Marco Aurélio, Carol e todos os amigos queridos do Prerrogativas estão criando linhas de defesa, plantando convencimentos no meio jurídico, editando livros, produzindo seminários, escrevendo artigos, como os de Lênio, tudo o que pode fazer essa temperatura mudar para o nosso lado. E ela vai mudar. Dr. Zanin, Valeska e seus assistentes estão demonstrando uma capacidade inimaginável de lutar – não contra a acusação, o que seria razoável, mas contra o próprio juiz e desembargadores e ministros. Nossa força é grande, mas não o suficiente para resistir a uma prisão. A gente vai ter que dobrá-la com o tempo.

Do lado de fora, os gritos de "não se entrega, não se entrega" faziam uma espécie de contraponto ao discurso institucionalista de Camilo e, verdade seja dita, comovia os mais inquietos e os menos esperançosos. Ouro de tolo. Lula já havia se decidido, e o seu "não se entrega" significava apenas não ir à polícia, marcar o momento em que seria preso e evitar toda e qualquer situação que pudesse lhe humilhar, porque isso seria a vitória deles. Enfim, fazer da prisão um ato político, que de fato era, e que pudesse ser revertido para fortalecer a militância e preservar seu legado.

Ao final, foi uma goleada. Ao invés das mãos algemadas e um réu enxotado para dentro de uma viatura de polícia, com os *photo-ops* preparados para as campanhas eleitorais, as imagens que correriam o mundo eram de um líder sendo entregue para cumprir sua pena política, pelos braços de milhares de apoiadores.

Camilo resolveu não esperar a missa da manhã seguinte, entremeada da carta-testamento de Lula. Quando percebeu que já havia consenso e já havia conforto suficiente, resolveu ir embora. Na saída, enquanto esperava seu uber, recebeu a mensagem de Maria. Uma foto resplandecente, ao lado de dois bebês recém-nascidos e uma legenda curta e linda: Isadora e Catarina.

Era uma ironia do destino que o dia trágico terminasse com uma notícia tão revigorante quanto essa, para lembrar que o mundo não era só decadência, era também nascimento. Entristeceu-se, por não estar em condições de responder com as palavras doces e gentis que uma mãe espera, precisa e merece nesse momento. Deu o que tinha de melhor, no caso, a raiva:

— Espero que elas vivam em um mundo menos machista, menos racista. E menos fascista.

Mas nada disso seria possível num futuro breve.

Moro

— Parecia um jovem universitário recebendo o diploma.

Só podia ser trolagem. A frase de Jair Bolsonaro sobre o momento em que Sérgio Moro recebia, e aceitava, o convite para ser ministro da Justiça acabou como um momento de emoção. Mas havia ali embutida uma submissão que pode ter passado batida para muitos. Para alguém que se comportava como o definidor dos destinos do país, ser comparado a um jovem universitário era certamente uma *capitis diminutio,* como se diz no direito, redução de status. Tanto mais que, em matéria de ensinos e diplomas, o presidente não tinha lá uma posição muito bem considerada. Mas era preciso que isso ficasse claro desde logo, que o juiz era o estudante de olhos brilhando pela oportunidade que o capitão lhe reservara. Quem não entendeu esse momento, pode não ter conseguido entender bem os próximos.

Maria riu muito com a chamada do UOL e, neste momento, se preparava para avaliar, como haviam lhe pedido, *como fica a Lava Jato*? O convite a Sérgio Moro já era público desde a primeira entrevista que o presidente eleito dera no dia seguinte ao resultado.

— Pretendo conversar com ele brevemente e já foi feita a sinalização positiva. Pretendo convidá-lo para o Ministério da Justiça ou – seria no futuro – abrindo uma vaga no Supremo Tribunal Federal.

Entre os jornalistas cativos na cobertura da Lava Jato, a aposta era pela não aceitação. Óbvio. Todo aquele capital investido na construção de um magistrado competente e imparcial, acima de partidos e pessoas, destinando seu tempo e o brilho de sua estratégia contra os "bandidos", não podia resultar num auxiliar do tosco presidente, apoiador da ditadura, defensor da tortura e que dias antes havia prometido varrer os inimigos do país. Era de certa forma uma contradição.

No bolão que faziam, prevalecia a ideia de que ele não aceitaria, mas de uma forma gentil e delicada o suficiente, para não fechar as portas para uma indicação ao STF. Outros, um pouco mais realistas, admitiam que não se faziam omeletes sem quebrar os ovos e, portanto, se ele pretendia chegar no Supremo, como era a vontade da maioria do país, talvez tivesse que abrir mão de seus pruridos neste momento.

Maria estava no grupo daqueles que entendiam que se ele realmente fosse, iria colocar a Lava Jato sob suspeita, afinal, Bolsonaro só conseguira ganhar a eleição depois que o favorito nas pesquisas havia sido preso, justamente pelo juiz. Como justificar essa troca do balcão?

Mas sempre havia os mais realistas do que o rei, e aqueles de envergadura tão flexível que, diante de um dilema moral, optavam, invariavelmente, por reduzi-lo a hipóteses aceitáveis. Havia, no fundo, uma razão de Estado, que justificaria o aceite de Moro, a possibilidade de mudar o país, fazendo da Lava Jato o padrão para os processos penais. Para isso, é preciso dar o pulo e entrar na política. Então, a decisão era necessária e ele, coitado, não podia resistir apenas atrelado a seus valiosos princípios. Tinha de se sacrificar.

A mídia internacional, que não tinha tantas amarras para a crítica, avançou imediatamente para dizer: "Bolsonaro nomeia para ministro o juiz que tirou seu adversário da disputa". Vendo assim, funcionava quase como uma recompensa. E Maria foi sentindo, um dia depois do outro, que com essa vinculação, passou a ser um pouco mais aceitável a crítica a Moro. Vários colunistas indignados com o aceite começaram a falar sobre o escorregão moral. Pois ela faria a matéria ouvindo a ambos os lados, e concluindo que a nomeação dele colocava, pelo menos, em suspeita a imparcialidade do trabalho.

Mas, em homenagem a todos aqueles que compreendiam as razões de Estado, o altruísmo e até a capacidade estratégica do juiz, resolveu começar o texto com o que havia de mais ridículo: "Parecia um jovem universitário recebendo o diploma".

Camilo estava entre aqueles que apostavam na aceitação do convite de Moro desde que ele se tornou público. Não era uma questão de cegueira, de não ver eventuais consequências ou de não pensar em conflitos de interesse. Era ganância, simplesmente. A ambição pelo poder não encontra muitos limites e, via de regra, é exercida sempre que a oportunidade se apresenta.

Para um juiz como Moro, que pretendia "combater a corrupção dos políticos", como não pensar que um segundo passo seria justamente assumir os cargos que eles não souberam honrar. Essa pretensão dos grandes *faxineiros* era conhecida e também tinha lastros nos exemplos em que o próprio Moro se inspirava, como os líderes das Mãos Limpas.

Era pule de dez que, uma vez reconhecido como o juiz incorruptível e caçador de bandidos no poder público, ele transmigrasse sua fama para aceder aos cargos, jamais por interesses ou privilégios, mas por razões que superavam, inclusive, dificuldades pessoais. Seu discurso, pensava Camilo, já estava pronto de há muito: deu certo na Lava Jato? Então, por que não expandir essa "limpeza" para outros órgãos?

Esta lógica deixava uma série de problemas em desabrigo e é exatamente por causa deles que Camilo comemorou o tanto que pôde a "promoção" do juiz. Este era o início de virada que estava esperando. A partir de agora, o nome dele vai estar tão vinculado e dependente de Bolsonaro que era de fato um risco alto para a credibilidade da Lava Jato. Bolsonaro achou que Moro podia dar-lhe um brilho no currículo: a partir de agora, era também um político contra a corrupção. Quem mais, no país, podia exibir esse distintivo, tendo a seu lado, e sob sua hierarquia, o xerife mais popular? Moro certamente contou com a circunstância de que seu prestígio era tão alto que ia fazer o presidente dependente dele, e, com isso, podia exigir o cargo como quisesse. Isso significou um Ministério inchado e cheio de competências, a ponto de ser conhecido como superministro.

Mas, para Camilo, havia outras coisas em jogo, como o fato de que Bolsonaro trazia, consigo, não apenas o passado histórico das frivolidades do baixo clero com o dinheiro público, mas alianças com enormes e pesados interesses. Era difícil que, estabilizando sua família e sua trupe de um lado, e um xerife anticorrupção de outro, em algum momento isso não fosse trazer complicações. A aposta de Moro era que seu prestígio, inclusive com a mídia, ia passar por cima de tudo isso. Mas Camilo previa o mesmo que se sucedera com Eduardo Cunha: depois que realizara o trabalho imprescindível, facilmente será descartado.

Então, para todos os efeitos, a onda agora era marcar Sérgio Moro sob pressão para tornar público todos os conflitos de interesse e ir dilapidando, com cuidado e método, a reputação que até então garantira a sobrevivência de suas decisões na Lava Jato.

A primeira providência foi representar ao Conselho Nacional de Justiça. Se ele havia aceito um cargo público no

Executivo, e Bolsonaro já fazia marketing com isso, não tinha sentido tirar férias para receber os últimos vencimentos do Judiciário. Era hora de escolha e, contra sua vontade, Moro foi obrigado a se exonerar antes do que pretendia.

Tão logo venceu a eleição e foi nomeado novo procurador-geral da Justiça, antes da campanha eleitoral de 2018, Arthur havia tomado a providência de dar um pulo em Curitiba, para agradecer o auxílio que o pessoal da força-tarefa lhe havia dado, como prometido. As ligações ao governador foram muito bem acolhidas. Nessas horas de nomeações, nunca se consegue aferir qual apoio é mais decisivo e a regra é juntar o máximo deles para que aqueles que tenham de decidir recebam recomendações por diversas fontes. E o governador fez questão de frisar a satisfação de ter nomeado o preferido da Lava Jato.

A Arthur cabia o gesto de agradecimento, que pôde fazer em uma rápida reunião com a equipe que já conhecia e um almoço um pouco mais demorado com o amigo de outras jornadas.

— Todos ficamos felizes com sua eleição e nomeação.

— Precisando do MP de São Paulo sabe que pode contar conosco.

— Com certeza, e vice-versa. Quem sabe não nos encontramos um dia no Ministério da Justiça?

— Acho que já dei minha cota de contribuição ao governo. Agora, me dedico só ao MP.

— Mas vamos estar juntos também na eleição, certo?

— Não estou muito seguro. Acho estranho votar no PT depois de tudo isso, mas esse Bolsonaro não me desce muito...

— Não desce mesmo, Arthur. Mas é o que temos para o momento.

— Sei não, não parece ser uma pessoa que vai lutar contra a corrupção, um governo ético essas coisas. Parece?

— Não, você tem razão. O histórico dele não é dos melhores, não. Mas isso abre outras perspectivas.

— Como assim?

— Ele é um turista. Estava passando no lugar certo, na hora certa. Exatamente por ser tão oco, ele vai precisar de gente para preencher as lacunas. A questão é quem vai fazer isso antes.

Arthur lembrou de Jaques com aquela ideia de sentar primeiro na janelinha. E, de fato, de quando ele falou até que a previsão não era ruim mesmo.

— Ele é um governo em branco. Vai ser o que as forças que o apoiarem fizerem. Sim, tem umas ideias muito firmes, como legislação feroz no crime, maior distribuição de armas, uma noção conservadora nos costumes, tudo isso vai vingar. Mas como vai vingar? Quem vai fazer para ele a política criminal do endurecimento? Se depender dele, vai ser aquelas coisas de pena de morte que não acontecem nunca. Alguém tem que orientar isso, por exemplo, ressuscitar as Dez Medidas, agora vindo do governo, é muito mais fácil.

— Você acha que a gente teria, digamos, uma entrada no governo?

— Uma entrada, não. Um passaporte especial.

— Deltan está cotado?

— Acima dele, meu caro. Para essas coisas, vai de poder para poder.

— Esquece, Moro jamais aderiria a isso.

— Esta é a aposta do grupo. Que ele não vai.

— Então....

— Mas eu sei mais do que o grupo.

E antes que Arthur perguntasse por detalhes ou circunstâncias, Carlinhos encerrou a conversa de forma abrupta. Mas totalmente inteligível:

— O canal é Paulo Guedes.

Para Arthur, portanto, nem houve a surpresa da indicação, nem mistério sobre a aceitação. Foi justamente a certeza de que Moro faria parte do governo, levando a Lava Jato para o centro do poder, que o havia convencido a votar em Bolsonaro. Depois é lógico de resistir à forte pressão do amigo Jaques. Que chegara primeiro na janelinha, mas não tinha a informação que ele acabara de receber.

Jaques era um promotor tradicional, filho da classe média, conservador em costumes e também na política. Nunca foi um reacionário e se entendia liberal. Convivia, com um certo desprazer, é verdade, com algumas modernidades. Seu pensamento meritocrático não lhe permitia aceitar de bom grado as cotas raciais nem como compensação: na faculdade, no trabalho, é preciso os melhores, não os mais necessitados. Foi se sentindo ultrapassado também nas questões morais, principalmente com a patrulha do politicamente correto. E de uma imensidão de sexos e gêneros que não entendia muito bem.

Quando o apito antipetista bateu no noticiário pela via dos escândalos, foi meio como uma tábua de salvação. Quer dizer que eles não têm essa superioridade moral toda que apregoam? E a probidade na política passou a ser uma espécie de referência. Não aceito corrupção, o slogan. Só slogan, porque irregularidades no governo vinham sendo relativamente desprezadas pelo próprio Ministério Público. Mas os escândalos com a visibilidade dos telejornais são inequívocos e são grandes. E são os maiores que já se viram no país e, finalmente, temos uma Justiça que presta atenção aos crimes do poder.

Mas ainda não havia nada que grudasse um mal-estar a outro, e Jaques passou a ser um combatente convicto pela ética. Talvez tenha sido Olavo de Carvalho quem fez essa junção: corrupção, ditadura, fôro de São Paulo, comunismo. Jaques não reclamava da corrupção do metrô de São Paulo, que até podia estar sob suas mãos fiscalizadoras. Mas a corrupção do Metrô de Caracas, dos benefícios ao porto em Cuba, aí sim. Não apenas como um episódio de rapinagem – mas com um objetivo de fortalecer o comunismo no continente.

E mais uma vez pode ter sido Olavo de Carvalho quem conseguiu trazer essa ideia de comunismo para os momentos correntes. Porque, afinal de contas, os anos das gestões de Lula e Dilma passavam e o que se via era que os banqueiros ficavam cada vez mais ricos, os empresários apoiavam e até países insuspeitos de comunismo, como os Estados Unidos, estavam satisfeitos. A economia ia de vento em popa, como acusá-los de comunismo? Com a ideia do marxismo cultural, que Olavo vai resgatar em autores nazistas: é um conjunto de elementos que subvertem a cultura e preparam a sociedade para a mudança e a mordaça.

E a repulsa às armadilhas do politicamente correto não eram apenas reação a incômodos sociais. Havia mais por trás. Em todos os cantos, as ideias feministas, odes à homossexualidade e à tal da visibilidade trans estavam agindo como forma de destruir a família, que era o núcleo central da sociedade capitalista. Jaques teve uma certa dificuldade de se acertar com esse discurso, porque acabou sendo repetido, ad nauseam, por uma direita evangélica da qual ele estava bem longe de pertencer. Era um católico moderado, quase nada praticante, e mais envolvido pela vida social ao redor da Igreja. Mas a crítica lhe fazia prestar atenção ao discurso cada vez mais sexual da esquerda e o deixava inseguro.

O excesso desses debates e a intenção da esquerda de tratá-los dentro do Estado, por intermédio das escolas, vinha justamente para confrontar as autoridades paternas. E mais um passo da equação ditadura x família vai se conformando. Jaques começa a se interessar pela homeschooling para seus netos. Netos, aliás, que teriam de enfrentar no futuro uma severa concorrência, justamente porque o Estado cada vez mais aderia às cotas. Pretos, pardos, indígenas, oriundos de escola pública, enfim, passo a passo se sentira remanejado dos lugares que sempre manteve na sociedade. É a hora em que a luta dos privilégios se transforma em retorno a um paraíso perdido e, portanto, a política que te conquista é a que te leva para trás. O futuro passa a ser um incômodo; a modernidade, uma insegurança.

Colocando dúvidas sobre todas as proibições, o que e como falar, como tratar, como se portar, Jaques decide também que tem direito a estar armado, por que não? E com armas que sejam capazes de combater o crime, até pelo cargo que ocupa. E pelo perigo que seus promotores correm, passa a ser um combatente ativo na ampliação do direito à arma aos homens de bem - armas de uso restrito, inclusive, o que só aumenta seu cacife dentro da própria carreira.

A ideia de que o governo lhe está amputando direitos e restringindo sua forma de pensar e agir permite essa transformação à primeira vista inimaginável: Jaques passa a ser o apoiador de extrema-direita, com discurso em prol da liberdade.

Arthur vivenciou boa parte destas descobertas, sem, contudo, se render a nenhuma delas. Tinha um discurso de razoabilidade contra cada uma, discurso que incluía, por óbvio, a capacidade de fazer a mesma crítica ao PT sem se obrigar a chegar ao mesmo resultado.

Sim era o maior escândalo da corrupção da história, sim ele queria ajudar os ditadores do continente, sim ele quer destruir a meritocracia para um assistencialismo vulgar. Mas, apesar de tudo isso, não precisamos chegar ao ponto em que Jaques sugere. Porque podemos escolher um candidato que represente a crítica a tudo, mas sem desandar para o extremismo. E Arthur levou esse raciocínio até quase as últimas consequências, quando se depara com a realidade de que esse discurso acabou por naturalizar o outro. E que as críticas foram tão, mas tão contundentes, que quem não se atreveu a dar o próximo passo ficou pelo meio do caminho, como os seus candidatos preferidos.

Então, com todos os aparos, e sob todas as ressalvas, Arthur tinha comunicado a novidade a Jaques:

— Sim, meu caro, voto no Bolsonaro. É o que nos restou.

— Um brinde a isso, Arthur. Vão ser duas vitorias. E ainda vamos varrer esses vermelhos....

Elas eram gêmeas, mas não idênticas. Cada uma tinha a sua beleza. Isadora era sorridente e cheia de motricidade. Expandia seu corpo até o limite, e já ameaçava engatinhar. Carequinha e meiga. Catarina parecia ser a líder do grupo. Mais ávida em reclamar, chorava mais do que ria, mas quando acalmava dormia sem parar. Olhos claros e um cabelinho loiro ralo, tinha jeito de princesa. Sorte ou azar, elas se revezavam no peito e Maria tinha de fazer hora extra. Mas quando podia abraçar as duas junto a si era difícil supor felicidade maior. Tudo para elas, tudo por elas.

E foi em nome delas, que ela decidiu:

— Você pode fazer a festa que quiser, Arthur. Eu te ajudo em tudo. Só não quero esse Jaques aqui em casa.

— Mas você está louca, Maria? Ele é o responsável maior dessa vitória. Como eu posso deixá-lo de fora?

— Então não deixe, sai e vai beber com ele como você faz toda semana. Eu não me incomodo. Quer voltar de manhãzinha? Tem o meu alvará. Mas ele aqui em casa eu não quero.

— Você está sendo radical.

— Eu tenho o direito de querer preservar minhas filhas.

— Mas ele as adora, você sabe disso. Foi na maternidade, visitou aqui, trouxe presente, brinca com elas e tudo.

— É exatamente por isso. Se ele não se incomodasse com as crianças, nem olhasse para elas, quem sabe eu não ligasse.

— Você não está sendo razoável. Vai fazer uma distinção de amigos por partido agora? Você entrou nessa?

— Isso não é partido, Arthur. Esse cara regrediu até a Idade Média. Quer ensinar os netos em casa agora, porque as escolas têm comportamentos corruptos, amorais. Cara, você entende uma coisa dessas?

— É uma idiotice dele. Mas é dele, né? Deixa ele fazer o que quiser com os filhos e netos dele, ele nunca falou nada sobre as nossas filhas, né?

— Era só o que faltava... mas ele não é nocivo só porque não palpita na minha vida. Ele se transformou, Arthur. Virou um imbecil.

— Pronto, já vem a polarização aqui. A gente nunca discutiu política entre nós...

— Porque você me garantiu que não era de direita, lembra? Você me convenceu.

— Não sou de direita, não sou de esquerda. Mas não quero escolher meus amigos pela ideologia.

— Boa sorte para você, porque eu quero escolher os meus. E os das minhas filhas.

— Nossas filhas.

— Nossas filhas, mas já que você não se preocupa com elas, me preocupo eu.

— Elas não entendem nada que podem absorver do discurso dele. Quem não quer ouvir é você. Está usando as duas de escudo. Você que é a democrática da casa, mas quer poder dizer ele não...

— Perfeito, Arthur, é isso mesmo. Você não consegue ver o perigo, problema seu.

— Como se eu me incomodasse com os seus amigos petistas.

E neste momento, exatamente neste momento, Arthur chega rigorosamente na borda, na tangente, no fio da navalha para levantar a questão Camilo. E chega a ser surpreendente que não o faça, principalmente depois da resposta de Maria:

— Eu não trago meus amigos petistas para casa.

Traz para cama, direto – foi a frase que não saiu, porque ele parou pouco mais de um minuto para respirar. E antes que tivesse tempo de rearticular os pensamentos, ela se levantou e terminou a conversa, porque já começava a ouvir choro e chegava a hora de dar de mamar.

— Faz o seguinte: eu vou levar as crianças para a casa dos meus pais. Elas dormem lá. Eu deixo tudo preparado e chego no meio da festa. Não me peça para ficar papeando com Jaques, ok?

Camilo voltava de Brasília quando teve o susto no avião. De repente, duas pessoas tomaram o corredor nos primeiros lugares e alertaram aos demais passageiros. Aquilo podia ser um sequestro, mas era apenas uma colheita de assinaturas. Ninguém pretendia dar um golpe no comandante e, pela forma como os comissários ficaram à distância, ficou claro que estavam avisados e concordes. Camilo se interessou pelo movimento e, como nunca tinha vido algo parecido, resolveu tirar uma foto, oba hoje teria assunto no Instagram. Mas o começo foi profundamente decepcionante:

— Gente, vocês lembram da campanha da Ficha Limpa? Pois então, nós estamos aqui para colher assinaturas de vocês de uma outra iniciativa igual àquela. Aquela deu resultado, lembram? Milhões de assinaturas para mudar a lei, proibir corrupto de ser candidato. Essa é mais ou menos a mesma coisa. A gente chama de Dez Medidas contra a Corrupção. Quem é contra corrupção levanta a mão aí!

Camilo se recolheu. Foi a única vez em que se arrependeu de ter pego um lugar no corredor. A esta altura, estaria melhor prestando atenção na paisagem plúmbea, sem nem ter a obrigação de virar o rosto para longe da janelinha.

Mas, enfim, esperou que os organizadores da panfletagem fizessem uma espécie de explicação das propostas. Ao contrário, eles foram passando um breve resumo num formulário com espaços para colocarem a identificação e a assinatura. Camilo ficou perplexo:

— Escuta, vocês não vão explicar do que se tratam essas propostas?

— Meu senhor, pode ficar tranquilo que são todas elas contra a corrupção. Aumenta pena de pessoas presas, diminui brechas processuais, reduz a chance de os processos serem anulados, é tudo mais ou menos no mesmo sentido.

— Tem alguma aqui que admite que vai passar a permitir a prova ilícita?

Era o que bastava.

— Se o senhor não quer assinar, não precisa - disse o rapaz ao mesmo tempo em que arrancava a folha das mãos de Camilo. A gente sabe que tem muita gente que defende mais oportunidades para a corrupção, essa proposta é para outras pessoas...

— Há uma enormidade de propostas aqui, tudo em letrinha pequena. Você está dizendo que colher assinatura assim, no meio de um voo, sem que ninguém leia nada e não se explique nada, representa alguma forma de legitimidade para o projeto? O que diz se eu assino aqui? Que eu não quero corrupção? Mas eu não quero prova ilícita também, não quero corrupção da polícia, e como faço, assino onde?

Ele foi simplesmente ignorado.

— Gente, pelas regras da companhia, não podemos aceitar provocação. Só nos permitiram fazer isso porque nós asseguramos que não ia ter discussão. Então, quem resolveu assinar, quem resolveu entrar na luta contra a corrupção, manda o formulário aqui pra frente, porque a gente já tem um milhão de assinaturas e está tentando atingir a casa de um milhão e meio.

E seguiram-se palmas. Um ou outro passageiro olhou mais feio para Camilo, balbuciou algo que ele não pode ouvir. Mas corria o ano de 2016 e o PT fora arrastado do poder, a Lava Jato mostrava suas garras em movimento de massas, e ninguém queria discutir muito não. Camilo depois foi se informar e apurou que o volume expressivo de assinaturas era mesmo colhido desta forma ou em lugares de passagem ainda mais rápida, como a porta de um estádio ou a saída de uma Igreja.

Com base nesses números da "opinião popular", Deltan e companhia pretenderam mudar nada menos que o Código de Processo Penal e outras dezenas de leis para adequar ao molde da Operação Lava Jato. Sem ter a menor competência para conduzir o processo e a menor disposição para agregar sugestões de lado a lado. Não tinha lado a lado, aliás, a proposta era de um lado só: um código de processo da acusação. Parecia que um grupo de membros do Ministério Público se reunira e discutira: o que a gente pode mudar, que está atrapalhando as condenações? E as respostas, das mais variadas, viraram projeto de lei: permitir o uso de provas ilícitas, restringir a abrangência do Habeas Corpus, reduzir a competência do juiz para apreciar nulidades, aumentar penas e tornar a progressão penal mais difícil, e por aí vai.

Foi um instrumento de tamanha arrogância, que, a par de todo o marketing, de todas as audiências públicas, das matérias na mídia e tudo mais, o projeto não só não avançou, como derivou em uma proposta de anistia ao Caixa 2 e um projeto de endurecimento penal do crime de abuso de autoridade, dirigido justamente a intimidar juízes e promotores.

Era nesse insucesso do Dez Medidas que Camilo mirava quando, no comecinho de fevereiro de 2019, Sérgio Moro apresentou aquilo que acabou designado, à falta de um nome melhor, de Pacote Anticrime. Ele pretendia recuperar parte significativa dos projetos do MPF que naufragara, acomodar uns pedidos do chefe e, sim, apresentar um auspicioso projeto para combater o crime, com o qual pudesse marcar sua estada como ministro da Justiça e Segurança Pública. Não deu certo, mais uma vez.

A Camilo chamou a atenção que o projeto foi apresentado à mídia, sem nem uma exposição de motivos, o que era extraordinariamente incomum. Moro usava aqueles argumentos negacionistas, de que o projeto não era feito para agradar professores, mas sim o povo, como forma de esconder as precariedades técnicas, que eram muitas. Foi isso que chamou ainda mais a atenção de Camilo. Erros banais, redações confusas, nomenclaturas equivocadas, coisa que jamais era vista em projetos de grande envergadura como esse, ainda mais saindo de um Ministério da Justiça e da Segurança especialmente turbinado.

Foi essa a dica que deu a Maria. Não precisou de muito mais. Com uma investigação sumária entre os arquivos que fizeram parte da primeira versão do projeto, a jornalista descobriu que todos os documentos haviam saído do mesmo local, o computador de Moro. E não havia adendos que tivessem vindo de outros cantos. O projeto nem era mais de um grupo restrito de promotores. Era só dele mesmo. Foi uma reportagem humilhante, ainda que tenha merecido pouco destaque. Afinal de contas, o que brilhou no projeto, o que era sua peça de resistência, era a ideia de ampliar as excludentes de ilicitude - quando os agentes de segurança tivessem matado em confronto, ou sob a influência de raiva, emoção ou medo. Em resumo, um pacote que se pretendia anticrime, tinha como principal regra a de reduzir punições a policiais que matassem civis.

Moro poderia ter ficado quieto e dito que essa era uma proposta do presidente. Que não concordava integralmente com ela, mas isso caberia aos parlamentares. E que como havia sido parte da campanha, afinal vitoriosa, era até razoável que os parlamentares tivessem a oportunidade de avaliar por conta própria.

Mas ele ainda estava no figurino de ministro do presidente. Estava lá afastando jornalistas interessados no caso Queiroz, dizendo que estava tudo esclarecido. Estava mandando processar na Lei de Segurança Nacional quem insultasse Bolsonaro. Estava aceitando liberar armas, mesmo contra tudo que pensava. Nesta fase de sua estada no governo, ele fizera a função de um cão de guarda. Então, não bastava apenas mandar adiante a excludente de ilicitude. Era preciso defendê-la. Aproveitou que não havia apresentado antes e fez um arremedo de exposição de motivos, onde constou uma posição ainda pior:

—O agente policial está permanentemente sob risco, inclusive porque, não raramente, atua em comunidades sem urbanização, com vias estreitas e residências contíguas. É comum, também, que não tenha possibilidade de distinguir pessoas de bem dos meliantes...

A par da elegia à violência, escancarou uma crítica racial.

— Eu estou me sentindo um verme.

— Não, você foi pisoteada por um verme.

— Pois é, estou abaixo de um verme.

— Você é uma mártir da liberdade de imprensa, Maria.

— Não faz gozação, Camilo. Eu tô péssima. Saí em todos os jornais, e o vídeo viralizou. Esse bosta me mandando fazer uma nova faculdade e aprender tudo de novo.

— Ele é um troglodita. Mas a gente precisa de episódios como esse para mostrar para todo mundo.

— Cara, eu quis mandar ele pra puta que o pariu, mandar ele enfiar a arrogância no meio do cu dele.

— Mas você se segurou...

— E eu lá sei o que o jornal vai fazer? Se eu não respondo, aparecemos todos como vítimas. Se respondo, estou agredindo o presidente da República, não é?

— O jornal tem que dar a vocês uma forma de se defender. Quantos mais vão ser agredidos?

— Quantos não, quantas? Esse filho da puta só agride mulher. É um covarde, machista. Do jeito que ele é, ele tem medo de algum jornalista homem partir pra cima dele.

— Mas está na hora de alguma mulher partir para cima dele...

— Na porrada?

— Não, na ação judicial. Indenização por danos morais.

— Danos imorais é o que esse cara provoca.

— O que ele disse exatamente?

— Que eu precisava entrar numa faculdade e fazer de novo, que o jornal não podia pegar qualquer um, com qualquer formação, coisa assim.

— Eu te arrumo um advogado, sem ônus. Vamos processar esse fascista.

— Deixa eu me certificar no jornal primeiro?

— Porra, é a sua honra que está em jogo. O jornal não defende a honra dele, a gente já sabe. Ele já chamou o jornal de canalha e tudo o mais. Se eles não se sentem atingidos, o problema é deles. Você se sentiu um verme? Na frente do Brasil todo? Ora, vamos processar...

— Vamos. Só não posso falar lá em casa, que eu descobri que casei com um bolsonarista...

— Todos eles viraram bolsonaristas quando perceberam que o PSDB naufragou, o PMDB naufragou etc. Quem ficou com nojo de apoiar o PT, virou isso aí. Mas nesse caso, ele vai te apoiar.

— Cara, não sei não. Vai propor o deixa disso, vai dizer que acaba sendo até bom pra carreira, vai sugerir não enfrentar. Nem quero perguntar.

— Bom, você que sabe dele, né?

— Vou voltar pra ficar com as meninas. Eu sinto que estou fazendo mal a elas de alguma forma.

— Ficando comigo? Ou com ele?

— Não me crava de perguntas, por favor, Camilo. Me dá um beijo e me abre essa porta, logo, agora, eu quero ir....

— Quer nada.

— Doutor Arthur, por gentileza, pode se sentar aqui.

Era a primeira viagem a Brasília, depois da posse como procurador-geral, e lá estava para pagar outro tributo à Lava Jato. Mas esse fazia com bastante prazer.

— Se os senhores me permitirem, eu falo por último. Deixe-me ouvir, primeiro, as críticas que são endereçadas ao pacote.

E com essa infeliz sugestão, Arthur acabou sendo alojado para falar quase no começo da tarde, na audiência pública do Senado que discutia o pacote anticrime, apesar de ter chegado rigorosamente no horário e se sentado ainda antes das 10 horas no local indicado. O fato é que ele não tivera tempo de se preparar de forma mais substanciosa e preferia usar sua fala para rebater as críticas, então preferia ouvi-las – mas logo percebeu o quanto de enfadonho isso seria.

A pedido, trouxe Jaques de carona, supostamente para lhe auxiliar no debate e nas audiências que pretendia realizar. Mas isso acabou se revelando uma frustração ainda maior, porque percebeu que seu amigo não aguentou nem meia hora de falação. Quando procurou companhia, ele simplesmente tinha desaparecido sem deixar rastros. Ao final, reencontrou-o na porta do Supremo e ele explicara que uma agenda militar acabara tomando quase todo o seu tempo. Mas não quis adiantar com quem e sobre o que havia conversado neste passeio turístico pela Capital. Foi a primeira vez que se sentiu usado pelo amigo, mas não seria a última.

— Senhores senadores, devo lhes dizer que é um prazer poder contribuir com a discussão desse importante pacote de projetos, aqui encaminhado por Sua Excelência, o ministro da Justiça. Eu confesso que me preparei para estar aqui e rebater os bons argumentos da crítica, justamente porque é assim que funciona a dialética de um debate democrático. Mas devo lhes poupar tempo, muito provavelmente, porque a despeito de passar a manhã toda atento, não ouvi aqui um único argumento que fizesse sentido para rejeitar uma que fosse das propostas apresentadas.

E continuou por uma linha bem agressiva, visando não desgastar um mínimo naco do conjunto de propostas de Moro, ainda que muitas delas mal tenham chegado a ser realmente debatidas. Essa talvez a crítica mais contundente, realizada pelo representante do Instituto Brasileiro de Ciências Criminais, um reduto garantista: isso aqui não é um projeto, é um conjunto de dezenas de projetos. O primeiro erro é tê-los reunido para apreciá-los todos juntos, o que inviabiliza a discussão.

— Faz tempo que eu tenho visto as pessoas se levantando contra quase qualquer mudança que se pretende fazer, com a ideia de que é possível fazê-la melhor. Dá para fazê-la ouvindo mais gente, buscando contribuições em outros lugares, lembrando desta ou daquela situação que pode estar sendo esquecida. Assim, em busca de uma lei sempre perfeita, o que a gente faz é não mudar as leis que a gente tem. No fundo, essas pessoas não querem mudanças, não porque temem as consequências de uma mudança malfeita. Mas justamente porque não querem as consequências das mudanças. E não estão sendo claras com os senhores. O pacote de leis que é aqui apresentado pode ter até uma solução melhor em um ou outro dispositivo, e os senhores estão aí justamente para fazer esses acertos. Mas não são os acertos que os críticos querem: eles querem derrubar os projetos. Sim, não devemos aumentar demais os tempos de progressão, porque isso poderia causar um aumento no sistema carcerário. Mas, ora, nós vamos continuar fingindo que aplicamos penas, apenas para os presídios não ficarem cheios? Não seria o caso de, paralelamente a isso, construir outros presídios? Entregar para a iniciativa privada? Mas eles não querem que aumentem as sanções para quem faz parte de facções criminosas, porque, afinal, pode atingir aqueles que não conseguiram sair delas. Mas não seria o caso de agir dentro das penitenciárias para evitar as coações? E não presumir que simplesmente todo mundo as sofre? Eles são contra o plea bargaining, a barganha da pena, porque os réus não vão ter defesa suficiente para negociar com os promotores. Mas não seria melhor que a gente criasse essa necessidade e, a partir daí, fosse exigir mais defesa para que isso funcione? Porque, e isso eles não dizem, aqui está a alternativa para não inflacionar as cadeias: permitir que aqueles que confessem recebam uma pena menor por isso. Isso acontece todos os dias nos Estados Unidos, será que isso é assim tão perigoso? Eles não querem que faça um cadastro genético dos criminosos, porque pode constranger eventuais réus primários? Mas se nós sabemos que eles cometeram os crimes, porque precisamos depois ficar sem saber disso se eles estiverem em outro Estado? Por que devemos abrir mão dessas informações? Enfim, senhores senadores, não vou lhes cansar com essa exposição. Apenas quero me contrapor às críticas revelando que elas não são o que dizem ser: alertas sobre problemas que a mudança das leis pode gerar. Esses críticos que ouvimos aqui, ouvimos na academia, ouvimos pela internet, eles simplesmente não querem que nada mude. E que os senhores se convençam de que mudar é cansativo, é complicado, é perigoso. É tudo isso, mas cabe aos senhores decidirem: estão satisfeitos com a segurança pública como ela está hoje? Então rejeitem o projeto e tocamos adiante. Mas se estão convencidos que podem mudar, este aqui é um conjunto de propostas bem razoável, que pode ajudar a melhorar as coisas e ainda assim nos manter na democracia, no respeito à Constituição e tudo o mais. É esta a escolha e, se eu puder palpitar, se minha presença aqui tem também essa relevância, eu sugeriria que as propostas fossem aprovadas.

O tempo da audiência estava excedido, a campainha do plenário já tocara e isso significava que estava tudo encerrado. Arthur não recebeu o entusiasmado aplauso que supunha, nem a batelada de perguntas que normalmente acompanhava a fala final. Foi um anticlímax, mas achou que havia cumprido com ênfase o seu papel.

A continuação da viagem lhe proporcionaria ainda algumas surpresas, como o sumiço de Jaques, o cancelamento da audiência com Moro, em face de problemas urgentes na agenda dela, e, por fim, um convite inesperado para uma última reunião, que chegou de supetão. Mas que ele não podia recusar:

— Dr. Arthur, o ministro Alexandre lhe espera, vamos que o levaremos até lá no carro que ele mandou.

Nem a fama alcançada pelas contínuas entrevistas na mídia, nem a crescente popularidade como professor nas Arcadas, nem mesmo a posição privilegiada que a militância, no partido e fora dele, haviam lhe proporcionado, fizeram com que Camilo abrisse mão das reuniões do núcleo duro do aparelho, que continuavam firmes às quintas-feiras em seu apartamento. Bom, a verdade é que dificilmente conseguiam se reunir todas as quintas, porque, de fato, as tarefas e incumbências de Camilo haviam se avantajado, também as viagens. Mas, pelo menos uma quinta por mês, Gregório, Miltão e Padilha ali compareciam para discutir os rumos do país. Camilo nunca deixou de discutir a conjuntura com seus parceiros de sempre, tanto mais nessa quadra em que ela se apresentava profundamente movediça. Seria exagero dizer que desses amendoins e castanhas, destas pizzas com cervejas, e, quando um pouco mais generosos, dessas mousses de chocolates, selariam-se os destinos do país. Mas seria cegueira voluntária não compreender que várias ideias, dicas e críticas eram absorvidas por Camilo e levadas adiante.

O círculo das quintas se assombrou com Bolsonaro quando ele ainda era apenas uma galhofa, o medo do retorno dos militares era uma preocupação contínua; sugeriu uma guerrilha inclemente contra Moro, por entender que era um objeto estranho na aliança do mal e, portanto, com menor chance de ter relações solidificadas. E batia na tecla da militarização como a forma mais genuína de interpretar o governo, carimbando-o como um retorno, não uma quimera, um retrocesso, e por isso mesmo, com enormes limitações.

Mas o que entrou no radar do grupo nesta noite era a segurança.

— Esse é um governo golpista e militar. Não adianta pensar que eles farão política apenas no Parlamento, dando às caras. É preciso disputar o subterrâneo, alertava o ex-deputado Gregório.

— Cada vez está mais clara a vinculação deles com os assassinos de Marielle. O Moro chamou até a Lei de Segurança Nacional contra o porteiro do condomínio da família. As armas, os matadores, tudo ligado, alertava Miltão.

— Eles têm uma economia da morte, Camilo. A gente pensa que isso é ilegal e então fica tudo escondido. Mas tanto a milícia, quando esse poderio armamentista, tudo isso custa e gera muito dinheiro, completou Padilha, o economista do grupo.

O assunto chegara nesta economia do crime não à toa. Já havia umas duas reuniões que a preocupação com segurança os estava incomodando, sobretudo, a segurança dos militantes. Mas era Gregório quem pautava o tema com mais intensidade, e logo se saberia porquê.

— Eu tenho uma proposta.

Camilo era um pouco cético quanto ao uso da violência mesmo por bolsonaristas e seus acólitos. E achava que isso estava mais restrito a pontos localizados. A ideia de que partisse desse grupo um astuto e articulado movimento de contraespionagem beirava o hilário. Mas era mais ou menos isso que estava vindo à mesa. Devagar, pelas beiradas, de forma quase sutil. E, enfim, chegara com tudo.

— Eu tenho uma proposta. Na verdade, não é uma proposta minha. Eu estou sendo aqui quem está expondo essa proposta, que recebi de um ex-companheiro.

Camilo ligou o alarme anti-lobby. E logo se prontificou a desarmar qualquer tipo de interesse comercial.

— Você não vir aqui, Greg, fazer propaganda, vai? Cara, esse é o último lugar que vai te ajudar a vender alguma coisa...

— A gente não tem dinheiro, Greg – completou Padilha. E quem tem, não ouve muito a gente...

— Bom, posso falar ou não? Eu recebi essa proposta, para que pudesse passar a quem poderia ter interesse. Eu não ganho nada com ela. Mas não vou morrer com ela pra mim, não. Se vocês acharem que estou falando merda, que estou aqui fazendo propaganda de amigo, por comissão, aí vocês me fazem pagar mais uma rodada de cerveja. Vou comprar Heineken para vocês, não esse litrão aí sem gosto...

— Pronto, o cara já conseguiu se colocar na posição de vítima... esse não se elegeu deputado à toa.

— Miltão, você vai para a puta que te pariu, que eu vou denunciar todas as vezes que você usou o caixa do sindicato para comprar as cervas da sua rodada.

— Devolvi tudo, deputadão... Vai falar logo, ou fazer CPI?

De uma forma ou de outra, ele havia conseguido a atenção que queria.

— Bom, é o seguinte. Eu fui procurado por um amigo que tem uma firma de segurança. Ele me diz a mesma coisa que a gente pensa. "Vocês não acham que esses militares putavéia que assumiram o governo vão disputar com a esquerda apenas no Congresso e na TV, né? Vocês não imaginam que eles estão vigiando vocês e antevendo os perigos, ou preparando armadilhas?"

— Não, eu respondi. Nós não achamos. Nós não somos idiotas. "Não são idiotas, ok. Mas o que estão fazendo para se defender? Vocês estão armando grupos, voltaram aquela luta armada artesanal? Vocês estão andando com seguranças? Sabem quem são esses policiais?"

— Resumindo a conversa, que foi longa. Ele acha que a gente devia localizar algumas pessoas que podem estar em perigo, que podem estar sendo ameaçadas, que podem estar sendo vigiadas, e devia fazer uma operação de contra vigilância. Que a gente, pelo menos, devia saber se estamos sendo seguidos e acompanhados e por quem, para saber o tamanho do perigo.

— Bom, nós não temos um puto de dinheiro para contratar uma empresa de contra vigilância. Duvido que o PT decida fazer. E não vou ser eu que vou levar lá nos coletivos essa ideia alucinada. Cara, no momento de hoje, você acha que vai convencer alguém lembrando a luta armada, disse Camilo, com a expectativa de colocar um ponto final na conversa.

— Melhor parar por aqui e o Greg encomendar logo as Heinekens que ele prometeu, mandou Padilha.

— Bom, eu também respondi a ele com essas duas questões: primeiro, nós não temos grana; segundo, não temos moral para falar com quem tem grana, porque vai parecer que a gente quer vender algo e ganhar comissão. Então, a resposta é não. Mas ele prosseguiu...

— O que eu quero te propor é uma experiência gratuita. Nada, você não paga nada. Eu sei que só vou conseguir vender meu plano se vocês se convencerem que ele é bom. Quer dizer, se quem tem o dinheiro se convencer. Então, estou oferecendo uma cobertura de um mês para três pessoas. Custo zero. É a minha publicidade. Você me encontra três pessoas, aqui no eixo Rio-São Paulo. Nós vamos acompanhá-los por um mês. A gente avisa, se identifica, etc. Mas essas pessoas não vão nem perceber nossa presença, não vai atrapalhar em nada. Vamos ficar bem à distância. Depois de 30 dias, a gente pode dizer: olha, eles não estão sendo acompanhados por ninguém. Não estão sendo seguidos. Estão limpos. Se isso acontecer, custo zero. Fizemos uma tentativa. Se a gente perceber algo estranho, fazemos um relatório e entregamos o mais rápido possível. Se o pessoal gostar, a gente vende o plano para mais pessoas, mais lugares. Deputados, advogados, defensores de direitos humanos nos lugares mais longínquos etc. Trinta dias, sem custo, três alvos. Se o trabalho for bom, aí sim, vocês têm alguma coisa para mostrar.

Gregório foi tão convincente no papel do vendedor de segurança, que para os amigos ficou até um pouco difícil compreender que se tratavam, ele e o tal amigo, de duas pessoas distintas, ou que o ex-deputado não estaria ele mesmo já envolvido no negócio. Houve um certo constrangimento quanto a essa possibilidade, sobretudo, pela ideia de tratar os amigos de longa data como clientes em potencial. Foi isso, mais do que a seriedade do plano, que motivou o silêncio por longos minutos. Padilha foi quem o quebrou:

— Na real, Greg. Você está parecendo um vendedor.

— Gente, ele me propôs isso. Se lá na frente, o PT topar, sei lá, ele arrumar um cliente grande, acho que ele vai me dar uma comissão, né? Não estou pensando nisso. Mas não vou descartar se vier. Mas ele falou que essa experiência era de graça, não tem grana envolvida, então não vou ganhar nada, né?

— E quem vai fiscalizar os fiscais, perguntou Miltão. Como a gente sabe que eles não são exatamente o que dizem. Quem te garante que isso não é um plano para se infiltrar, conhecer nossas rotinas etc?

— Isso eu não posso garantir. Ele me pareceu profissa, pela conversa. Ele não quer se meter em política. Ele quer faturar com a política. Só que ele acha que o lado de lá já está armado. Que seus espiões ganham salários. E que pode conseguir algum desse lado. Eu sei que ele ganha a vida com alarmes, que ele gerencia segurança privada etc. Todo esse pessoal ou é ex-militar ou é policial. No caso dele, o sogro que era da PM. Ele entrou do nada nesse negócio e quer ganhar dinheiro.

— Eles ganham dinheiro com o nosso medo. E o trabalho deles é nos colocar medo.

— É isso, Camilo. Isso mesmo. Mas, olha, depois de Marielle, e as coisas que a gente tem visto sair sobre a morte dela, eu confesso que tenho medo. Não por mim, que estou alijado da vida política, acho difícil que eu consiga retornar. Dou minhas aulas de história no colégio, consigo uns aluninhos particulares e toco a vida pra frente. Mas tem muita gente que tem que botar a cara para fora para lutar, gente que pode estar em risco. Até você, que está ficando famoso agora, toda hora no jornal, na TV... A gente só tá pensando no Exército, né, mas você esqueceu que comprou uma briga gigantesca com a Polícia Federal? Com o Moro?

Se o vendedor de segurança tem como principal tarefa a de colocar o medo no cliente, Gregório teria marcado aí o seu primeiro ponto. Talvez não fosse uma ideia desprezível contar com o conhecimento do que se passa no subterrâneo. Se a reposta fosse nada, seria ainda mais proveitosa. Camilo bambeou as pernas e reduziu as resistências, assim que concluiu que o pior cenário era o nada.

— Bom, eu conheço dois deputados que estão ameaçados. Vou perguntar se topariam essa experiência. Se eles aceitarem, vamos em frente, sentenciou Camilo. Mas isso fica estritamente aqui entre nós. Sem comentários, nem para as famílias.

— Beleza, Camil. Eu tinha a certeza que você ia topar. Mas tem uma coisa.

— O que, Greg?

— Ele falou em três, digamos, alvos gratuitos. Posso sugerir que o terceiro seja você mesmo?

— Pô, cara, não cheguei nesse nível ainda...

— Eu sei disso. Eles não vão achar nada. Mas a gente vai ter certeza de que tipo de relatório vem quando a pessoa não está ameaçada. O que eles viram, o que eles não viram, e você pode saber se realmente bate com o seu mês. Por que, tem uma coisa que eu não disse...

Esperou que tivesse a atenção de todos para continuar.

— Esse relatório é exclusivo para a pessoa vigiada. Ninguém mais tem acesso. Isso vem assinado em contrato, confidencialidade, essas porras. Então, a gente não vai ter acesso aos relatórios dos outros, a menos que eles te mostrem. Quer dizer, também não teremos acesso ao seu, mas você pelo menos vai saber se eles são bons...

— Puta que o pariu, Greg. Você não está falando como um vendedor. Você está falando como um cara da propaganda. Você está enfiado até o pescoço nesse troço aí...

— Posso até estar. Mas quem vai pagar as porras das Heinekens hoje é você.

Sérgio Moro não recebeu Arthur em Brasília. Nessa segunda viagem, a audiência nem seria mesmo recomendável. O papel que lhe fora destinado era justamente a de superar as incompatibilidades do ex-juiz no Parlamento.

— Ministro Alexandre quer que eu ajude a inserir as propostas dele na votação do pacote anticrime.

— Nem sabia que ele tinha feito algum trabalho.

— Ele me pediu algumas sugestões lá atrás, Maria. Não achei que fosse virar alguma coisa. Mas vamos ver o que dá para encaixar, né?

Arthur não esquecia que suas conversas matinais também deviam ser econômicas. A real função da sua viagem não podia ser integralmente compartilhada com Maria, sem que ela virasse manchete no dia seguinte. O que havia por trás do irrecusável convite do amigo ministro era a má vontade do Congresso, sobretudo, do deputado Rodrigo Maia, presidente da Câmara, com a proposta enviada por Moro. Alexandre sugeriu que suas propostas fossem incorporadas ao relatório e quem sabe se aí pudessem trafegar com maior fluidez.

— Parece que o pessoal não está encampando tanto assim a proposta do Moro, não é mesmo?

— É só jogo de cena. Essas coisas são aprovadas ao final, Maria, com alguns ajustes aqui outros ali. Pessoal gosta de criar dificuldades para vender facilidades, sempre.

— Que discurso, daqui a pouco é você que está entrando para a política...

— Não tenho a menor vontade, nem aptidão, né?

— Não, que não tem, não tem mesmo...

— Eu achei que Moro foi inteligente por fazer a proposta logo. Dentro do governo, ele vende a ideia de que um projeto desses capitaliza atenções e deixa a reforma da Previdência trafegar sem tanta vigilância. Para fora, ele quer uma resposta rápida para se cacifar ao Supremo...

— E o Alexandre está aí para ajudá-lo ou atrapalhá-lo?

— Sempre ajudar, despistou Arthur. Não há divergências entre eles.

No Congresso, Arthur se antecipou a propagar que a

proposta do ministro Alexandre havia sido previamente discutida com representantes do meio jurídico, como juízes, promotores e advogados, e era bem equilibrada. De um lado, exigia declaração expressa da vítima para processar estelionatários (o que a defesa sempre quis), de outro aumentava o prazo máximo de cumprimento das penas de 30 para 40 anos, reivindicação antiga dos órgãos de segurança e membros da acusação.

Portanto, como ele pôde construir, já não se podia mais falar em uma proposta só da acusação, idealizada e subscrita por apenas um notável. Tirando o nome de Sérgio Moro um pouco do protagonismo, aumentavam as chances de isso trafegar com maior afinco.

— Você sabe quando volta? Amanhã à noite eu tenho um compromisso, marquei jantar com as meninas da faculdade.

— Vou tentar chegar as seis. Não desmarque, não. Isa e Cata vão ter que se virar com o papai!

— Se você quiser, eu deixo a folguista de sobreaviso...

— Pode deixar, vou marcar as reuniões para chegar cedo. Mas volto a Brasília na semana.

E ficou pensando se isso soaria para ela como uma ameaça ou apenas uma oportunidade.

O avião atrasou e, por isso, Camilo chegou tarde demais para acompanhar uma das treze saudações matinais a Lula, que toda manhã, religiosamente, às nove horas, marcava o começo do dia na Vigília, no arborizado bairro de Santa Cândida, onde estava localizada a sede da Polícia Federal em Curitiba. Era apenas a segunda vez que Camilo estava por ali, agora para conduzir um grupo de juízes progressistas que queriam deixar um abraço de solidariedade e uma nota de repúdio às ilegalidades de que o ex-presidente vinha sendo vítima.

Camilo os apresentou ao advogado Manoel Caetano, um fiel companheiro do ex-presidente, e um porto seguro às centenas de visitantes que acorriam a Curitiba. Nem todos, é certo, teriam a oportunidade de um abraço, até porque, presidente ou não, as visitas ao preso eram restritas e um mundaréu de líderes políticos e celebridades se abalou ao Brasil para esses fragmentos de meia-hora semanais. Por ali já haviam passado o ator Danny Glover, os ex-presidentes Pepe Mujica e Ernesto Samper, o Prêmio Nobel Adolfo Esquivel, o premiê Massimo Dalema, o pensador Noah Chomsky, entre tantos outros.

O prestígio político estava tirando Lula do isolamento que lhe era imposto pela execução antecipada da pena – aprofundando o diagnóstico de lawfare, que a mídia estrangeira já tomava como paradigma. Em setembro passado, com uma inédita suspensão de decisão de outro ministro do Supremo, Luiz Fux impediu que o ex-presidente concedesse entrevistas. Dias Toffoli, o presidente do Tribunal, estava viajando no dia, mas confirmou a negativa assim que voltou a Brasília. Presos em diligências eram entrevistados para programas policiais todos os dias – mesmo contra à vontade. Condenados em crimes de grande repercussão davam entrevistas com suas visões sobre o processo, ou que o dele aprenderam. Mas Lula, que ainda gozava de um status de preso provisório, sem condenação definitiva, podia abalar um país inteiro se fosse ouvido. Talvez pudesse, e por isso mesmo é que não o deixaram falar antes das eleições.

Mas nada, nada, superaria a violência do dia 30 de janeiro, quando a defesa do ex-presidente solicitara permissão para que ele fosse ao enterro de seu próprio irmão. A decisão do ministro Toffoli saiu quando o velório já se realizava, mas ainda assim feriu o ex-presidente de uma forma profunda: ele negara o pedido, em face de dificuldades operacionais e um risco alto de fuga ou tumulto. Mas ao final, de forma envergonhada e extemporânea, concedeu uma espécie de habeas corpus ao morto, para que o corpo fosse levado para perto do irmão, em alguma base militar, desde que longe do sepultamento. Uma decisão que demoraria demais a ser esquecida.

Camilo sugeriu aos juízes, alguns dos quais haviam sido seus alunos, a estarem na Vigília às 13 em ponto, para o "Boa tarde, presidente Lula", entoado de forma coletiva, e, depois sim, realizarem os atos que pretendiam. Ele voltou apressado a São Paulo, por um aviso enigmático da empresa de contra vigilância, que até já havia esquecido de ter contratado. Eles diziam que deveria estar presente pessoalmente para uma diligência que não podia esperar. Ainda não sabia qual dos deputados havia sido colhido em situação perigosa pelo serviço de inteligência, mas como eles insistiram que não era possível falar mais por telefone ou mensagem, achou melhor regressar no primeiro voo.

Um episódio dos mais tristes o faria, enfim, reencontrar brevemente com Lula, ainda que a uma distância considerável. A tragédia que se abateu na família Lula da Silva tiraria dali a poucos dias a vida do neto de sete anos de idade, em razão de uma meningite. Era choro que não terminava. Levaram o preso ao cemitério, com uma escolta digna de combate ao terrorismo, armas pesadas nas mãos de dezenas de agentes com toucas ninja.

Dessa vez, no entanto, a Justiça não teve coragem de negar sua ida.

E, de fato, Arthur voltou à Brasília, antes mesmo que imaginava. Sérgio Moro queria mudar o mundo, mas, sobretudo, ainda disputava a prisão do Lula. E ele sabia que ela só poderia ser atingida por uma mudança qualquer no Supremo. Aproveitou que estava montando um processo penal digno de enfrentar as violências e as criminalidades modernas para deixar explícita a possibilidade de prisão em segunda instância, e como forma de mobilizar atenção para o tema chamou um seminário no Ministério. Arthur foi como o principal convidado, com a incumbência de alertar parlamentares e a mídia do estrago que seria para o combate à criminalidade se as portas da prisão se abrissem de uma forma tão fulminante.

Arthur chegou ao seminário momentos antes da hora marcada e foi direto levado ao gabinete do ministro. Lá chegando, todavia, teve dificuldade para contatar Moro, pois reuniam-se os protagonistas do seminário e alguns jornalistas, de modo que o gabinete ficou até pequeno. Mais estranho, no entanto, foi dar de cara com Jaques.

— Parece que a gente só se encontra em Brasília, se não combina, não é mesmo?

— Arthur, querido. Não quis te incomodar pedindo carona, porque sei que não é o correto e você não gosta.

Ele puxou Jaques de lado, viu que ele estava com um crachá que apontava para Procuradoria-Geral da Justiça de SP, e a irritação apenas crescia.

— Você vai me explicar o que anda fazendo e porque está se fazendo passar por um assessor da PGJ?

— Eles que me deram esse crachá aqui, na verdade por ser ex-procurador-geral. Mas foi só para a entrada, logo tiro.

— Parece que você faz algumas coisas que não quer que eu saiba, debaixo do meu guarda-chuva. Não tô gostando muito disso, Jaques.

— Arthur, você acha que eu sou capaz de te atrapalhar em alguma coisa? Fui que eu fiz questão de te fazer procurador-geral, não é mesmo? Porra, eu te conheço há mais de dez anos e você me lança uma desconfiança dessas...

— Eu te trouxe como assistente, você se esconde e se recusa a me dizer o que fez; eu não te trago e te encontro como se fosse o assistente que trouxe. Jaques, você é que está me dando motivos para isso. Que história é essa de avaliar o que eu posso ou não saber?

Mas o seminário já ia começar e Jaques se comprometeu a sentar-se na primeira fileira e esperar a hora em que Arthur estivesse ponto para sair, ou almoçar, ou viajar e contar tudo, porque, afinal de contas, tinha boas novidades, que iriam lhe interessar demais. E que ele ia se arrepender de tê-lo colocado em suspeição, mas tudo bem, que isso faz parte...

— Como representantes da sociedade, nós só podemos fazer um diagnóstico: seria trágico se alterássemos novamente os rumos da prisão em segundo grau. De cara, mandaríamos para a rua algo em torno de dez mil pessoas. Mas não dez mil pessoas quaisquer. Dez mil pessoas que já foram presas, processadas e condenadas em duas instâncias. E que não poderão ter revisão de fatos sobre suas sentenças. Ou seja, é abrir as grades para aqueles que foram bem condenados e, portanto, sabendo das chances irrisórias que teriam nos tribunais superiores, simplesmente vão fugir. Pior são aquelas pessoas que também já foram condenadas e vão ficar recorrendo até o infinito, mas não para serem absolvidas, que não serão. Só para demorar mais o fim do processo e conseguir uma prescrição. O potencial de cumprimento da lei, do direito penal, do respeito aos julgamentos vai ser simplesmente estraçalhado. Eu não quero discutir sobre político ou prisão de político, que eu não entendo nada e não quero me posicionar. Mas se virar o processo penal de novo de cabeça pra baixo só por causa do ex-presidente, é melhor a gente fechar as portas. Ou alguém dê a ele uma anistia e pronto. Mas mexer na prisão em segunda instância para chegar a um resultado que interessa a ele será simplesmente um desastre.

— Você percebeu como e o quanto eles aplaudiram? Suas palavras foram fantásticas e já estão pipocando na mídia agora.

Jaques estava a seu lado na sala vip do aeroporto. Todo trabalhado nos elogios e nas explicações. Arthur não respondeu, pois esperava mais.

— Não fique com essa cara de poucos amigos. Muita coisa que eu não te disse, que simplesmente não podia dizer. Mas posso dar uma resumida, assim, bem cá entre nós.

E Jaques olha de um lado e de outro para ver o quanto podem estar sendo ouvidos, modula a voz e faz estratégicas interrupções quando qualquer outro cliente do serviço ameaça se aproximar. Tudo isso forma um ambiente de farsa que interfere diretamente no desprezo com que Arthur lida com o conteúdo, até porque, os detalhes, os nomes e os lugares onde supostamente o amigo esteve, são sumariamente excluídos pela necessidade da mais aguda confidencialidade.

Em uma brevíssima resenha, Jaques estava articulando com os militares do governo — porque quem manda nesse governo são os militares, não adianta dizer outra coisa – para que ele próprio, Arthur, fosse um nome a se considerar como sucessor de Moro, já que o convite de Bolsonaro fora aceito como uma venda casada, com o STF como prêmio. E os militares precisavam ser convencidos de que Arthur cumpriria os requisitos do cargo e estaria em condições de assumir quando fosse o momento. O mais desconfiado é o general Villas Bôas e nós conversamos muitos sobre você, sobre o Supremo, tudo para que ele saiba que você não se curvará na hora H.

Arthur ficou entre posicionar Jaques no rol dos que acreditam, veneram, ou pior, formulam teorias da conspiração, ou em grau nada moderado de oportunismo, usando a si mesmo como disfarce para arrumar uma posição no governo, o que, como sempre soube, era sua pretensão. O fato é que a bem-sucedida conversão ao bolsonarismo justificaria de forma razoável ambas as hipóteses. E simplesmente desconsiderou todo esse trololó, que traduziu como uma forma simpática de pedir desculpas. Deu-lhe um tapinha nas costas, levantou-se e tomou distância para usar o celular.

Foram várias tentativas em casa e outras tantas no número de Maria. E no meio do planalto central, envolto cada vez mais no que pareciam ser fragmentos de magia e meditação, e irritado seja com a presença de Jaques, seja com a ausência de Maria, foi tudo se enroscando em sua cabeça naquela hora. E quanto mais o avião atrasava e mais o silêncio das respostas prosseguiam, uma poeira cósmica parecia unir uma coisa errada a outra malfeita, Arthur resolve pedir ajuda a Luisinho. Mas também não consegue uma resposta dele, deixa um recado, e começa a se arrepender de ter desprezado Jaques e sua elogiável penetração junto aos homens da segurança.

Camilo não era afeto às linguagens da segurança, de uma forma ou de outra, réplicas mal disfarçadas de dinâmicas militares ou de espionagem, muito pouco adaptadas à vida civil. Por isso, não entendeu exatamente o que significava que o inimigo havia sido abatido e o alvo preservado e que, assim, eram necessárias instruções para lidar com a nova fase. Com a máxima urgência, considerando o "tempo limite de tratamento dos danos, sem interferência".

E foram precisos longos minutos para que ele entendesse, de uma forma relativamente simples, que uma pessoa estava detida, sem que até o momento a polícia tivesse sido comunicada. Em um breve apanhado, alguém fora pego com a boca da botija, e estava sendo indevidamente mantido com liberdade cerceada.

A primeira providência que determinou foi que chamassem a polícia, e se comunicassem todos os dados para preservar o "alvo", mas nem ele mesmo entendeu qual dos depois deputados, o de São Paulo ou do Rio, estava sendo protegido quando o cidadão aparecera. Por tudo isso, também boiou quando os homens da tal empresa disseram que talvez estivesse na hora de resolver a detenção sem maiores estardalhaços. Não havia nenhum deputado na parada, resumiu o gerente: a pessoa que está sendo vigiada é o senhor mesmo.

E aí, enfim, foi que caiu em si do que os agentes esperavam: um aval para soltar o rapaz flagrado na sua própria perseguição. E dado que a abordagem se dera no fim da manhã, ia ser difícil explicar por que decorrera tanta demora em chamar a polícia.

Camilo foi levado a um galpão que servia aos propósitos da companhia seguradora, onde estava, amarrada, a pessoa detida na sua perseguição. Exigiu, na hora, que ela fosse desamarrada. A esta altura, tinha tanta pressa em descobrir quem era o perseguidor, quanto de liberá-lo de uma prisão ilegal, sob de pena de passar a responder por ela.

A pessoa era um homem. E a surpresa em vê-lo era ainda maior do que a situação em que esteve envolvido.

Com uma barba mais aparada e sem os apetrechos de um militante de esquerda, mas sem quaisquer alterações fisionômicas de relevo, Camilo não teve dificuldades em identificá-lo:

— Mas olha que você topa qualquer parada para conseguir um autógrafo meu, não é mesmo?

— Professor, apesar da situação, devo reconhecer que é um prazer te rever.

— Não tenho dúvidas, disso. Se eu demoro mais a chegar, quanto tempo ia ficar detido, não é mesmo?

— Eu disse a eles que ia explicar tudo ao senhor, nem estava reclamando da detenção, não. Eu sei que o que fiz pode parecer errado, mas eu tenho uma razão.

E em instantes, a identidade funcional do detido vem parar nas suas mãos.

— Luiz Costa de Araújo. O senhor é policial civil, aqui no estado de São Paulo.

— Sim, professor.

— Eu sou vítima de alguma operação para que o senhor venha empreender tantos esforços para me ver?

E aos poucos, Camilo se dá conta de que o mesmo aluno, ávido por um autógrafo, também estivera na aula pública na faculdade de direito. E, se os pequenos detalhes não atrapalham, talvez até também no debate dos Sindicato dos Advogados.

— O senhor pode me dizer que tipo de vigilância está fazendo sobre a minha pessoa?

— Infelizmente, não posso. Essas coisas costumam ser sigilosas mesmo.

— Bom, então, não acho que a gente deve perder muito do seu tempo. Vamos fazer um boletim de ocorrência contra a perseguição obsessiva e vamos avisar o departamento de pessoal da Polícia Civil. Vamos saber se o trabalho que o senhor estava fazendo era mesmo legal. E vamos mandar à imprensa assim que que ele for levado pela polícia. Talvez eles tenham maior condições de saber de quem efetivamente se trata.

— Doutor, tem mais um elemento aqui que pode ajudar. Ele teve uma mensagem no celular. E o agente colocou para rodar:

"Alô, Luisinho. Entra em contato comigo, urgente. Quero saber o que está acontecendo com ela. Não me atende, estou achando estranho".

E a cabeça do investigador desaba.

Ele não sabia de uma nova mensagem. E quando forneceu a senha, tinha certeza absoluta que o celular estava limpo. Camilo percebe que a mensagem é que o detona. E que o segredo que tentou defender de forma tão briosa, estaria em risco.

— O que está acontecendo "com ela". Quem é ela?

Mas não vieram respostas. Só uma lembrança. Quando

ele fora fotografado no bar, ao fazer o autógrafo, Camilo não estava sozinho. Estava com Maria. Começou a suspeitar que talvez não fosse ele exatamente o objeto da vigilância. E pediu que tocassem por mais uma vez o recado. E mais uma. E outra. Até que da escuridão se fez luz.

— Eu tenho péssima lembrança do nome dos alunos que não assistiam a minha aula. Às vezes, eu me confundia mesmo com aqueles que vinham, mas ficavam quietos. Mas ou estou profundamente enganado, ou essa voz eu ouvi não faz tanto tempo assim. Aliás, não faz tempo nenhum eu a ouvi na TV...

Luisinho já está vencido.

— Professor Camilo, eu lhe imploro...

E isso só fundamenta a certeza:

— Pois não é que o doutor procurador-geral está preocupado com o sumiço da esposa e manda este senhor procurar na minha casa?

E a revelação atinge em cheio o orgulho da tropa de inteligência que, de um policial disfarçado prestes a derrubar um professor comunista, em face dos perigos da vida política, enfim, estavam diante do mais trivial alimento dos investigadores privados, a infidelidade conjugal. Foi um baque incomensurável para os agentes.

— Vamos consultar a Polícia Civil para saber se o nosso investigador aqui está cedido ao Ministério Público. Se não tiver, o estrago vai ser ainda maior.

— Professor Camilo, eu lhe imploro. O senhor vai acabar com três vidas assim...

— Quer dizer que o filho da puta teve coragem de fazer isso. Mas é um bosta mesmo. Não me estranha que Maria não consiga mais ficar com ele.

— Doutor Camilo, quero dizer que todos os registros fotográficos que fizemos vão ficar com o senhor. Cópia da documentação e relatórios de onde o investigador foi detido. O senhor terá tudo em sua mão amanhã – a menos que precise hoje, com urgência.

O agente fez de propósito, porque sabia que era o momento de Camilo ter o investigador na sua mão.

— Eu lhe dou cobertura, professor. O que é que o senhor queira fazer, enfim, e a doutora, ele não vai ficar sabendo. Fique tranquilo.

— Eu estou tranquilo, Luisinho. Acho que sou a única pessoa tranquila nesse momento. Eu e o capitão aí, 01, 02, sei lá qual o nome de guerra dele. Nós estamos tranquilos. Eu sei que você vai me dar cobertura a partir de agora. Mas quer saber? Eu vou querer um pouco mais do que isso... Para eu ficar quieto, eu vou querer mais.

A resposta de Luisinho até lhe assustou pela rapidez.

— Eu vou lhe dar mais, professor. Eu vou lhe dar aquilo que o senhor quiser. Para ficar tudo entre nós.

Camilo ainda não sabia exatamente o que queria. Mas o jogo tinha virado e não escondeu um ligeiro sorriso que brotava de seus lábios.

De uma coisa, Jaques tinha razão. O que não passasse pelos militares, não tinha lá muita chance no governo Bolsonaro. Ao longo de sua montagem, foi possível verificar que o verde-oliva não era apenas uma origem em comum, mas um padrão entre os ministros, os ocupantes de cargos de segundo escalão e o mesmo o conjunto do quadro de servidores. Arthur não captara o suficiente para entender de que lado da tropa seu amigo se aproximava, mas quem tinha pretensões de trabalhar no Executivo como ele, usar e abusar da farda era um atributo extremamente respeitado. O governo começara com oito ministros militares, mais do que na época das ditaduras, incorporando até mesmo quem ainda está na ativa; as garras do Exército vão ocupar parte significativa das estatais, como Petrobrás, Itaipu,

Funai, Incra etc. E uma avalanche de quase oito mil cargos comprovam essa colonização do serviço público.

A essa altura, os jornais noticiavam que uma luta de foice num quarto escuro, envolvia militares e olavistas pelo comando de verbas publicitárias. Jaques podia muito bem estar se afiliando à turma dos militares, como afirmava, da mesma forma como podia ser reconhecido como um olavista de quatro costados. Pelo sim, pelo não, Arthur achou que a melhor forma de conseguir mantê-lo sob seu controle e em condições de causar menos estragos, era abrir espaço em sua gestão. E dar-lhe trabalho suficiente para que não tivesse a disposição de estar presente em Brasília o tempo todo.

Assim, na famosa linha de trazer o amigo para perto e o inimigo para mais perto ainda, foi que Jaques acabou se tornando, com o prestimoso auxílio do PGJ, diretor da escola do Ministério Público.

Arthur deu-lhe uma série de recomendações, entre as quais, a de viajar o mínimo possível a Brasília, não aderir a qualquer ritual militar, em especial o de jamais comemorar, como Bolsonaro, o dia 31 de março, e não estabelecer qualquer espécie de curso em que Olavo de Carvalho pudesse ser minimamente lembrado.

Mas, como tudo isso ainda era pouco, deslocou Luisinho para acompanhar de perto o amigo. Isto porque, e essa era realmente a boa nova, o investigador lhe tirara de uma vez da rota das suspeitas, com os últimos relatórios.

— Olha, patrão, se eu disser que eles não se encontram, eu estaria mentindo. Mas os encontros deles são raros, são públicos e são rápidos. Um café e olhe lá. A impressão que tive é que não só são amigos como não veem motivos para esconder isso. Eu não sei o que o senhor soube com mais detalhes e em outros tempos. Mas, agora, minha experiência me diz que não devia se preocupar com eles não.

Luisinho fez os relatos e chegou a essa conclusão imaginando que estava cavando a sua própria dispensa. Era um trabalhinho a mais, uma grana extra, é verdade, mas a confusão que já provocara não lhe dava ânimo para continuar.

Foi tudo por água abaixo com a nova convocação...

A paz chegou entre brigadeiros e beijinhos. Mini-hambúrgueres e pastéis. E um penne ao sugo completamente sem gosto. Mas ainda assim, adorável.

Dizem que a festa de um ano é basicamente uma festa para os pais. As crianças ainda são pequenas demais para entender a celebração e não conseguem interagir nem mesmo com as outras crianças. Mas Maria não queria nem saber.

— Mesmo que fosse uma festa para nós, nós merecemos de qualquer jeito.

As meninas estavam lindíssimas, de vestidinho rosa e um minibadulaque no cabelo. Olhavam tudo aquilo com estranheza e, pareceu, um pouco de medo. Foram pegadas, abraçadas, balançadas o tanto quanto podiam. Catarina foi a primeira a abrir o berreiro. E a falta de expertise dos pais os deixava ainda atônitos. Mas sempre tinha um parente antigo, um amigo da família ou até um colega mais experiente para acalmá-los.

— Para mim é uma nova vida, disse o dr. Jorge, cofiando o que restara dos bigodes brancos. Satisfação é que não faltava a ele, principalmente pelo fato de a filha ter se acertado na vida. E lhe fornecido duas ótimas razões para viver — Acho que a Isa disse vovô, olha aí, quem pode gravar?

— Larga de fazer papel de bobo, Jorge. Elas não falam ainda.

Simone estava como sempre, deslumbrante. Pouco importando se fosse uma festa mais informal ou infantil. A elegância era o seu vestido e assim estaria de qualquer forma, em qualquer lugar. Mas que no caminho de volta estaria detonando a qualidade das comidinhas não se tinha dúvidas.

Seu Honório não viera.

— Você sabe como ele é, Arthur, não vem em nada, não sai do seu casulo. Mas eu estou aqui em nome da família, dizia Toninho. E minha incumbência é convencer vocês a visitarem Tupã com a tropa toda.

— Ano que vem a gente vai, Toninho, prometo - o tranquilizou Maria. As crianças já vão estar andando, falando e entendendo um pouco mais. Tenho a certeza de elas vão derreter o coração do Seu Honório.

O alto astral de Maria era de tal monta que até mesmo a presença de Jaques não foi capaz de tirar-lhe o bom humor. Um sorriso aqui, uma omissão ali e pronto, a cordialidade estava em dia.

Arthur foi voto vencido por uma festinha no salão do prédio; mas até ele estava achando bom que não tivesse nenhuma incumbência ao final da festa. Acabou, vamos embora. E para dizer super a verdade, nada mais do que a verdade, esperar os parabéns já estava sendo um fardo para ele.

A saudade do pai, a lembrança da mãe, a distância de uma família inteira, tudo isso batia forte em Arthur naquela noite. Mas a depressão não chegou, porque a beleza, o carinho e o carisma das meninas simplesmente os deixavam, a todos, em estado de graça.

O bufê na Vila Madalena acabou sendo prático e a vantagem de fazer a festa no fim de tarde de um dia de semana era a de não poder se estender demais. E quando o relógio foi se aproximando das dez, a imagem do pai das aniversariantes quase estatelado no sofá da entrada era demasiadamente convidativa para um boa noite.

Do outro da cidade, mais precisamente em um apartamento de dois dormitórios no bairro do Ipiranga, a celebração estava apenas começando. Mas não só não tinha crianças, como também não tinha alegrias. Bolo nem pensar. Gregório,

Miltão e Padilha e suas esposas faziam companhia a um abatido Camilo, numa versão estendida e antecipada do encontro das quintas, destinado a marcar o primeiro ano da prisão de Lula. Camilo não podia ir a Curitiba e recusou participar de eventos do partido. Mas não queria estar sozinho neste dia.

— Pode parecer uma bobagem, mas o que celebramos hoje é a força de Lula contra o sistema. Ele está segurando uma barra e tanto e logo estará de volta.

— É Greg, é nisso que a gente precisa se apoiar, secundou Camilo. Que essa sequência de derrotas de Dilma e Lula, e as vitórias de Moro e Bolsonaro, haveriam de ter um fim.

Padilha estava ainda mais revoltado, porque, como economista de um banco de investimentos, podia ver o quanto o autoritarismo era ignorado todos os dias, desde que as privatizações, aberturas de mercado e desregulamentações prosseguissem. O mercado precificava o fascismo e seguia adiante.

— O nome disso é capitalismo, nada que devia nos surpreender, não é verdade? A gente se iludiu um pouco com esse processo de redemocratização, porque pareceu que o operário e o banqueiro tinham o mesmo propósito. Mas eles não têm, nunca tiveram...

Camilo ainda contava com a desmoralização da Lava Jato com a assunção de Moro no Ministério, mas isso parecia ainda distante para impactar o Supremo, que se mantinha como objeto de legitimação e resistência. Quando as mulheres se aglutinaram na estreita sacada, Camilo resolveu fechar um negócio que ainda estava em aberto:

— Greg, eu li todos os relatórios e achei bem precisos. Não há nada, mas conversando com os deputados, eles tiveram a mesma impressão: os vigilantes foram profundamente discretos, mas não deixaram de ver nada que se passava. Não temos um trunfo, é verdade, mas já os testamos. Então, vou apresentar o pessoal para a diretoria de segurança do PT, se você puder me passar o contato.

— Maravilha, Camil. Ele tinha mesmo me perguntado o que você tinha achado do trabalho deles, mas com aquelas cláusulas de confidencialidade todas, eu achei melhor não perguntar.

— Pois é, esse foi outro ponto em que eles passaram no teste. Deu pra ver que é um pessoal sério.

— Óbvio. Eu já sugeri pra vocês alguma roubada?

— Você quer em ordem alfabética ou cronológica? – provocou Miltão.

Ao invés de bolo e saudações festivas, tiveram um discurso, o que, sejamos francos, para eles era até mais envolvente:

— O que esse ano de prisão mostra é que não podemos nunca mais ser otimistas, achando que eles não usarão as armas mais potentes que tiverem para nos destruir. Sim, vão usar. Sempre que precisar. E mostra também que não podemos nos dispersar. Não temos o direito de fraquejar. Não fomos fortes o suficiente para manter a Dilma no poder, para manter Lula em liberdade. E com esse governo truculento, militar e adorador de torturas, tudo o que eles puderem fazer contra nós, nós devemos esperar que eles façam. Nós só temos um objetivo hoje que é acabar com o fascismo. E precisamos de Lula para isso. Não só porque ele nos inspira. Mas porque ele é capaz de inspirar o povo. Ele não vai passar mais um ano na prisão. Lula Livre!

E todos responderam à saudação, levantando seus braços ou apenas seus copos.

Camilo os acompanhou na descida ao térreo e ainda tiveram chance de contar umas piadas, fazer promessas de mais encontros festivos, e o compromisso coletivo de encontrar uma namorada para o anfitrião. Além, é lógico, de um Lula Livre na despedida, bem na frente do porteiro.

Depois que todos saíram, Camilo ficou mais uns minutos na rua, na frente do prédio, esperando o sinal. Não tardou. Atravessou a rua e entrou no bar pé sujo ali em frente. Seu Zé olhou com cara de poucos amigos, pois pretendia fechar em não mais do que meia hora. Mas Camilo não ia ficar tudo isso. Sentou-se na mesa em que Luisinho já o esperava.

— Tudo tranquilo, professor, fui dispensado da vigia.

— Disse aquilo que combinamos?

— Sem tirar nem por.

— Você é um homem livre agora?

— Mais ou menos.

— Qual é a missão, então?

— Jaques Delfim.

— Esse nome não me é estranho. Acho que foi o antecessor do Arthur, não é?

— Sim. Amigo dele, inclusive.

— E ele agora quer seguir o amigo. Por acaso, é amigo da patroa, também?

Um pedacinho de ciúme percorreu o sistema nervoso de Camilo, arrepiando-o. Mas logo se desfez.

— Não, acho que a questão não é familiar, não. Parece ser política.

— Olha só no que o cara está se transformando. Criando uma polícia política particular...

— Professor, temos nosso trato...

— Não se preocupe, Luisinho. O que você me conta morre aqui. Mas me diz, achou alguma coisa importante?

— Eu não sei bem o que ele quer saber. Sei que ele agora é o diretor da escola dos promotores. E que é um, como vocês falam...

— Bolsominion.

— Isso. Olavista.

— Que combinação maravilhosa. Tudo feito pelo promotor liberal e ilustrado com que ela dizia ter se casado.

— O senhor não acha melhor parar por aqui?

— Essa pergunta você deve fazer ao patrão, não é mesmo?

— Não, lá ele me paga...

— Deixa eu entender o que ele pretende com essa vigilância. Bom, a propósito – e Camilo tira um pequeno livro da bolsa que trazia a tiracolo – essa é a sua próxima leitura.

— Ô professor...

— Sem desculpas, Luis. No nosso próximo encontro, quero ele já lido. Tempo não te falta.

— Será que não pega mal eu levar isso aí na mão, não?

— Não. Se alguém perguntar, diz que está estudando história. Ou sociologia. Ou economia, tanto faz. O exemplar é seu, não precisa devolver, quero ver ele todo riscado com o que você achou importante. E perguntas, quem lê tem dúvidas...

Luisinho se resignou. Nessa história de servir a dois senhores, misturava espionagem e formação política. E, apesar de tudo, o professor era boa gente. Ao invés de punir, queria ensiná-lo. Esperou ele sair e pediu a conta das cervejas que tomara. Seu Zé foi o primeiro a espiar e a fazer caretas, quando leu, de soslaio, o título do livro: "O Manifesto do Partido Comunista".

Quando o jogo começou a virar, as reações foram tão intensas que acabaram por apressar a mudança, ao invés de detê-la.

Para Camilo, parecia ser o turning point que esperava: o Supremo, enfim, começava a entender que parte das ações da Lava Jato não podia ter sido julgada por Moro, porque envolvia acusações ligadas a crimes eleitorais. A força-tarefa havia deixado isso passar e Sérgio Moro, como se sabe, não era de abrir mão de nenhum processo, nenhuma competência. Havia um consenso dos envolvidos, até então, que todos os processos deviam ser julgados por ele, na República de Curitiba. Maria lembrou-se da pergunta que por muito tempo habitou sua cadernetinha. Camilo dizia que era apta a desbancar a

Lava Jato, mas, apesar disso, ou exatamente por isso, ninguém se fazia: "Afinal de contas, por que Moro?"

O primeiro petardo no Supremo foi disparado pelo procurador da Lava Jato, Diogo Castor. Ele e Deltan Dallagnol vinham fazendo insistentes críticas ao STF, justamente por essa questão eleitoral. Deltan diria que isso seria "o começo do fim", que a Justiça Eleitoral não tinha pessoal e não condenava ninguém. Na mesma linha apocalíptica, e ainda um pouco mais desbocado, Castor escreveu um artigo no site Antagonista. No texto, acusava o "golpe contra a Lava Jato" que estava sendo desferido pela Segunda Turma do STF, que apelidou de "operação abafa".

O artigo bateu duro no Supremo – como, aliás, as críticas de Dallagnol que, nas redes sociais, estimulava freneticamente entre seus seguidores a ideia de um tribunal desmontando a luta contra a corrupção.

O que ainda não era totalmente visível é que este foi o mesmo momento em que Bolsonaro reavivara seus grupos de WhastApp para ajudar o governo que, entre outras questões, sofria para aprovar a reforma da Previdência. Nesse meio, veio de tudo. Havia textos em prol do governo, de apoio às medidas propostas e em solidariedade a um presidente que lutava contra o sistema. Mas o potencial maior dos grupos era mesmo o de destruição e o Supremo acabou por entrar na rota direta das mensagens como seu alvo principal.

A indisposição entre o Tribunal e o bolsonarismo não era propriamente nova. Meses atrás, o STF fora intimidado de uma forma nada sutil por um tuíte do general Villas Bôas, lotado no Planalto. Ele praticamente ameaçava o tribunal caso este soltasse Lula. As respostas foram tímidas, mas a indignação ficou ali contida. Sem contar que um dos filhos do presidente já havia sido flagrado em vídeo, que viralizou na campanha eleitoral, dizendo que o tribunal não precisava mais do que um cabo e um soldado para ser fechado.

Até então, a turma do deixa disso estava sendo mais eficiente. Mas o caldo começou a entornar. Mensagens agressivas na rede pediam o fim do STF e apontavam a "toga contra o povo". Além dos protestos, informações falsas eram também disseminadas, o que ajudava a distribuir o ódio. Foi nesse quadro que o presidente Dias Toffoli deflagrou de ofício um inquérito para investigar as ofensas, as ameaças e as mentiras de que estava sendo vítima o Supremo Tribunal. Designou, por conta própria, o ministro Alexandre de Moraes para presidir o inquérito. E a política nunca mais seria a mesma.

Houve divergências, manifestações de contrariedade no Supremo e fora dele, sobretudo na Procuradoria-Geral da República, que se sentia solenemente ignorada no caso. Mas Alexandre atribuiu isso tudo ao "direito de espernear" e seguiu em frente.

Um mês depois, a primeira das controvérsias do Inquérito das Fake News veio à tona. O ministro Dias Toffoli estava sendo mencionado, numa reportagem da revista Crusoé, como "amigo do amigo do meu pai" a quem Marcelo Odebrecht teria se referido em delação. Toffoli disse que se tratava de fake news e que o documento em questão nem estava nos autos. Enviou mensagem ao ministro Alexandre de Moraes para que tomasse providências sobre as "mentiras recém divulgadas por pessoas e sites ignóbeis que querem atingir as instituições brasileiras". Alexandre imediatamente mandou tirar a reportagem do ar, aplicando pesada multa caso não fosse atendido.

A reação a esta censura também foi violenta. A TV Globo fez matéria para provar que o documento estava sim nos autos. Até um site *inimigo* como o The Intercept Brasil resolveu republicar a matéria censurada, em nome da defesa da liberdade de expressão. Os dois ministros mais antigos da Corte, Celso de Mello e Marco Aurélio, lançaram críticas contra a censura.

Fato é que, três dias depois, a decisão foi revogada pelo próprio Alexandre de Moraes, sob o fundamento de que o documento havia sido introduzido nos autos. E já que, enfim, estava de volta a liberdade de expressão e banida a censura, Toffoli decidiu, no mesmo dia, despachar no processo da entrevista de Lula, um que dormitava nas prateleiras por meses. Utilizou um pretexto processual e revogou de imediato a inusitada proibição de entrevista que antes dera aval.

Pelas vias mais tortuosas possíveis, pouco mais de um ano depois de ser preso, Lula finalmente poderia ser entrevistado. Florestan Fernandes do El País e Monica Bergamo da Folha de S.Paulo estavam em primeiro na fila – era a entrevista deles que o Supremo vetara antes da eleição.

E então Maria foi deslocada para essa cobertura, ficando disponível para ajudar com as perguntas, repercutir as respostas e editar o texto final. Ela sentiu que o jogo estava virando, inclusive para o seu lado.

Mas ainda não tinha a menor ideia do quanto.

Não que ser conhecida como Marie le Rouge na redação lhe trouxesse propriamente alguma espécie de vantagem. Bem ao contrário, a crítica ou indisposição para com os objetivos da classe dominante nunca fora uma distinção positiva entre os trabalhadores no capitalismo. Mas o estabelecimento de certos contatos com o "mundo de lá", e as preocupações que vez por outra eram convertidas em perguntas numa entrevista ou até mesmo em pautas, acabaram a deixando numa posição de certa visibilidade quando a maré indicava uma virada. E isso fez melhorar bastante seu próprio humor com relação ao trabalho.

Maria tinha se decidido sair do jornalismo político quando voltasse da licença-maternidade, mas ainda não conseguira colocar a ideia de pé. O jornal não lhe abrira oportunidades de trabalhar com meio ambiente e ela acabou inibida de procurar em outro canto. Mas conseguira se manter distante da rotina de viagens e isso era de uma valia enorme para quem divide a maternidade das pequenas com o ainda mais ocupado procurador-geral da justiça.

Então, de uma forma ou de outra, ela voltara ao trabalho se acomodando aqui e ali, e progressivamente passou a ser mais suscitada quando a questão era justamente a Lava Jato, tida pelo jornal como uma operação inconclusa – e que, portanto, ainda tinha frutos a gerar. E os novos frutos estavam exatamente na esfera de competência de Maria, a esquina entre direito e política.

Parte do desencanto dela para com as versões oficiais, inclusive as da própria mídia, vieram das insistentes provocações de Camilo, que se indignara em ver a ex-aluna absorvida pela fúria da grande imprensa contra o PT. Mas a verdade é que parte expressiva do ressurgimento de Camilo para o cenário do direito e da política, até dentro do partido, também se deveu a Maria, que suplantou rabugices, ignorou grosserias e relevou displicências, forçando a barra para que ele não se desse por vencido.

— Nós somos uma boa dupla.

— Temos nossos momentos – respondeu Camilo a envolvendo com o braço.

Era uma paixão de risco, pois ela vinha e se ia. Mas ele não conseguia se descartar dela assim tão facilmente. Um pingo de vaidade, outro de vingança o cobria, mas o fato é que, diferentemente do que se esperava, era ela que o mantinha em cativeiro. Ele não era mais do que um aluno seduzido. Naquele exato momento, além do desejo e da paixão, o que os envolvia também era o ímpeto de descortinar o absurdo e fazê-lo em parceria. Parceria talvez fosse a lição que ele mais custou a aprender, mas a que mais o fez crescer.

Era cada vez mais presente a ideia de que o mergulho do Supremo nas águas da opinião pública, que ele continuamente provocara, deixara feridas difíceis de cicatrizar.

— O mesmo público que saiu nas ruas para venerar Moro, hoje hostiliza e encurrala o Supremo. A ideia de disputar uma condenação nas redes e nas telas, de ganhar a legitimidade por sobre a prova e o processo, tinha sido fatal.

Maria se orgulhava ao ver Camilo dar uma declaração para um jornal estrangeiro, ao mesmo tempo em que acariciava seus cabelos curtos e preparava uma grande imersão em seu corpo, assim que a entrevista terminasse.

Mas antes que isso acontecesse, ela recebeu uma mensagem. Estava mesmo de olho no celular, esperando Arthur dizer que já estava voltando do sítio da tia onde levara as crianças para passar o domingo. Mesmo que ela tivesse simulado um plantão e, portanto, tinha alvará para voltar tarde, o certo é que queria estar em casa quando ele chegasse com as meninas. Mas a mensagem não era de Arthur.

Camilo acabou de falar e sentiu que voltar aos braços de Maria era a melhor pedida para acabar o domingo. Mas ela levantara num azougue e já estava com cara de ir. Ele não entendeu nada, e a languidez não o permitiu acompanhá-la. E em minutos ela já estava abrindo a porta e mandando beijinhos à distância. Se ele pudesse ter visto a tela do celular leria a mensagem da amiga Cecília.

— Rainha! Entra agora no nosso site. Esteja preparada para o susto. E para trabalhar muito nas próximas semanas!!

"Uma coletiva antes do segundo turno pode eleger o Haddad!".

Soou o botão de pânico no grupo dos procuradores da Lava Jato, quando o ministro Ricardo Lewandowski autorizou a jornalista Monica Bergamo a entrevistar Lula. Nem tanto pelo que ele podia dizer sobre o processo, mas pela influência que podia ter nas eleições.

"Ando muito preocupado com uma possível volta do PT, mas tenho rezado muito para Deus iluminar nossa população", disse uma outra procuradora, provocando a imediata resposta de Deltan Dallagnol:

"Reza sim. Precisamos como país".

Um dos procuradores pensou em "aumentar o circo", para obrigar a uma entrevista com vários jornalistas, imaginando que a confusão podia atrapalhar sua realização; outro sugeriu que a polícia fizesse corpo mole e só agendasse a entrevista depois das eleições, porque estaria, ainda assim, "cumprindo a decisão". Críticas intensas à Procuradora-Geral que avisou que não ia recorrer. Ao final, alívio com um recurso meio estranho e de última hora do Partido Novo que o ministro Luiz Fux, no entanto, acolheu em tempo recorde.

A impoluta e apartidária Lava Jato havia sido posta a nu pela primeira das reportagens do site The Intercept, que iria colocar o Brasil em polvorosa. Eles tinham lado e lutavam de forma desesperada para que o PT não ganhasse a eleição – e com tudo o que diziam ter recolhido de elementos contra Lula, tremiam como vara verde com a possibilidade de alguém lhe dar o microfone.

Maria acompanhara nas últimas semanas diversas entrevistas de Lula e ele parecia estar, seja nas propostas, seja no linguajar, a uma estratosférica distância de Bolsonaro, na comparação, um verdadeiro estadista. Mas até então não se sabia que o pessoal da Lava Jato temera alucinadamente a palavra de Lula. Tudo que pudesse proibi-la seria bem-vindo, de articulações com partidos a promessas religiosas. Sem passar, é lógico, pela ajudinha da mídia, que um dos membros do MPF alertava:

"Passaram a petição da entrevista para o Antagonista? Querem passar para a Globo?"

O primeiro capítulo de uma longa novela já prenunciava um abalo sísmico. O site recebera milhares de conversas secretas do grupo dos procuradores no Telegram e ainda de conversas privadas de Deltan. O que mais podia aparecer? O que eles falaram em privado que não podia ser ouvido pela sociedade?

As respostas vieram nos capítulos seguintes. Como em tradicionais promoções de fascículos, no entanto, mais dois foram entregues juntos com o primeiro, causando um fim de domingo de muita apreensão e nenhum sono para a turma da Lava Jato.

Neles, podia-se ver que Deltan estava profundamente inseguro quanto à suficiência dos elementos de ligação do triplex com Lula, e deste com propinas da Petrobrás, poucos momentos antes de protocolar a denúncia.

Entusiasmou-se com uma reportagem de O Globo, que insinuava a propriedade – a par de diversas incompatibilidades. E admitiu uma forçada de mão para que toda a corrupção parecesse vinculada a Lula, que seria apresentado, dias depois, como o "líder máximo" no famoso power point com que ilustrou sua entrevista acusatória.

As dificuldades eram tamanhas, sobretudo, pela anterior disputa com o MP estadual de SP acerca da competência daquele crime. Mas o intuito de Deltan estava bem além do campo jurídico:

"A opinião pública é decisiva", sentenciou.

A terceira inconfidência do domingo era, certamente, a mais grave: a certeza de que o juiz Sérgio Moro mantinha com o procurador conversas secretas ligadas ao processo, antes e depois da proposição da denúncia. Os diálogos revelaram o que havia de mais assustador: a parceria entre juiz e acusador e, assim, o abandono da imparcialidade.

"Não é muito tempo sem operação?" – indagava Moro na hotline mantida com o responsável pelas acusações que, mais tarde, ele mesmo teria de julgar.

A sugestão de urgência foi acolhida, como tantas outras que o juiz ofereceu no papel de um coach privilegiado.

Uma tabelinha de milhões, escreveu Maria, no que seria a primeira de uma série de reportagens sobre o material oferecido pelo The Intercept.

Começava, aí, a Vaza Jato.

Camilo entrou na sala com ar circunspecto. Olhou para a classe que estava uma verdadeira baderna. É certo que já estavam um pouco acostumados com a lotação das aulas, em presença de alunos maior do que a de carteiras. Mas hoje parecia excepcionalmente pior. Ele chegou a pedir substituição para uma das salas-monumentos antigas e que ainda não tinham sofrido os processos de separação. Mas o semestre estava acabando e ele ia tocar desse jeito mesmo.

— Eu vou dar cinco minutos para que todo mundo se acomode: sente ou deite em algum lugar. Não quero ver ninguém de pé. Acomodem-se, porque eu vou começar a aula. E já vou avisando, quando eu terminar, não vai sobrar pedra sobre pedra da Lava Jato.

Ouviu-se um murmúrio de consentimento tão grande, que chegou a parecer uma salva de palmas. Mas ela estaria esperando Camilo, assim que ele terminasse.

— A Lava Jato se sustentava em três pilares: uma operação apartidária, uma condenação coalhada em provas, um juiz acima do bem e do mal. Não precisou de mais do que um dia dos relatórios da Vaza Jato para colocar os três pilares de uma só vez no chão. A força-tarefa não é nada apartidária. Eles usaram a condenação para atrapalhar o PT e o impedir de voltar; de cima pra baixo, era toda uma organização destinada a ferir o partido. Porque, independentemente das provas, era preciso calar o Lula, sem o que não havia como ganhar as eleições. Prova, os registros mostram que Deltan e companhia mal tinham elementos no principal processo às vésperas daquele show grotesco do power point. Ele teve que se agarrar numa matéria de jornal, que nem a jornalista podia confirmar e que estava errada até a torre em que fora construído o triplex. Mas isso não era nada, perto do escândalo de um juiz assumindo o papel de treinador da acusação. Falando sobre operações policiais, sobre dimensão da denúncia, sobre testemunhas a serem arguidas, que ele mesmo indica por debaixo do pano, tudo aquilo partia de um acerto entre o juiz e o promotor. Já pensou se você é o advogado de defesa, como é que vai enfrentar um processo assim? Em que o juiz já se acertou com o promotor? Três pequenas peças do quebra-cabeça já mostram que a imparcialidade não se sustentava. É o caso de abrir a porta da prisão e mandar o Lula embora da cadeia correndo, para que a gente não passe mais vergonha.

Aí sim, vieram as palmas. A aula do professor Camilo já virara um ponto de encontro dos petistas da SanFran e até da USP, já que muitos acorriam ao largo vindo da Cidade Universitária. Pelo menos um dos presentes, que não era aluno do largo, nem da cidade universitária, ficava no fundo da classe, anotando o que podia, e ouvindo os comentários que mais tarde dividiria com o professor. Na sua mochila, hoje, estava o 18 de Brumário de Luís Bonaparte. Ao ir de encontro com Camilo, Luisinho resolveu mostrar que tinha lido, pelo menos o começo:

— A primeira como tragédia, professor, a segunda como farsa.

Para Arthur, apenas como farsa.

Porta voz da direita jurídica, ou dos cidadãos de bem que aplaudiram e perseveraram por Sérgio Moro, o procurador-geral de Justiça de São Paulo só via crime à sua frente. E uma glorificação do ilegal.

— É um absurdo o espaço que a mídia está dando a essas informações ilícitas, obtidas não por trabalho jornalístico, mas por um crime puro e simples. O que nós estamos fazendo equivale a uma receptação: adquirir material que é proveniente de crime.

Arthur havia chamado uma entrevista coletiva não apenas para troçar das manchetes que balançavam os meios de imprensa desde a noite do domingo. Mas para dizer que havia colocado os promotores dos grupos de investigação dos crimes digitais e do crime organizado à disposição para auxiliar a Polícia Federal na apuração dos responsáveis pelo grampo ilegal.

Ninguém sabia tudo o que viria do vazamento destas interceptações ilegais, mas independentemente de seu conteúdo, nada poderia ser empregado como prova em processos penais, isso era preciso ficar claro. E que, apesar de tudo, o que aparecia dos membros do Ministério Público envolvidos era apenas disposição para agir contra o crime. Arthur aproveitava para pagar, uma vez mais, pelos apoios que recebera.

— Eles têm que ser premiados, louvados, pelo esforço que tiveram - e se são verdadeiras essas mensagens roubadas, se é que não mudaram nada, ainda assim o que elas mostram é algo absolutamente normal e corriqueiro.

Em resumo, Arthur mais parecia um advogado de Moro e Deltan, antecipando passo a passo as observações que eles diriam sobre estas mensagens: não confirmo ter dito, mas de toda a forma são normais...

Com a disposição de fazer frente jurídica e politicamente contra a Vaza Jato, com todas as forças possíveis, Arhur indiretamente compraria uma briga de grande costado com Maria, porque era justamente o seu mergulhar na operação que ia definir sua posição e futuro no jornal. Pesando isso ou não, Arthur arrumou uma viagem a Brasília nesta noite e não ia ter de encarar a esposa em casa. Mais uma noite, portanto, que passariam sem falar no assunto, porque Maria, esperta e cautelosa, simplesmente se calou no domingo à noite, enquanto digitava freneticamente.

— Moro já colocou os bandidos na cadeia uma vez. Vamos colocar agora aqueles que fazem força para que os bandidos não cumpram sua pena.

Como a luta parecia ser maior, todos os aliados poderiam ser importantes. Depois de meses, pensou em levar Jaques a Brasília mais uma vez. Mas Luisinho havia sido mais rápido e lhe comunicara por mensagem:

— Ele embarcou para lá hoje cedo.

Na primeira oportunidade em que esteve com jornalistas, Bolsonaro foi indagado sobre as mensagens divulgadas pelo The Intercept. Ele fez o que achou que um líder político na sua posição deveria fazer. Interrompeu a entrevista e foi embora sem responder. Dias depois, resolveu fazer um gesto para prestigiar seu ministro. Levou-o à tribuna do Estádio Mané Garrincha em um jogo de futebol. Agarrou sua mão, ergueram junto os braços, em saudação da torcida, vestiu e o fez vestir, quiçá pela primeira vez na vida, a camisa do Flamengo. O seu jeito de dar apoio era esse mesmo: submeter o apoiado à sua rotina populista, ainda que nada, ou quase nada, se amoldasse à figura do ministro. Era preciso exibir, uma vez mais, a marca da submissão. Moro pareceu demais de desconfortável, mas certamente teria dito à sua esposa, ao chegar em casa à noite, em justificação: é o que temos para hoje.

Havia dois grandes vetores que precisavam de certa legitimação na reportagem do The Intercept. O primeiro, o da verdade. Era imperioso mostrar que as conversas eram verdadeiras. O segundo, mais fácil, embora mais subjetivo: provar que aquilo era um absurdo por si só.

Os jornalistas contavam com as versões dos envolvidos para atestar a verdade. Mas eles eram totalmente fugidios. Moro se recusara a entregar o celular à perícia, Dallagnol disse que apagara totalmente o grupo no Telegram. Em nenhum momento, eles chegaram a negar as conversas. Espertamente, ficavam no meio do caminho ao dizer que não tinham como confirmá-las, deixando uma réstia de dúvida de que poderiam ter sido manipuladas. Mas o tempo passou e esta pequena possibilidade foi se esvaziando, quando não houve nenhuma conversa, nenhum relato, nenhuma intervenção que se pôde apontar como inventada.

E, afinal, de contas, havia outras pessoas nas conversas, que podiam, ainda que indiretamente, confirmar fatos paralelos que iam formando um todo. Foi o caso do apresentador Fausto Silva, mencionado por Moro em uma das conversas. O então juiz disse que fora advertido pelo apresentador de que a operação precisava de um marketing melhor. Ouvido quando as conversas vieram a público, Faustão confirmou o diálogo. Isso veio acontecer com vários jornalistas que eram mencionados nas conversas, reduzindo, cada vez mais, o espaço da dúvida.

Mas especialmente uma destas confirmações acabou provocando um efeito colateral indesejado. É que numa das conversas interceptadas, Deltan relata que foi procurado por uma jornalista de São Paulo, indagando sobre a disputa de competência com os promotores de lá. Antes de responder, Deltan especulava como a jornalista recebera a informação da conversa que haviam tido com o promotor paulista Arthur Evilásio. Sua resposta foi deixar o tempo passar para que os fatos se tornassem públicos e, assim, o interesse se esvaziasse. Para o público geral, um detalhe sem a menor importância. Para os esforços de confirmação, outra bola de ouro.

Mas a informação explodiu mesmo naquele arejado apartamento de Pinheiros que, recentemente, havia celebrado a consagração da paz familiar.

— É verdade isso que estou lendo, Maria?

— Não era você que punha em dúvida todas essas informações obtidas por ações criminosas? Não chamou de receptadores quem lidava com isso?

— Não foge do assunto, Maria. Você entendeu bem do que eu estou falando...

— Sim, eu atuei como confirmadora. Uma conversa minha com o Deltan foi relatada no vazamento. E eu disse a meu jornal que era verdade – como, aliás, Arthur, é verdade tudo o que está saindo aí. E você está fazendo um papel ridículo servindo de cuidador do Sérgio Moro.

Como esperteza não lhe faltava, Maria reconheceu que a tática do ataque como melhor defesa é a que mais se adequava para o momento. Mas é óbvio que ela não ia dar certo.

— Tudo bem, nossas diferenças a gente discute depois. Mas o que está aí no jornal é que você foi entrevistar Deltan, com base em uma informação que ouviu de mim na cama.

— Não sei se foi propriamente na cama.

— Na cama, no banho, na mesa do café da manhã, grande merda. Você está usando informação que teve por viver comigo...

Ela chegou a pensar em responder que alguma vantagem devia ter por isso, mas ia entornar o barco mais ainda.

— Não tenho como negar. Se vou dizer a verdade à Folha, e isso está ajudando a desmascarar esse juiz de merda, tenho que dizer a verdade aqui também.

— Isso é uma profunda deslealdade.

— Eu ouvi e tinha de cumprir uma pauta. Que devia eu fazer, fingir que não sabia? Que diabo de jornalista eu seria se fizesse isso?

— Que diabo de esposa você seria se fizesse isso?

— Bom, aí, só você é que pode dizer.

— Eu sei, estou pensando. Porque até agora isso não tinha acontecido.

— Pelo menos não tinha saído no jornal.

— Ah, então quer dizer que aconteceu outras vezes?

— Não, quero dizer que pode ter acontecido. Inclusive da sua parte.

— Você sabe que da minha parte nunca aconteceu. Aliás, quando a gente começou a ficar junto, você me fez jurar isso, lembra? Porque era importante demais pra você: Você vai casar com a mulher, não a jornalista... me obrigou a jurar que isso nunca ia se passar.

— Sim, porque você fingira que não se lembrava e me procurou especificamente para publicar matéria do seu interesse. Fico pensando o que disse lá para os seus amigos: Fica tranquilo, que eu peguei essa jornalista na faculdade?

— Não foi nada disso e você sabe. Você inverteu as bolas. Eu queria procurar uma jornalista, me indicaram você... e bateu saudades em mim. Fiquei com vontade de te ver de novo. E aí a gente sai e o que você me pede para te assegurar? Que eu nunca ia usar essa sua condição de jornalista para o meu interesse, para a minha carreira...

Maria ficou em silêncio. Não tinha mais argumentos a não ser o decisivo. A bomba atômica. E, como deve ser usada com moderação, pensou duas vezes. E depois mais duas vezes. E, ao final, soltou:

— É. Mas você não me pediu o mesmo.

Ultrapassada a questão da autenticidade dos diálogos, a segunda tarefa para demonstrar a legitimidade da Vaza Jato era a comprovação do absurdo. Ou seja, de que juízes e promotores não fazem, no desempenho de suas funções, as tabelinhas que as conversas revelavam.

Não faltaram os especialistas da grande mídia, aqueles que comemoraram as decisões de Sérgio Moro como uma vitória pessoal, que viriam minimizar os episódios. No fundo, o que se vê é uma enorme dedicação para o combate ao crime, de todos, imbuídos desse trabalho conjunto. Mentiam, sobretudo, quanto à ideia de equipe ou de um trabalho coletivo em que juízes e promotores nunca fizeram parte de uma força-tarefa. Mas quem, afinal, os desmentiria?

Os juízes, como se sabe, foram fortes apoiadores de Sérgio Moro – de uma certa forma, ele os alçou a um patamar que jamais haviam imaginado, os juízes que decidem a República. É lógico que o ditado que ouvíamos de nossas mães, tias ou avós, uma hora ia se aplicar a eles: quanto maior a altura, maior o tombo. Passo a passo, os juízes foram descobrindo que Moro fora uma péssima companhia e o pior divulgador possível da carreira. A aprovação da Lei contra o Abuso de Autoridade, como uma retaliação à proposta das Dez Medidas contra a Corrupção, acendeu a luz amarela.

Mas, ainda assim, não era fácil topar com juízes fortemente críticos da Lava Jato, a maior parte se escondendo pelos escaninhos do conflito ético, e das leis de mordaça que intimidavam os que escreviam contra decisões de colegas. Foi essa a dificuldade com que Camilo teve de se deparar ao buscar um magistrado que, sem papas na língua, dissesse o que as pessoas estavam precisando ouvir: Sérgio Moro dera um tapa na cara dos juízes brasileiros.

Marquinhos fora seu aluno e havia sido presidente da Associação Juízes para a Democracia. No artigo, estimulado a argumentar, ele usou uma lógica capaz de convencer a seus colegas.

Moro, preocupado consigo mesmo, ao invés de negar os diálogos, o que poderia ser desmentido por gravações, optara em usar os próprios juízes como álibis de sua conduta. Tudo era normal, era assim mesmo que os juízes procediam. E, portanto, a Vaza Jato era, a par da espetacularização de ganha cliques, muito barulho por nada. Mas ele estava redondamente errado, pois se a conduta dele fora um absurdo na Lava Jato, pior ainda era agir no sentido de encaixotar a magistratura na sua mimesis. Mais grave do que abrir mão da imparcialidade era deixar consignada a ideia de que os juízes não eram mesmo muito imparciais.

E ele fez uma relação bem precisa das infrações dos envolvidos para que não houvesse dúvida:

"Há um pouco de tudo nas conversas resumidas pela revista – mas nenhuma delas é encontrada diariamente nos fóruns brasileiros: o juiz que avisa o promotor que a denúncia deveria vir acompanhada de um documento que indica, dizendo que vai esperar a juntada deste para recebê-la; o juiz que adverte, pelo Telegram, do prazo que o promotor tem para fazer uma manifestação, assinalando o quanto ela é importante para sua decisão; o promotor que remete ao juiz um rascunho da manifestação que vai lhe apresentar oficialmente, para que ele já possa ir fazendo a decisão com base nela; o pedido do juiz para que a operação policial, que vai resultar na denúncia dirigida a ele mesmo, seja feita em determinada data; o juiz que interpela o promotor sobre uma possível delação, observando, previamente, que a ela se opõe; a recomendação do juiz à polícia para que não tenha pressa em juntar documento que pode afastar sua competência processual".

Enfim, se ele pudesse fazer tudo isso, não precisa fazer escondido. Podia fazer na frente da defesa. Podia fazer constar no processo.

Não. Moro discutiu com os promotores onde e quando firmar sigilo nos processos; quando e como recorrer; qual peça era boa o suficiente; quem podia e quem não podia ser melindrado por uma ação penal; quem era e quem não era um promotor bom para fazer audiências; como comunicar os fatos à sociedade para granjear maior simpatia. Além, é lógico, de objetivos mais amplos, como as disputas de ministros e procurador-geral. Eles tinham juntos um plano preordenado para o processo e outro plano ainda maior para a política, que dependia do sucesso do feito.

Superado pelo discípulo, Camilo estava realizado. Agora, sim, tinha a resposta para a pergunta que tanto incomodava Maria: Por que, Moro? Simplesmente, porque não podia ser outro.

O artigo do juiz publicado num site de cultura rendeu a seu autor cliques e compartilhamentos, convites para entrevistas e lives. Sozinho, jamais teria tido o alcance necessário para convencer corações e mentes. Mas para isso havia pela frente um Gilmar Mendes que operou, esse sim, o mais importante e prestigioso *turning point* da República.

— Sim, Arthur, fui a Brasília. Não tinha como não ir.

— E o que tanto você apurou por lá, Jaques?

— Com essa coisa toda do Moro, fica mais difícil aquela hipótese do Supremo. Mas, por outro lado...

— Por outro lado?

— Já não é tão certo que ele se segure na cadeira de ministro por muito tempo.

Era nítido. Jaques esteve em Brasília para conspirar. Não para ajudar Sérgio Moro, como pretendia Arthur, emprestando-lhe a idoneidade e o respeito de seu cargo e a solidariedade dos promotores paulistas. Jaques já estava de olho na carniça.

— Acho que você está equivocado. Essa coisa vai sumir logo. E Bolsonaro precisa dele.

— Vai sumir, não tenho dúvida. No Brasil, quem tem paciência para esperar, sempre vê um escândalo ir embora, quando chega o próximo. A questão é o quanto esse vai deixar Moro arranhado.

— Isso vai ser uma guerra de narrativas, Jaques. Ganha quem tiver a melhor ou for mais insistente.

— Eu gostaria de pensar nisso. Mas é uma cagada sem precedentes. Por que, diabos, o Moro precisava ficar anunciando o que vai fazer? O outro ridículo rindo e chorando com os apoios e as notícias. Tudo, tudo, na frente de todos...

— Na frente de todos, não né? Era tudo para ficar escondido, privado.

— Valia tudo para prender o Lula. Menos dizer que valia tudo, se é que você me compreende...

O que Arthur compreendida era que seus caminhos estavam começando a se distinguir de forma irreparável. Enquanto Jaques procurava se posicionar no mundo de Bolsonaro pós-Moro, Arthur enxergava isso como uma distopia. E que, ao final de tudo, o medo de soltar o Lula ia reagrupar todo mundo de novo, como havia feito em 2018. Mas Arthur também entendeu que essas conspirações são irreversíveis. Uma vez que eles entram para tratar de quem pode substituir Moro, no caso de ele sair, uma hora vão pensar em como tirar ele de lá. E nada, nem ninguém lhe tiraria da cabeça que o trabalho de Jaques, desde o primeiro dia do governo, era tentar cavar ele mesmo a vaga de Moro.

— Mas vamos conversar sobre o que interessa, pois somos remunerados para isso. Me diga, Jaques, quais os seus planos do semestre na Escola?

"Procuradores na linha de frente da Operação Lava Jato se articularam para proteger Sergio Moro e evitar que tensões entre ele e o Supremo Tribunal Federal paralisassem as investigações num momento crítico para a força-tarefa em 2016, segundo mensagens privadas enviadas por uma fonte anônima ao The Intercept Brasil e analisadas pela Folha e pelo site".

Para ganhar legitimidade e acolhimento, e ao mesmo tempo, conseguir trabalhar com um volume gigantesco de documentos que estava à sua disposição, o The Intercept passou a compartilhar dados para produzir matérias conjuntas. Eles sabiam que não bastava, apenas, divulgar a íntegra das conversas interceptadas, sem que fosse, ao mesmo tempo, oferecido o contexto em que elas se passaram, o que ocorria no processo e quais os jogos de poder em que elas estavam envolvidas. Graças às suas ligações pessoais, Maria conseguiu que a Folha fosse a primeira parceira e a análise dos membros da força-tarefa tentando limpar a barra de Sérgio Moro com o STF o primeiro trabalho da sua editoria.

Não era pouca coisa. Moro estava furioso com a bola nas costas que a Polícia Federal teria dado, abrindo chance para que mais uma vez Teori Zavascki pudesse criticá-lo. Embora ele tivesse ganho as quedas de braço com o ministro, a primeira sobre a prisão preventiva de Paulo Roberto Costa, que o ministro revogou e depois voltou atrás, e a segunda, com cicatrizes, acerca da divulgação da conversa de Lula e Dilma, era sempre um risco. O olhar mais rigoroso do ministro, descobriu-se nas interceptações, era uma das poucas coisas que os incomodavam em relação às instâncias superiores. Outras conversas reveladas iam mostrar como os procuradores tinham especial apreço pelos ministros Fux e Barroso, e como receberam bem a vinda de Edson Fachin para a relatoria. Mas Teori, naquele momento, ainda era uma pedra no sapato.

"As mensagens indicam que os procuradores e o então juiz temiam que o ministro Teori Zavascki, relator da Lava Jato no STF, desmembrasse os inquéritos que estavam sob controle de Moro em Curitiba e os esvaziasse num momento em que as investigações sobre a Odebrecht avançavam rapidamente".

Numa das conversas, Deltan deixa explícito os laços de camaradagem que o unia a Moro: "Saiba não só que a imensa maioria da sociedade está com você, mas que nós faremos tudo o que for necessário para defender você de injustas acusações".

"Os diálogos sugerem que o incidente em questão fora causado por um descuido da Polícia Federal no dia 22 de março de 2016, quando ela anexou os documentos da Odebrecht aos autos de um processo da Lava Jato sem preservar seu sigilo, o que permitiu a divulgação do material por um blog mantido pelo jornalista Fernando Rodrigues na época".

Em outras oportunidades, apurou-se que Moro dera ordens a uma delegada para que atrasasse a juntada aos autos de documentos que podiam direcionar parte da investigação direto para o Supremo, indicando que, afinal de contas, o controle da competência para julgar era a questão mais delicadamente construída pelos procuradores e pelo juiz em toda a operação.

Por que, Moro, a perguntinha que, vira e mexe, voltava a Maria, só podia mesmo ser respondida em conjunto com os vértices da competência e da suspeição, e seria ela, mais tarde, a pergunta que, afinal, sepultaria todas as demais.

Quando Maria voltou para casa, ciosa de seu trabalho bem cumprido e, enfim, orgulhosa pelo reconhecimento do jornal, ainda tinha um assunto delicado para lidar, daqueles que passam de um dia para outro, e nem por isso desaparecem. A cena que assistiu a emocionou o tanto quanto desesperou. Pulando na cama, animadas e felizes, Isadora e Catarina brincavam de ajudar o pai a arrumar as malas. Brasília de novo, ela pensou, por meio minuto, antes de se dar conta de que eram malas no plural, e não apenas a maleta de viagem que usava para o trabalho.

Eles se falaram apenas pelos olhares e uma tristeza profunda navegava pelo ar do quarto do casal naquela ação. Maria buscou forças para perguntar, ele sem vontade de dizer, até que ela resolveu usar o mesmo álibi para se permitir tratar de algo tão sério com uma delicadeza suportável.

— Meninas, disse ao se jogar na cama, a brincadeira agora é tirar tudo das malas. Vamos, vamos, com pressa... quem tira mais rápido. Bagunça, é bagunça.

Era uma decisão difícil, talvez a mais difícil que Maria tomaria no menor tempo de reflexão que tivera. Foi puro instinto. O casamento fazia furos e tinha remendos mal consertados, talvez até esgarçados já em demasia. Mas ela optou pela preservação, pela família, pelas crianças. Não pela primeira vez; talvez pela última.

Arthur se sentou na cama e deu um sorriso fechando os olhos. Maria o abraçou e beijou fortemente. As meninas pulavam na cama grande e jogavam roupas de um lado a outro. Maria e Arthur permaneceram abraçados e choravam juntos.

O contra-ataque de Sérgio Moro à Vaza Jato foi certeiro, mas não muito efetivo. Pouco mais de um mês depois, a Operação Spoofing havia chegado nos hackers. Não conseguiu ir muito além deles. A Polícia Federal jamais estabeleceu vínculo político às suas ações, nem descobriu supostos mandantes.

A descoberta de que o hacker era um estudante de direito de Ribeirão Preto deixou Camilo balançado, pois foi em palestra por lá que fizera a analogia das sessões secretas do Superior Tribunal Militar. Lembrou que um aluno quis saber o que se descobririam de Moro caso chegasse a sessões tão secretas quanto estas. Mas não conseguia mais lembrar da fisionomia do estudante. Arquivou isso como uma coincidência da vida.

É verdade que tanto Moro quanto Bolsonaro rondaram Glenn Greenwald com intimidações, em discursos e em propostas de mudanças na lei da imigração. Mas no concreto nada se passou, nem mesmo a possibilidade de que fosse ouvido no inquérito – afastada, logo de cara, pelo ministro Gilmar Mendes.

Era curioso que, de alguma forma, a ira de Moro se dirigisse ao jornalista, pois a Lava Jato se movia, como um todo, à custa de vazamentos seletivos de informações sigilosas encaminhadas a jornalistas simpatizantes. A operação não teria chegado aonde chegou sem que essa imunidade dos jornalistas fosse estimulada. Mas o fato é que coerência não era propriamente um atributo da força-tarefa. Ela se posicionou de forma vigorosa contra a utilização, de qualquer forma, em juízo, de dados que tivessem sido obtidos de forma ilegal, muito embora tentara atenuar, por via do projeto das Dez Medidas, a imprestabilidade das provas ilícitas. Um dos argumentos apresentados era justamente o de que a prova ilícita já tinha aceitação na jurisprudência, quando servisse à defesa.

A adesão da Revista Veja ao grupo de parceiros do The Intercept representou o mais duro golpe ao ícone da luta contra a corrupção, já que Moro estampara, até então, nada menos do que cinco elogiosas capas da revista semanal. A sexta foi uma manchete com o acrônimo "Desmoronou", em letras garrafais no alto da capa, ilustrada por um busto de pedra do ex-juiz em ruínas. A mídia não embarcara por completo, pois as Organizações Globo continuavam a mencionar as "supostas mensagens", mantendo adesão ao ar de incerteza que a Lava Jato procurou carimbar desde o início.

A maioria dos ministros do Supremo silenciava a respeito. E embora Luís Roberto Barroso criticasse vez por outra a exposição com base no ilícito, foi Gilmar Mendes que, efetivamente, monopolizou os comentários. Em diversas entrevistas e manifestações, classificou o que veio à tona como "uma atitude das mais sórdidas e mais abjetas que se pode imaginar", e acrescentou que se tratou de "uma organização criminosa para investigar pessoas", lembrando que teria sido ele, inclusive, uma das vítimas. Um "grupo de deslumbrados", diria ainda, sugerindo que o fortalecimento dos procedimentos processuais ajudaria a "encerrar esse ciclo de falsos heróis".

O segundo semestre de 2019 marcou o mergulho mais profundo de Moro na crítica à operação que havia lhe dado prestígio; o descompasso no governo ia paulatinamente minando o próprio respaldo como ministro. O pacote que propôs acabou de um lado desidratado – nem a prisão em segunda instância permaneceu; de outro, foi ultrapassado por acordos que o inflaram até de mecanismos contraditórios com seus interesses iniciais, como as regras do juiz de garantias e da cadeia de custódia das provas.

As conversas revelaram que os próprios procuradores colocaram a imparcialidade de Moro em dúvida, quando ele liberou uma semana antes das eleições a controversa delação de Palocci, e depois quando resolveu aceitar o convite de Bolsonaro.

A mais profética de todas as mensagens acabou sendo a de Deltan Dallagnol, de 23 de agosto de 2016:

"Só há chance de nulidade, se perdemos a opinião pública; se perdermos essa, perdemos o caso".

Tudo indicava que isto estava para acontecer. Mas ainda havia um importante obstáculo.

Em 2009, quando o Supremo por sete votos a quatro reconheceu que não era possível iniciar a execução de uma pena antes do trânsito em julgado da condenação, rompeu um entendimento tradicional. Havia uma lei, inclusive, que justificava a expedição de mandado de prisão em segundo grau, de uma forma meio sinuosa: os recursos especial e extraordinário, dizia a norma de 1990, não tinham efeito suspensivo. Isso significava que quem quisesse recorrer aos tribunais de Brasília não conseguia, por isso, suspender a condenação, e o mandado de prisão era expedido da mesma forma.

Ocorre que, em vários casos de fato excepcionais, as defesas entravam com medidas cautelares e conseguiam suspender o mandado de prisão até julgamento do recurso. Com a Constituição de 1988, o que era uma tradição passou a ser visto como uma medida questionável, exatamente porque a dimensão da presunção de inocência da Carta era, de fato, muito extrema.

Esse incômodo ficou por algum tempo até que, nos anos 2000, o Supremo começa a dar uma série de decisões que aparentemente pretendiam levar a Constituição mais a sério. Entenderam inconstitucional a Lei dos Crimes Hediondos, porque ela não permitia progressão criminal, e várias leis que impediam a concessão de liberdade provisória ou que obrigavam prisões. Nestas decisões, entendeu-se até que a Lei de Imprensa que vigorava há 40 anos no país não havia sido recepcionada pela Constituição - era como se, desde 1988, simplesmente ela não existisse mais.

Essa inflexão garantista durou cerca de uma década e, entre seus frutos, esteve justamente a proibição da prisão em segundo grau. Quando em 2009, o tribunal decidiu isso, o Congresso em sequência aprovou mudanças no Código de Processo Penal que haviam sido propostas dez anos antes, na gestão FHC. E contemplavam justamente essa decisão do STF aplicada no processo penal e na Lei de Execuções, em resumo, que a prisão antes do trânsito em julgado não podia ser automática, mas só se houvesse algum motivo cautelar.

A fase garantista do Supremo foi se esvaindo desde o Mensalão, quando o tribunal, na análise insuspeita de Luís Roberto Barroso em sua própria sabatina, havia cravado um ponto fora da curva. Quando sob a forte influência da Lava Jato, o STF voltou atrás, de inopino, na prisão em segundo grau, esqueceu-se destas mudanças legais. Como resultado, vieram ações declaratórias para comprovar que essas mudanças eram constitucionais e, portanto, ainda que o STF entendesse que não havia na Constituição a proibição da prisão em segundo grau, esta proibição ainda existia por norma do Código de Processo.

Eram essas ações declaratórias que a ministra Carmen Lúcia se opunha a pautar, querendo impedir, segundo alertava, que o Supremo se apequenasse para soltar Lula. Mas deu-se exatamente o oposto, pois na hora de decidir a liminar destas ações, Lula acabou sendo preso, porque a ministra Rosa Weber acompanhou a maioria que ela mesmo ajudara a formar. A expectativa é que isso não ocorresse mais na hora de votar definitivamente o mérito da causa. Então, a luta dos advogados, aqueles que estavam na defesa direta de Lula, e os que agiam de uma forma mais política, mas no mesmo sentido, como os integrantes do Grupo Prerrogativas, era justamente pautar a decisão de mérito dessas ações.

Foram artigos, lives, discursos, despachos e até um jantar de desagravo ao presidente Dias Toffoli. Nunca se saberá, ao fundo, o quanto o abalo da Vaza Jato e, sobretudo, as contundentes manifestações do ministro Gilmar Mendes sobre ela, acabaram por influenciar a decisão. Mas o fato é que no meio de outubro, Toffoli, enfim, pautou as ações para julgamento. Depois de mais um resultado apertado de um placar que era outro teste para cardíacos, no dia 8 de novembro de 2019, Lula deixava a prisão.

Como prometido, Camilo estava na porta da Polícia Federal, em Curitiba, com um grupo de advogados.

Bolsonaro

Seu Honório não foi na festa de um ano de suas netinhas. Tinha as visto apenas quando nasceram, numa das poucas viagens que fizera à capital. Arthur não abriu mão da visita na maternidade e disse que não voltaria a Tupã se o pai lhe fizesse uma desfeita dessas. O combinado, então, era que na festa de dois anos, com as meninas já falando e correndo e pulando, todos iriam visitar o avô. Toninho se incumbiria da festa, dos pula-pulas, do palhaço e de todas aquelas comidinhas com que os pais das crianças se refastelam. Mas veio a pandemia e a reunião de todos foi adiada por mais algum tempo. E foi a própria pandemia que colocou um fim a esta espera. Antes que as meninas fizessem três anos, o vovô do interior sucumbiu à Covid.

De longe, Arthur não vivenciou nem uma pequena fração do que foi o sofrimento do pai. Era uma tosse seca, depois um pouco de mal-estar, e veio a febre. Mas quando eles realmente se deram conta de que uma síndrome respiratória havia tomado parcela relevante do pulmão de Honório, não havia muito a fazer. A capacidade respiratória se esvaiu rapidamente e a intubação acabou sendo um procedimento inevitável. Seu Honório queria acalmar a todos e gravou um vídeo curto, no hospital, para dizer à família que o mínimo que queria era ser recebido de volta com um churrasco. E fazia questão de ver todo mundo lá.

Mas não teve volta. Foram quinze dias de luta incessante pela respiração. Quinze dias entre a vida e a morte para que ao final, a morte ganhasse, sem possibilidade de revanche.

Toninho foi mandando as notícias a Arthur, duas, três por dia. Depois, um pouco mais espaçado. Quando finalmente o coração de Honório parou de bater, Arthur estava sem notícias há dois dias e achando que isso podia ser indicativo de alguma esperança.

A esperança era a vacina, mas ele só conseguiu tomar, e ainda assim com muito esforço, a primeira dose. Bateu o pé por alguns dias, dizendo que não queria ser uma cobaia. Que não era justo que aos mais velhos é que fornecessem a vacina chinesa e que, enfim, ninguém podia garantir se ela faria mais mal do que bem. Foi só quando Arthur ameaçou mandar aplicar a vacina na casa dele, sob ordem policial, que o pai aquiesceu. Eles tinham certeza de que Arthur, com o importante cargo que tinha, podia fazer isso mesmo. Toninho era um cético, mas não chegou a ser negacionista. Vestiu a máscara em si e nos funcionários e deu um jeito de burlar a fiscalização, até que teve autorizada a abertura da loja por uma liminar. O pai foi proibido de trabalhar, mas vez por outra aparecia na loja, já que morava nos fundos. E tinha de ser advertido, em cada uma dessas oportunidades, que a máscara não podia ficar abaixo do nariz.

A vida afastou Arthur do pai. E a forma como Arthur resolveu levar a vida o afastou ainda mais dele. Mas apesar da distância e dos desencontros, bateu nele uma tristeza sem tamanho ao perceber que ele se fora, assim, por nada. Por uma doença da qual podia ter se precavido um pouco mais. Era triste ver os números de mortos que se empilhavam a cada dia no país. Mas quando o número chegou perto demais ele chorou compulsivamente. De tristeza. E de culpa.

— Vocês todos que votaram em Bolsonaro tem as mãos sujas de sangue, disse Maria.

É verdade que Maria não disse isso logo após a morte do sogro. Disse meses antes, quando ficou claro a todos que a pandemia no Brasil tinha um poderoso aliado, ninguém menos que o presidente da República. Pode ser que ele fosse um negacionista sincero, mas ela duvidava muito disso. Ele temia o estrago que um lockdown podia causar na economia, para as chances de sua reeleição. E por alguma conta imbecil, lutou o mau combate com avidez, denodo e perseverança. E quanto mais perseverança, mais os mortos cresciam. Maria teria dito ainda que jamais - jamais, frisou - o desculparia pelo voto. Mas quando foi Seu Honório que morreu, ela entendeu que não havia força no mundo a culpá-lo mais do que ele mesmo. Ainda que em todas as discussões, Arthur nunca deixara de repetir:

— Não podemos ser culpados. Nós não tínhamos como saber.

Não deu tempo de chegar ao velório. Covid era protocolo isolamento máximo. Os parentes muito próximos, se em condições, podiam comparecer, desde que estivessem por perto. Arthur não teve chance dar adeus a seu pai. Nem mesmo depois de morto.

Se algo podia lhe absolver, era o fato de que seja por princípio, interesse ou obrigação, Arthur jamais vestira o manto negacionista. Não teria sido reconduzido ao cargo se o fizesse. Não teria sido reconduzido se o governador Doria não tivesse certeza de que podia confiar no seu procurador-geral, sobretudo, para a luta que travava com o presidente da República.

Todo aquele amor de véspera de eleição, que impulsionara a candidatura Doria, havia ficado para trás. Ele passou a ser o governador mais inimigo de Bolsonaro, e como não conseguia amealhar apoios do outro lado do esquadro político, caminhava a passos largos para um encerramento precoce de sua carreira.

Arthur mobilizou o MP para que não permitisse, em nenhuma comarca, por menor que fosse, que o prefeito cedesse ao negacionismo do presidente ou aos imediatistas interesses dos grandes empresários, que tem, como sempre, um enorme poder de barganha. Partiu do Ministério Público o recurso contra a reabertura de uma loja da Havan no interior do estado, sob a alegação de que, à evidência, não se tratava de estabelecimento vendedor de gêneros de primeira necessidade. O juiz até aceitou o argumento da empresa, mas houve recurso e o Tribunal de Justiça entendeu que colocar um saco de arroz e um outro de feijão na prateleira não era motivo suficiente para mudar a classificação do comércio. E foi recomendando, cidade a cidade, que a Polícia Militar fiscalizasse, que o prefeito aderisse, e que seus promotores e suas promotoras litigassem, ao infinito, para impedir que o isolamento fosse rompido.

Nesse percurso, Arthur teve apenas um incômodo que, a bem da verdade, já havia se apresentado bem antes.

Luisinho fez seu último serviço, fiscalizando a Jaques. E quando ele trouxe a proposta que rolava de um curso na escola do MP sobre o autoritarismo das decisões do STF, com o convite a uma juíza notoriamente olavista, Arthur resolveu levantar a voz:

— Jaques, esse curso não vai sair.

— Com mil perdões, doutor procurador-geral, mas nós temos autonomia na escola.

— Não para ir contra as diretrizes institucionais do MP. E isso que você está pensando em fazer vai contra o que pensamos.

— Vai contra o que você pensa, você quer dizer...

— Que seja. Se você levar esse projeto adiante, você não fica mais na escola.

— Meu cargo é por eleição e não sou de sua livre nomeação. Aliás, que diabo de ditadura é essa que está dominando o Ministério Público?

— Jaques, eu coloquei você na escola. E do mesmo jeito como coloquei, eu vou tirar se for preciso. Eu o adverti que aqui não era lugar para desenvolver o olavismo, não adverti?

— Eu achei que a ideia da escola fosse apresentar as várias versões e deixar que os promotores fizessem suas próprias opções.

— Não com relação a isso.

— Aliás, não sei até agora como você descobriu questões que ainda estavam sendo discutidas...

— Se ainda estão sendo discutidas, tanto melhor, que nem chega a ser preciso revogar.

— Não, quero dizer, você tem espiões na escola. Assim fica difícil de prosseguir.

— Se isso significa que você está renunciando, proponho que divulguemos a exoneração ainda hoje a pedido e tudo se ajeita.

— Vossa Excelência me concede uma semana para colocar a casa em ordem? É só isso que lhe peço. Tem uma série de processos não resolvidos que não quero deixar ao sucessor. Além de perseguido ideologicamente, em breve, vão dizer também que eu não trabalho...

Nesta semana, Jaques simplesmente publicou o curso à revelia de Arthur, rompeu as regras do isolamento e ainda fez o convite ao general Villas Bôas para que, em razão de seu estado, falasse à distância sobre democracia e poder moderador. Podia parecer que ele tinha dobrado a aposta, mas era apenas a forma espetaculosa como pretendia se sentir obrigado a pedir demissão, vestir a roupa de mártir. Ajudar a desgastar ainda mais o governador, aumentando enormemente seu próprio cacife, para arrumar um cargo comissionado junto à Secretaria de Governo de Bolsonaro.

Arhur passou uma semana apagando incêndios e demonizando o chefe de escola, bolsonarista, que fincara uma estaca no peito do Ministério Público de São Paulo. Mas ao cabo desta semana, como combinado, Jaques renunciou, pediu aposentadoria e, numa mensagem a Arthur, ainda teve a pachorra de cobrá-lo por isso:

— Pronto, meu caro. Fiz o que você pediu, no prazo que me concedeu. Com esse movimento, você será reconduzido sem esforço. Espero que um dia me agradeça.

Por mais estranho que isso pudesse parecer, e por mais tumultos que a semana tenha causado, foi exatamente esse o recado que recebera do Palácio.

— Sua coragem e lealdade serão recompensados.

E quando as coisas pareciam seguras, ela sumiu de novo. Camilo entendeu e não foi atrás, apesar da vontade. Não importa que ela viesse, ao final sempre saía. E a sua força de esperar estava ficando cada vez menor.

O acerto que fizera com Luisinho transformara o espião em agente duplo. E ao invés de colocar Camilo na linha de perigo de um marido ciumento e poderoso, colocou este à sua disposição. Mas quando Maria simplesmente sumiu, não havia muito o que fazer. Luisinho deixou o cargo de agente de vigilância para assumir apenas a função de militante em formação, porque, afinal de contas, havia se transformado num afilhado de Camilo, em franca e desabalada carreira para o cargo de discípulo.

Seu prestígio na faculdade foi plenamente recuperado, embora nem tanto a cordialidade com os demais mestres. Havia muito ciúme e muita implicância acumulados, mas quando a maré virou, ela virou em todos os lados. Era comentado, cumprimentado e até voltou a ser convidado para bancas. Apesar disso, afastou-se por mais um período para dedicar-se a uma nova e instigante tarefa: assessorar a presidência da Comissão Parlamentar de Inquérito da Covid-19.

Camilo continuava a mensurar a importância de um golpe final na Lava Jato, mas não só tudo indicava que isso iria ocorrer brevemente, como o volume de advogados criminalistas envolvidos no processo e nas suas adjacências, havia tornado sua participação absolutamente desnecessária. O círculo das quintas-feiras concluiu que Lula logo estaria elegível e candidato. E o maior handicap a seu favor era justamente a elegia à morte que marcara a gestão de Bolsonaro na pandemia. Era aí, eles concluíram, que a eleição podia ser decidida. Não que Bolsonaro não acumulasse uma série de defeitos ainda mais graves, como o flerte com o nazismo, um namoro explícito com a milícia e a profissão de fé em uma destruição ambiental de grandes proporções. Mas o que fazia a classe média antipetista, que votara em Bolsonaro, sem entusiasmo, a gradativamente mudar de posição, era justamente o conjunto da prepotência, do insulto à ciência e da despreocupação com a vida. Era aí que se precisava investir e era aí que ganhar se tornava possível. A tarefa de Camilo estava desenhada antes mesmo de a comissão ser instalada: era preciso que as acusações jurídicas, a prática de crimes, ficasse devidamente consolidada.

A passagem de Camilo pelas audiências do Senado no julgamento do impeachment de Dilma havia empolgado aos assessores petistas. E foi por este intermédio que ele fora convidado a ajudar, em tempo integral, a CPI em Brasília. Em outras condições, talvez ele tivesse pensado um pouco mais. Mas nesse momento ele somava não apenas a pretensão de ajudar a construir um futuro, como a vontade de esquecer um passado.

A assessora do PT fez o convite, fez a conversa inicial, fez algumas reuniões preparatórias e, enfim, organizou um happy hour tão logo ele se instalou na Capital. Martha o encheu de esperança, de boas perspectivas, de uma conversa agradável e de muitas rodadas de chope. Ao cabo da primeira semana, e de algumas noites que terminavam no Beirute, haviam se transformado em bons amigos.

Ou quem sabe um pouco mais.

Bolsonaro não tinha motivos para reclamar da Justiça.

Às vésperas de sua eleição, o Supremo rejeitou uma

denúncia de racismo. Ele havia sido acusado por ter dito, em evento de campanha, que "Eu fui num quilombo, o afrodescendente mais leve lá pesava sete arrobas. Não fazem nada! Eu acho que nem para procriador ele serve mais". Deu 3x2 a seu favor e ficou por isso mesmo.

A frase era tão ou mais repulsiva do que o elogio ao torturador Brilhante Ustra, nas dependências da Câmara dos Deputados, durante a abertura de processo de impeachment contra Dilma. Mais do que crimes, falas como essas acabaram servindo de propaganda política, moldando o comportamento irascível, e supostamente despojado, de um candidato antipolítica que não tinha vindo ao mundo para fazer média.

Durante a eleição, a jornalista Patrícia Campos Mello deu um baita furo na Folha, revelando com farta documentação, um escândalo de impulsionamento de mensagens do WhatsApp que empilhava ilegalidades, inclusive o financiamento empresarial estrangeiro a favor de Bolsonaro. Mas o timing do TSE deixou o assunto para morrer depois da eleição, quando, então, o ministro Alexandre de Moraes alertaria que da próxima vez os abusos de poder e as fakes news estariam definitivamente barrados.

Tão logo o governo começou, Bolsonaro quis carimbar sua marca revisionista ao elogiar a ditadura, estimulando, como se precisasse, os comandos militares para que uma ordem do dia efusiva ao golpe de 1964 fosse lida nos quarteis em 31 de março. Houve repúdio, houve resistência e judicialização. Ao final, a autorização para evocar a memória de um golpe que matara, fizera desaparecer e torturara milhares de pessoas foi autorizada por uma desembargadora sob o argumento de que "o Estado Democrático de Direito pressupõe o pluralismo de ideias e projetos".

E ainda que ele não estivesse de fato interessado nem em estado democrático, nem em pluralismo, e sabe-se lá se também não em ideias e projetos, e tenha elogiado e feito elogiar a ditadura, banido a participação social em conselhos, insultado jornalistas e intimidado órgãos de imprensa, o então presidente do STF, ministro Dias Toffoli, declarou, no apagar de sua gestão, não ter visto por parte do presidente e de seus ministros "nenhuma atitude contra a democracia". Toffoli, aliás, se esforçara meses antes propondo um "pacto republicano" justamente para ajudar a remover obstáculos à reforma da Previdência, que tanto interessava ao governo.

Mas a autocracia tem suas particularidades e mais hora, menos hora, elas se mostravam incompatíveis com a democracia, não importa quanto sapo a democracia tenha aceitado engolir.

As dificuldades para avançar a reforma da Previdência fizeram o governo colocar na rua a manada digital que havia sido, na eleição, um de seus maiores trunfos. A ideia de governar com a edição de decretos que iam, paulatinamente, anulando o efeito e a amplitude das leis, o colocava diretamente na linha de ações judiciais. A noção de um presidente antissistema que estava sendo obstruído pelas instituições, ou seja, pela "velha política", abriu espaço para recrudescer a via populista, ao lado das ameaças, instrumento atávico dos tiranos.

Eduardo Bolsonaro chegou a dizer que o governo poderia decretar um novo AI-5, se houvesse uma "radicalização de esquerda", ameaça sutilmente confirmada pelo ministro Paulo Guedes. O começo de 2020 ainda assistiria ao próprio Bolsonaro ajudando a convidar um ato que o tratava, ao mesmo tempo, como herói e vítima. Ele devia ficar à distância, mas não resistiu nem a divulgar o convite para um ato ostensivamente contra o Congresso e Supremo, muito menos depois de bater ponto nele. O ato acabou marcando, coincidentemente, o início da pandemia de coronavírus e foi um dos primeiros momentos em que o presidente romperia e estimularia com convicção o rompimento do isolamento e do distanciamento social, na inusitada companhia do próprio presidente da Anvisa.

O fato é que em 15 de março iniciou-se oficialmente a contenda entre Bolsonaro e Supremo, Supremo e Bolsonaro. E, a par de inúmeras decisões que começaram a ser mais rápidas, mais efetivas e até mesmo mais fundamentadas, como uma forma mais aguda de legitimação, o ponto central da contenda foi a autorização para que os estados e municípios pudessem fazer valer regras mais rígidas para o isolamento social e a paralisação do comércio do que aquelas propostas por Bolsonaro. Os governadores ganharam essa parada e com outras decisões tão importantes quanto essa o Supremo simplesmente impediu que o presidente implantasse a política de "imunização de rebanho" que pretendia – e pela qual, muito provavelmente, mais de um milhão e meio de brasileiros teriam morrido.

O primeiro semestre de 2020 também marcou o momento em que Sérgio Moro resolveu desembarcar do governo, atirando contra seu ex-chefe, acusando-o de fazer pressão para nomear na Polícia Federal alguém que pudesse cuidar dos interesses dos filhos, sobretudo Flávio, suspeito da prática de peculato, a partir da rachadinha compulsória de salários de seus assessores. Moro não tinha perante o STF o mesmo prestígio de antes, mas ainda tinha um crédito acumulado, sobretudo, se a briga fosse com Bolsonaro. Com isso, conseguiu não apenas que fosse instaurado um inquérito contra o presidente, como que ele sofresse a ameaça de ter seu celular apreendido. E, dias depois, obrigado a exibir a gravação da última reunião ministerial.

Foi esse o primeiro momento, mas não certamente o último, que fez Bolsonaro pensar em fechar o Supremo. Permitiu que aviões o sobrevoassem de forma intimidatória e iniciou uma escalada verbal que iria repercutir fortemente em seu exército de apoiadores, cada vez mais agressivos.

Moro sugeria que a reunião de abril, de que participara, traria provas inequívocas do mal proceder do chefe. Mas a avaliação de provas não era certamente o seu forte. Exibida pela mídia, a reunião não serviu para desmoralizar o presidente como se pensava, ou o encurralar na Justiça, como supôs seu ex-ministro. Mas provocou dois importantes abalos no ministério. Abraham Weintraub, que clamava pela imediata prisão dos ministros do STF, caiu da pasta da Educação e saiu na calada da noite do Brasil para assumir um cargo nos Estados Unidos. A reunião ainda popularizaria o ministro Ricardo Salles, que cinicamente sugeria aproveitar a "distração" da mídia com a pandemia para passar a boiada da desregulamentação ambiental.

Foi graças à frase de Salles, que acabou se tornando a mais famosa da reunião, que Maria, enfim, conseguiu seu passaporte para a área ambiental do jornal. Ela teve condições de demonstrar que a forma mais contundente de fazer uma crítica consistente e internacionalmente reconhecida ao governo Bolsonaro era expor seu esforço na degradação ambiental, a partir da desregulamentação que abria grandes espaços ao contrabando e a ilegalidade, ou seja, aos negócios ilícitos de uma maneira geral.

Foi prometendo que iria se dedicar a investigar Ricardo Salles, que, por vias transversas, ela conseguiu sua liberação da editoria de Política, para a qual nunca mais voltaria. Sentiu-se jovem e renovada.

Ela tinha o passado inteiro à sua frente.

"Aos esquerdistas que estão comemorando, relaxem, tenho imunidade. Só vou dormir fora de casa e provar para o Brasil quem são os ministros dessa suprema corte. Ser 'preso' sob estas circunstâncias é motivo de orgulho".

Daniel Silveira não foi o primeiro, mas talvez tenha sido o mais arrogante dos políticos que ameaçaram, xingaram, fizeram de gato e sapato a imagem do Tribunal, e depois fingiram demonstrar força e orgulho. Ele estava errado. Dobrar a aposta contra Alexandre de Moraes não vinha sendo propriamente um bom negócio.

No ano anterior, fora a vez da extremista Sara Winter, que gravou vídeos tão fortes que praticamente exigia a decretação de sua prisão. Moraes não se fez de rogado e a decretou. Só depois que ela chegou à prisão domiciliar, com uma tornozeleira de adereço, é que começou a falar miúdo. Desatou a fazer críticas ao *mito*, por se sentir abandonada e, um ano depois, já se especulava por um acordo de delação premiada.

O caminhoneiro Zé Trovão foi outro que gravou mensagens duras, ofensivas e ameaçadoras. Fugiu, foi descoberto no México, quando disse que voltar para ser preso estava fora de questão. Acabou fazendo isso e se aquietou com a prisão domiciliar.

Havia uma nítida escalada verbal, que buscava afrontar o Supremo, particularmente, o condutor do Inquérito das Fake News. Mas ninguém que se colocou desta forma arrogante como o deputado saiu por cima. Quem continuou a xingar, a fazer vídeos e manteve-se à distância física do STF era mesmo Allan dos Santos, que fugira para os Estados Unidos e lá vinha sendo paparicado pela rede de proteção do bolsonarismo. Mas cada vez mais invisível à política brasileira.

O único que dobrava a aposta e ganhava todas as mãos era mesmo Xandão.

Era com medo dele que estava Jaques.

Arthur foi encontrá-lo em um bar do centro, numa mesa esquecida, no fundo do estabelecimento. E foi a seu encontro, como pedido, com um chapéu e um par de óculos escuros.

— Você acha necessário esse disfarce todo?

— Estou tentando te poupar, Arhur. É você que não pode ser visto na minha companhia.

— Companhia essa, aliás, que você não merecia receber.

— Eu sei, você acha que eu fui sacana com você. Mas eu não fui.

— Eu acho que foi sacana com você mesmo. Jogou sua bela carreira no lixo para ser lambe-botas de um pessoal desqualificado.

— Eu fiz uma aposta. E aparentemente vou perder.

— Tem coisas que não se apostam, Jaques. Você foi um cara da redemocratização. Você reconstruiu o MP. E de repente, resolveu jogar tudo isso fora.

— Vocês não conseguem entender que se formou um consenso impenetrável pela degradação. Que a gente bailou na curva, Arthur. A gente reconstruiu o MP e está de boas para entregar para quem fizer a melhor oferta.

— Pois você pretendeu entregá-lo justamente para a pior oferta. Parece que esse tal de Olavo de Carvalho mexeu demais com a cabeça de vocês. Mas ele é um manipulador barato. Se você cruzasse com ele como promotor que era, ia denunciá-lo por charlatanismo e estelionato.

— Ele não é assim tão importante. No fundo, nunca meteu as mãos no governo, não quis se sujar. Está numa posição cômoda. É outro que fala bonito e não faz porra nenhuma.

— E você acha que vale a pena ser preso para defender o Bolsonaro? Para xingar o Supremo?

— Você soube de algo?

— Não.

— Mas perguntou?

— Não. O Alexandre jamais me diria.

— Ele diria, sim.

— Bom, eu não me prestaria a fazer essa pergunta.

— Mas por algum motivo, você não me alertou. Então, ou não vou ser preso ou é isso que você quer que aconteça.

— Eu sou um promotor, Jaques. Nunca ia avisar um réu de um mandado de prisão que está para sair contra ele.

— Bom, então é sinal de que não tem mandado. Se não, você nem estaria aqui. Obrigado de qualquer forma.

Arthur ia responder, mas fez uma cara de desgosto tão grande que ficou até desnecessário. Jaques baixou os olhos. Mas prosseguiu, mudando de assunto:

— Essa prisão do Daniel é ilegal. Que cazzo de flagrante é isso?

— Isso é um alerta. Eu tomaria cuidado.

— Eu jamais falaria isso que ele falou. Não sou estúpido nem mal educado. Me estranha que você possa achar isso de mim.

— Não importa o que eu acho de você. Importa o que os ministros acham de você. Eles têm lá um relatório bem aprofundado. E o Alexandre não vai dar colher de chá porque você foi colega dele.

— Eu só queria que ele desse colher de chá ao Ministério Público. Por que nunca vi fazer sigilo, num inquérito, ao procurador-geral a quem o inquérito deve ser encaminhado. Não acredito que você concorde, de verdade, com a legalidade disso tudo.

— Não, não concordo.

— Isso é um estado de exceção.

— Você não supunha que o presidente fosse largar uma matilha para cima dos ministros de um lado e manietar o procurador de outro e ia ficar por isso mesmo. Alguma coisa tinha que ser feita. Eu tenho certeza de que você já defendeu coisa bem pior.

— E você acha que isso não vai parar?

— Eu não acho. Eu tenho certeza. Não vai parar. Se eu posso lhe dar uma sugestão é: recolha-se. O que você já fez, paciência. Vai chegar a hora de pagar por isso. Mas não dobre a aposta. Você vai perder, vai estrebuchar e, no final das contas, ninguém vai se condoer por você.

E como o silêncio dominara os próximos minutos, Arthur achou que já podia dar por entendidas todas as recomendações que nem mesmo lhe cabia fazer. Tinha vontade de xingá-lo e mandar nunca mais aparecer na sua frente. Mas, apesar de tudo, ainda sentia uma dívida para com ele. E um desejo de que ele sofresse o mínimo necessário.

— Bom, eu sei que você vai entender. Mas enquanto não tivermos mais clareza desta situação, não convém que nos encontremos. Eu torço honestamente para que você sinta as consequências de seus atos. E que elas não sejam tão fortes. Mas a minha camaradagem para por aqui.

Jaques ainda tinha uma série de argumentos para contrapô-lo, mas nenhum deles faria sentido neste momento.

— Obrigado, meu caro. A vida vai nos fazer cruzar de novo em uma situação melhor.

Arhur se levantou sem olhar para trás.

Em 2005, na CPI dos Bingos, a comissão estava aprovada, mas não se instalava por recusa dos partidos do governo em indicar seus ocupantes. O presidente do Senado, José Sarney, secundava a omissão. Impetrado mandado de segurança no Supremo, o relator Eros Grau disse que a passagem do tempo havia tornado a comissão impraticável. Mas ficou vencido, no plenário, pelos argumentos do ministro Celso de Mello, na linha de que a comissão era um direito da minoria, o qual a maioria não podia impedir. Se os partidos não indicam os membros, paciência, cabia à Presidência da Casa fazê-lo.

Dois anos depois, estava emperrada a CPI do Setor Aéreo porque, em plenário, parte dos subscritores não confirmaram o apoiamento. Mais uma vez a questão foi judicializada e mais uma vez o ministro Celso de Mello determinou sua instauração, na linha de que os requisitos para a abertura, um terço dos parlamentares, deviam ser aferidos no requerimento.

Camilo ainda funcionava como um conselheiro informal quando esclareceu que a posição no Supremo tinha se consolidado no sentido de que a comissão de investigação era um direito da minoria e a única exigência era que fosse subscrito por um terço dos membros da casa parlamentar. Analisando as questões políticas, disse entender que havia ainda menos chance de que a iniciativa fosse barrada se em jogo uma tragédia tão contundente quanto a conduta do governo na pandemia, que já causara inúmeras derrotas no Judiciário.

Por isso, a vertente dos senadores que não quis esperar o convencimento do presidente Rodrigo Pacheco acabou sendo vitoriosa. Mandado de segurança impetrado por Jorge Kajuru e Alessandro Vieira deixou a bola na marca do pênalti para o relator Luís Roberto Barroso.

Considerando as perspectivas, Camilo tinha a certeza de que a comissão sairia e foi tratando de acomodar sua ida a Brasília com as aulas que ainda estavam sendo ministradas à distância. A princípio, entendeu possível cumular as atividades.

Como o mundo político gira em outras rotações, e como a soberba é o principal antídoto à segurança judicial, a decisão de Barroso caiu como uma bomba e Brasília ficou em polvorosa. O sempre comedido senador Rodrigo Pacheco se sentiu pessoalmente insultado. Admitiu que atenderia à decisão judicial, mas criticou o ministro, dizendo que CPI ia servir de palanque para 2022 e isso só revelava a "politização do Judiciário".

Bolsonaro, como de costume, não foi tão elegante. Disse que faltava "coragem moral" ao ministro e que ele tinha se rendido à "politicalha" ao determinar a abertura da CPI. E iniciou uma rixa pessoal com Barroso, que ainda seria muito atacado e muito xingado por ele e sua turma. Mas o fato é que, dias depois, o Plenário do STF manteve a decisão por expressiva maioria, ou seja, por 10 a 1, todos, menos Kassio Nunes Marques, o recém-indicado por Bolsonaro.

Com a reprovação gigante da administração da pandemia, uma política de saúde submetida a interesses eleitorais, que já derrubara três ministros, e vitimara duas centenas de milhares de vidas humanas, aliado à uma população ativa em grande medida acomodada ao trabalho em home office, a audiência da CPI seria gigantesca. Por seis meses, ela iria monopolizar as atenções políticas do país e impor uma pauta extremamente negativa ao governo, que se veria em uma situação defensiva e, não raro, pautando reações com base nos depoimentos. Assistir as audiências da CPI nas manhãs e tardes virou um vício nacional e Camilo logo percebeu que não conseguia cumular trabalho nenhum com isso.

A única coisa que ele conseguiu cumular foi Martha.

Com dois filhos jovens que já moravam em suas próprias casas, Martha não tinha expectativas nem vontade de retomar uma vida conjugal que largara há mais de dez anos. Socióloga de formação, alternava cargos em governos e parlamentos, de acordo com os resultados eleitorais. Mas, salvo em férias, e ainda assim em curtos períodos, não voltou mais a seu Rio de Janeiro, que lhe parecia um destino cada vez menos familiar. Martha havia se apaixonado pelo céu de Brasília, se acostumado com o tempo quente e seco, e com a vida tensa e agitada que a política lhe impingia. Sua especialidade era aproximar as pessoas, diagnosticar os pontos de contato, aparar arestas e fazer com que essas aproximações rendessem frutos. Articular, enfim. Tinha uma admiração por Camilo, que já vinha desde que a filha mais velha cursara a faculdade e o citava como uma das referências da esquerda do direito. Mas assim que o conheceu duvidou muito que sua energia ligada no 220 pudesse ao menos coexistir com a serenidade de um sábio, que era o que exalava do professor. Só que, exímia que era na arte de encontrar os pontos de contato e aparar as arestas, achou que dava conta desse serviço também. Sobretudo, pensou, sem ultrapassar nenhum semáforo. Nem abrir as defesas. Tampouco se mostrar frágil ou carente. E jamais, jamais, se envolver com um colega tão próximo de trabalho.

Martha cumpriu as primeiras tarefas com dedicação e perseverança. E falhou miseravelmente nas últimas. No meio do caminho entre a serenidade e o arrebatamento, um amor maduro ia abrindo espaços lentamente. Não havia expectativas, nem remorsos, o que ajudou bastante a brasa da lareira.

Depois de tantos caminhos tortuosos, de tamanhos abusos de poder e de desvios de procedimentos; depois de prisões espetaculares, de diligências intermináveis e de condenações opulentas, era no mínimo uma grande ironia que a discussão final da Lava Jato se desse entre a incompetência e a suspeição.

Olhando para trás, parece que foram sete anos de azar que estavam sendo recompostos, ou que, afinal de contas, tudo não passara de um grande pesadelo. Mas no meio dessas polêmicas jurídicas, havia uma dose bem significativa de sofrimento.

E no epílogo do processo que mobilizara milhões de pessoas nas ruas e outras tantas coladas na crônica midiática, duas soluções lancinantes se apresentavam ao Supremo Tribunal Federal, com um incomensurável atraso. Quem se surpreendia que a Justiça pudesse demorar tanto tempo para decidir qual era o juiz apto a julgar a acusação, não tinha a menor noção de que era justamente esse atraso que definira a vida dos réus e a própria história do país.

Tudo seria diferente se essas questões pudessem ser apreciadas, com a intensidade que mereciam, no momento mais apropriado. Mas o timing, como repetia Camilo, era mesmo o senhor da razão.

O ministro Fachin, relator da Lava Jato no STF, havia sido saudado euforicamente pelos membros da força-tarefa como um aliado inquestionável. Pouquíssimas foram as revisões que ele impunha ou guinadas de caminho que sugeria. Por isso, espantou a todos quando, no curso do julgamento de um Habeas Corpus a que inicialmente afetara ao Plenário, tenha decidido anular tudo, de uma só vez, botando no chão cada uma das decisões contra Lula, justamente por um tema que repudiara tantas vezes, a incompetência da vara federal de Curitiba. E ainda que o tenha feito em uma decisão monocrática, sem que precisasse colher o voto de quem quer que fosse.

À primeira vista, era uma festa entre os partidários de Lula e os críticos de Sérgio Moro. De outro lado, taxado de petista, o ministro se transformava, do dia para noite, em um símbolo da impunidade.

Mas as coisas não eram tão simples assim.

Embora a decisão trouxesse, de fato, um desafogo a Lula, pois o recolocava direto na condição de elegível, no momento em que foi proferida, assim de plano, acabou por representar um alívio ainda maior para Moro. Porque, ao mesmo tempo em que Fachin acabava com os processos contra o ex-presidente, também extinguia os Habeas Corpus de Lula contra Moro, nos quais o petista pretendia provar a parcialidade do juiz de Curitiba. Processos, inclusive, que já estavam sob julgamento e com uma previsão negativa para o juiz.

De salvadora, a decisão passou a ser criticada como apenas uma redução de danos: admitir uma derrota menor, para evitar uma outra ainda maior. E assim foi compreendida, como uma decisão mais a favor de Moro, propriamente, do que de Lula.

A reação foi imediata e Gilmar Mendes, que era o presidente da Segunda Turma, pautou já para a sessão seguinte a votação do Habeas Corpus em que a imparcialidade de Moro era questionada, anulando a "perda de objeto" que Fachin pretendera passar com sua decisão. A questão só seria mesmo decidida em plenário, mas na turma prevaleceu a decisão de Gilmar, de que, independentemente do rumo que o relator pretendia impor à análise da competência, eles deviam analisar, primeiro, a acusação de parcialidade.

E por alguns dias a discussão dominou o vocabulário dos juristas e advogados e professores e estudantes que se digladiavam para entender a questão de fundo e as estratégias que os ministros usaram.

Arthur era um professor sabático de processo penal, mas a matéria fora o ingrediente básico de seu dia-dia por duas décadas e não lhe restava dúvidas – embora, quando o tema fosse Lava Jato, tampouco sobrava alguma isenção.

— Seja lá o que venha acontecer nessa briga maluca, é óbvio que a competência precede à suspeição. Se a vara não tem competência para analisar a questão, nem se pergunta se o juiz tem ou não qualquer inimizade com réu.

Maria mal completara um ano de processo penal e, por certo, tinha muito menos condições de discutir as "matérias preliminares", como os juristas gostavam de chamar essas questões. Mas tinha uma intuição política que lhe permitia entender quais os motivos de cada posição e qual a consequência que se buscava criar ou, mais precisamente, evitar.

— Neste caso, Arthur, acho que a suspeição vem antes da incompetência.

— Ué, e por que você acha isso? De onde tirou?

— Da vida. Do fato que a incompetência só existiu, os procuradores só protocolaram a ação na vara errada, porque lá estava Moro. É porque ele era suspeito, porque já estava de combinação com os procuradores, e a gente sabe agora que ele estava desde as operações policiais, que eles resolveram ajuizar as ações com ele, né? Se não houvesse esse acerto, provavelmente, não teria havido esse erro também...

E Maria lá estava respondendo o "por que Moro" que tanto a angustiou.

Arthur sentiu no raciocínio uma influência aterradora do professor Mascarenhas. E fazia um bom tempo que não sentia Camilo entre eles. Achou, corretamente aliás, que era um péssimo momento para ressuscitá-lo.

— É, talvez você tenha razão. O fato é que agora que ninguém mais aguenta o Bolsonaro, até que não é de se desprezar a ideia de ter Lula à disposição.

Maria estranhou toda vida que Arthur estivesse dizendo isso, e chegou a pensar que era apenas para lhe agradar.

— Não concordo, paciência. Mas a verdade é que isso já é uma página virada. E algo nos diz que temos muitas páginas para virar a partir de agora.

O voto de Gilmar prevaleceria na turma e depois no plenário. A parcialidade de Moro era escandalosa, mesmo que os ministros tenham evitado, por motivos formais, fundamentar os votos com base nas revelações da Vaza Jato. Mas elas estavam lá.

Pelo sim pelo não, Arthur não queria alongar a discussão. E tão logo que pode, achou uma brecha para mudar de assunto:

— E, afinal, quando você viaja?

Tinha ipê, maçaranduba, cumaru, angelim. Aquele conjunto de toras, distribuídas em balsas, deslizavam pelo Rio Madeira levando consigo o que sobrara de mais de 65 mil árvores derrubadas. Um pouco de esforço, um pouco de improviso e outro tanto de sorte, como costumam ser as precárias ações de fiscalização, quase sempre sucateadas. Em meados de novembro de 2020, policiais federais estranharam as imagens de satélites que exibiam várias balsas sobre o Rio Madeira, mas ainda não se podia saber com precisão o que transportavam.

Um piloto da PF que levara uma equipe ao sul do Amazonas para ajudar nas eleições municipais recebeu o pedido para sobrevoar o local na volta. Com as imagens que produziu, estava confirmada a maior evasão de madeiras já identificada no país. Algo em torno de 225 mil metros cúbicos de material, que representavam mais de cento e vinte milhões de reais.

A apreensão chegou a ser noticiada no próprio site do Ministério do Meio Ambiente e fora comemorada como um sucesso pela fiscalização ambiental. A Polícia Federal conseguiu identificar que as madeiras tinham origem no estado do Pará e os laudos periciais indicavam que a extração era irregular. As toras teriam vindo, em grande medida, de terras ocupadas. A exploração de madeira só podia ser feita em terra própria ou mediante autorização do proprietário. Havia extração fora de áreas autorizadas, como margens de rio e áreas de preservação permanente. A documentação apresentada estava desconexa com o material apreendido. Muitos papéis repetidos e várias guias florestais que não tinham equivalência na carga.

Embora a madeira fosse proveniente do Pará, o flagrante da primeira balsa foi feito pela Justiça Federal do Amazonas e as apreensões que se seguiram consideradas vinculadas à primeira. Surgiu uma liminar da Justiça do Pará pela devolução da madeira e dos barcos, mas a disputa pela competência impediu que ela fosse cumprida. Tudo rumava para uma repressão à extração ilegal. Até que chegou o ministro.

Maria acompanhara as notícias da apreensão e o que parecia ser uma grande conquista da fiscalização. E aguardava, à distância, o destino que seria dado a esse material. No último contato que tivera com o delegado, percebeu que a maré tinha virado, que a pressão dos fazendeiros e empresários era muito grande, e do outro lado do balcão estava ninguém menos do que o ministro Ricardo Salles, aquele mesmo que sugeria a Bolsonaro que aproveitasse a atenção da mídia na pandemia, para "passar a boiada", aprovando um pacote de desregulamentação ambiental. Então, resolveu ir ao Amazonas.

— Ele foi a um dos pátios onde estava a madeira. Como é muita madeira, ela está armazenada em vários pátios. Ele fez uma reunião, marcou com as pessoas envolvidas de levar a documentação e eles entregaram, algo que eu levaria seis meses para conseguir. A prova do crime estava ali na minha frente.

Mas o ministro, ele mesmo, não estava ali para ajudar a reunir as provas, antes para atrapalhar. Ele veio interceder pelos madeireiros, afirmando acreditar na legalidade da madeira apreendida e na inocência dos indiciados. E a partir daí teria pressionado peritos para que apresentassem laudos em uma semana sobre toda a documentação, desprezando a necessária expertise sobre o tema.

A posição, enfim, era um escândalo, porque, na maior apreensão de madeira ilegal da Amazônia, o ministro do meio ambiente se colocara ostensivamente do lado dos acusados.

— É o mesmo que um ministro do Trabalho se manifestar contrariamente a uma operação contra o trabalho escravo. Não vai ter boiada na Polícia Federal!

Apesar do absurdo da situação e de toda a contundência das palavras do delegado Alexandre Saraiva em repúdio, a notícia arrasa-quarteirão ainda não era essa. Mas o fato de que o delegado resolvera encaminhar denúncia contra Salles ao Supremo Tribunal Federal para fins de investigação, porque os fatos seriam criminosos, e o ministro tinha foro privilegiado.

A notícia teve enorme repercussão e foi criando seus próprios episódios de continuação: a manifestação da Procuradoria-Geral da República de que o ministro devia explicações; a aceitação da investigação pela ministra Cármen Lúcia; o levantamento de outras ações ilegais atribuídas ao ministro, como corrupção, prevaricação e facilitação de contrabando; a exoneração do delegado denunciante, como de costume, o primeiro a cair, e, finalmente, dois meses depois da matéria bomba de Maria, a demissão do próprio ministro.

Maria foi seguindo a pista das madeiras, porque seu interesse era, sobretudo, identificar as falhas da preservação e o que podia ser melhorado. Apurou que a principal empresa que reclamava da madeira apreendida devia quase dez milhões de reais por multas aplicadas pelo Ibama; que com a transferência aos estados da documentação de origem florestal, o desmatamento ganhou maior musculatura e que o mercado exterior era muito mais cauteloso em relação à origem das carnes do que com a procedência da madeira.

Mas é lógico que foi o ministro que prometera anular as restrições sendo pego no flagra ao tentar passar a boiada que garantiu mais espaço no jornal, comentários, elogios etc. Além, é lógico, de carimbar a volta de uma reportagem sua, felizmente de forma ocasional, à editoria de Política.

Da próxima vez vou escrever sobre índios, pensou. Esse assunto com certeza não será capturado pelos homens do poder...

O cotidiano dos assessores da CPI da Covid-19 era intenso. Sugestão de depoentes, abastecimento de perguntas, separação dos pontos mais relevantes para a futura inserção nos relatórios e, sobretudo, lidar diariamente com um volume incomensurável de dados que aportavam à comissão e que os senadores não tinham condições de ler e analisar.

Desde o movimento estudantil, Camilo aprendera que na militância, não existem tarefas inúteis ou pouco gloriosas. Todas elas são importantes e é a dedicação em compartilhá-las que forma a ação coletiva. Mas é lógico que, sendo um professor titular da Universidade de São Paulo, de Camilo era esperado mais – e ao mesmo tempo menos, fugindo do exaustivo dia-a-dia. Mas o fato é que ele curtia essa adrenalina, que lhe provocava uma espécie de rejuvenescimento. Além da companhia ainda mais frequente de Martha, que se transformara em um vício.

Camilo, enfim, esteve presente, aconselhando a comissão, em todas as grandes questões jurídicas, das sugestões de acolhimento dos Habeas Corpus do Supremo garantindo silêncio aos depoentes à guarda de dados obtidos com a quebra de sigilo no cofre da CPI. Gostaria, enfim, de ter impedido que os senadores governistas passassem horas louvando a cloroquina para um público imenso na TV, sem qualquer admoestação sobre as mentiras perigosas. Mas teve pelo menos uma das sugestões muito bem aproveitadas.

Logo que o primeiro depoente foi ouvido, o ex-ministro Luiz Mandetta, acendeu a luz amarela. Mandetta saíra do governo justamente pelas incompatibilidades com o presidente no trato da pandemia, e caiu acusando Bolsonaro de dar mais ouvido para especialistas de fora da administração, sobretudo, os negacionistas. Citou como exemplo a dra. Nise Yamaguchi, que teria sugerido alterar a bula da cloroquina para que sua utilização contra a Covid fosse expressamente reconhecida. Uma loucura que, afinal, não surtiu efeito. Mas a notícia de que havia um gabinete paralelo estava oficialmente lançada.

Para Camilo, este era o ponto central da CPI: identificar a vontade política determinante que guiou o negacionismo presidencial e os instrumentos de que se utilizara. Todas as ações foram decorrentes desta ideia maluca da imunidade de rebanho: a crítica feroz ao isolamento, a ênfase nos tratamentos precoces, o repúdio às máscaras, as blitze em hospitais para provar o exagero das internações, os atos antidemocráticos provocando aglomerações no meio da pandemia, a luta jurídica pela liberdade dos cultos e, sobretudo, a rejeição às vacinas, por intermédio do desprezo à Pfizer e o repúdio à Coronavac.

O que estava por trás de tudo isso não era negligência, mas uma estrutura muito bem montada para funcionar à margem do Ministério da Saúde e permitir que os brasileiros se infectassem com o vírus até que chegassem, supostamente, ao fim da pandemia. Sem entender o absurdo da fala, Bolsonaro dizia que estavam na chuva e tinham de se molhar. E que, afinal de contas, pelo menos 70% da população ia pegar o vírus. O darwinismo social de achar que só os fracos sucumbiriam era o lado mais perverso da equação.

Essa intencionalidade certamente envolvia os interesses eleitoreiros de provocar o quanto antes a suposta retomada da economia, ou "crescimento em V", de que falava Paulo Guedes. E estava calcada em um péssimo aconselhamento médico, em profissionais desatualizados, e em pessoas, e empresas, que viram a oportunidade de surfar na simpatia do presidente.

Nem Donald Trump conseguiu levar o negacionismo ao extremo; Boris Johnsson deu um cavalo de pau ao perceber que milhões poderiam morrer com a imunidade de rebanho que sugerira. Bolsonaro, ao revés, foi mantendo a negação e não demorou a colocar o Brasil, acima de todos, no ranking das mortes.

Era essa estrutura de gabinete paralelo que a CPI precisava desvelar e foi a isso que Camilo cuidadosamente se dedicou. A elencar os possíveis depoentes, exibindo o gabinete desde seus articuladores, membros técnicos até os financiadores, a reunir os documentos e vídeos que já haviam se tornado públicos, para consulta e exibição nas audiências, e a estabelecer uma minuta de redação que permitiria reconstruir a história, cronologicamente. Ela seria, enfim, a espinha dorsal do relatório.

Ao cabo do primeiro trimestre de comissão, o prazo oficialmente assinalado para a investigação, o governo já estava nas cordas. Para se segurar, o presidente aderiu àquilo que jurava combater. Com intuito de afastar os perigos do impeachment e garantir um mínimo de governabilidade, Bolsonaro mergulhou no que costumava praguejar de "velha política" e aderiu de corpo e alma ao Centrão.

Camilo também sucumbiu àquilo que prometeu evitar. Antes de definida a prorrogação da comissão, já tinha se mudado, de mala e cuia, para a casa de Martha.

O que pode ser pior que meio milhão de mortos em busca da imunização pelo darwinismo social? Seis milhões em campos de concentração, em nome da pureza da raça.

No começo de 2020, o secretário da Cultura do governo federal se preparava para lançar os editais de um programa de incentivo que prometia "rever a história do Brasil". Na live de lançamento, a seu lado, o ministro da educação e o presidente da República. A grandiosidade do programa se media pelas cifras: "Um dos tópicos anunciados foi o investimento de R$ 20 milhões do Fundo Nacional de Cultura para editais com aportes diretos do governo (...) Em suas sete categorias, o prêmio vai selecionar cinco óperas, 25 espetáculos teatrais, 25 exposições individuais de pintura e 25 de escultura, 25 contos inéditos, 25 CDs musicais originais e 15 propostas de histórias em quadrinhos".

O secretário também disse que o governo lançaria um edital para o cinema estimulando "filmes sobre a independência do Brasil e sobre figuras históricas brasileiras, alinhados ao conservadorismo nas artes". O presidente Jair Bolsonaro elogiou entusiasticamente: "Depois de décadas, agora temos sim um secretário de Cultura de verdade, que atende o interesse da maioria da população brasileira".

No dia seguinte, o secretário de cultura de verdade, Ricardo Alvim, disponibilizaria um vídeo explicitando o programa, com uma imagética e palavras assustadoras:

"A arte brasileira da próxima década será heroica e será nacional. Será dotada de grande capacidade de envolvimento emocional e será igualmente imperativa, posto que profundamente vinculada às aspirações urgentes de nosso povo, ou então não será nada".

O secretário citava, praticamente na íntegra, um discurso do ministro da propaganda de Hitler, Joseph Goebbels, referido em sua biografia como "um ato forte, grandioso e simbólico – um ato que há de documentar para o mundo todo", dois dias antes de protagonizar a famosa queima de livros de Berlim. Além das palavras, a estética do vídeo de Alvim emulava o líder nazista, na aparência do secretário, roupas e penteado, no tom de voz e na trilha escolhida, a ópera Lohengrin, de Richard Wagner, uma das favoritas de Hitler.

Para muitos, um episódio isolado. Uma loucura sem tamanho do secretário. Uma provocação desmedida. O vídeo, lógico, causou enorme repercussão e a demissão de Alvim, após pressão de inúmeros políticos e representantes da comunidade judaica. O projeto cultural nacionalista grandioso, saudado na véspera, ao vivo, pelo presidente da República, seria arquivado.

Mas nada tirou da cabeça de Martha que isso não era pura coincidência.

— Ele é nazista, Camilo. Vocês ficam xingando ele de fascista. Mas ele é ainda pior.

Martha juntava, para sua conclusão, inúmeros outros episódios "isolados" nos quais Bolsonaro cumprimentava um político cosplay do tirano e se reunia com deputadas de partidos de extrema-direita da Áustria. Uma carta de Bolsonaro havia sido descoberta em site neonazista e no histórico de manifestações exóticas, uma defesa de estudantes que haviam apontado Hitler como um grande líder – em nome da liberdade de expressão, óbvio.

— Não é à toa que esses grupos neonazistas estão crescendo no país. Toda hora tem alguém apreendido com suástica, alguém agredido ou pixações antissemitas.

Para Martha, a evocação era para lá de incômoda. Judia, ela não teve a chance de conhecer mais de metade da família. Apenas a avó e a irmã conseguiram sair da Polônia antes do tempo. Os familiares se perderam nos campos de concentração. Estudou em colégio judaico, o que avivou a memória, pois a regra entre os patrícios era justamente "lembrar, para não repetir". O revisionismo da história lhe dava engulhos, um projeto nazista, apoiado pelo presidente, enorme aflição. E a convivência quase que natural com esses símbolos malditos uma angústia sem tamanho. Mas duas coisas em especial reacenderam o medo de Martha: a política de armas e a pandemia.

Na fatídica reunião que se tornou pública, Bolsonaro dizia querer que as pessoas pudessem reagir às medidas sanitárias: "é por isso que quero todo mundo armado". Quero arma na mão de todo mundo, ele gritava, e tanto mexeu que conseguiu um derrame de armas potentes e munições quase ilimitadas, que viriam parar na mão desses grupos que o apoiavam de forma histérica.

— Essas armas são para milícias. Não só aquelas que rondam e extorquem as comunidades do Rio. Mas os paramilitares que vão se formar para defendê-lo -alertava.

Mas nada se comparava ao medo que tomou conta dela quando veio a pandemia e o presidente fazia questão que as pessoas se expusessem ao vírus. Ele via os mortos aumentando e reagia com piadas ou desprezo. Martha perdeu a tia e conviveu com o pai de seus filhos por duas semanas na UTI.

Viu a morte perto demais. E entendia como as coisas se ligavam. Ele não conseguia reprovar o nazismo, porque a pulsão de morte era muito forte dentro dele.

— Parece que a morte o alimenta, Camilo.

E nos momentos de maior fragilidade, como agora, ela precisa de uma voz amiga e protetora:

— Você me promete que nós vamos sair logo desse pesadelo? Eu não aguento mais ver morte para tudo que é lado....

— Logo, eu não prometo, Martha. Mas que nós vamos sair, isso nós vamos.

Ela parecia um furacão na política. Mas Camilo só podia agradecer pela chance de vê-la em toda a sua fragilidade. E poder reconfortá-la. E enchê-la de beijos e carícias e abraçá-la em concha para que ela jamais se sentisse só. A pandemia havia mexido um bocado com o estado emocional das pessoas. O medo e a solidão provocavam estragos consideráveis. Mas se sentir inimigo do presidente e todo dia acordar sob o manto de uma maldade e do cinismo, tornava as coisas ainda mais difíceis.

— Sabe o que é mais legal, Martha? É que nós não vamos apenas ver o Bolsonaro ir embora. Nós vamos fazer isso acontecer. É isso que me ilumina todo dia de manhã quando acordo: "o que estou fazendo hoje para tirar o Bolsonaro?" E aí eu me sinto mais forte para enfrentar o dia. Martha, olha a poesia desse momento: nós estamos fazendo isso juntos.

E mais uma vez ele conseguia transformar o choro dela em riso. E sua fraqueza em força:

— Fora Bolsonaro! Bora bater as panelas, Camilo, que está na hora!

Tendo ouvido um certo alarido sobre a participação em massa de policiais militares no ato que se aproximara, Arthur resolveu tomar duas providências que não lhe eram costumeiras.

A primeira foi oficiar à Corregedoria da PM solicitando informações e exigindo respostas sobre providências que eles se dispunham a tomar, considerando que o regimento da corporação vedava, de forma absoluta, a participação de policiais em eventos político-partidários.

A segunda foi vazar para a imprensa um relatório privado acerca de um comandante da PM no interior do estado que não apenas estava convocando colegas para o ato pelas redes sociais, como ainda proferia inúmeras ofensas a políticos, inclusive o próprio governador. As mensagens "Liberdade não se ganha, se toma", "Precisamos de um tanque" e "O caldo vai esquentar" pareciam por si só intimidatórias, além de absolutamente inconvenientes, saindo da boca de quem saía.

Este foi o meio mais rápido que entendeu para atingir o resultado. Em dois dias, o coronel estava exonerado de sua função de comando e, a partir dessa determinação do governador, a Corregedoria respondeu de imediato que estavam alertando toda a tropa sobre a incompatibilidade da manifestação partidária e os processos que seriam abertos em caso de desobediência.

O clima estava quente desde que Bolsonaro convocara para o 7 de Setembro um ato político com que pretendia, sobretudo, constranger o Supremo, em especial os ministros Alexandre de Moraes e Luís Roberto Barroso.

— Essas uma ou duas pessoas têm que entender o seu lugar. E o recado de vocês, povo brasileiro, nas ruas, na próxima terça-feira, dia 7, será um ultimato para essas duas pessoas", bradava o presidente.

Dias antes, ele dissera que o TSE "arrebentou a corda", ao determinar às empresas que administram redes sociais que desmonetizassem páginas acusadas de propagar fake news e discursos de ódio – de seus partidários, por óbvio.

O mandado de busca e apreensão contra o cantor e militante Sérgio Reis havia aumentado a temperatura da crise. O cantor fora flagrado insuflando uma greve de caminhoneiros: "Se em trinta dias ele não tirarem aqueles caras, nós vamos invadir, quebrar tudo e tirar os caras na marra".

O presidente caminhava numa linha tênue entre o golpismo explícito e o autoritarismo envergonhado. Fez um movimento ostensivo ao pedir formalmente a instauração de processo de impeachment contra o ministro Alexandre de Moraes, a quem atribuía a fúria contra seus apoiadores. Ao fazê-lo, dizia que estava jogando "dentro das quatro linhas" da Constituição.

Mas logo em seguida, em discurso no interior de Minas, colocava os apoiadores em rebuliço ao dizer que se fosse preciso sair das quatro linhas, "nós mostraremos que podemos fazer também valer a vontade e a força desse povo". "Fora STF" e "Eu autorizo" eram palavras de ordem com que a plateia o saudava.

Barroso estava na linha de tiro porque agira para convencer os parlamentares das inconveniências de aprovação do voto impresso, e o quanto representaria de retrocesso, em termos de eficiência e fiscalização, à Justiça Eleitoral. Pegando o discurso de Trump que criticara o voto por correspondência e depois atribuíra a ele sua derrota, a implicância dos bolsonaristas com o voto impresso e a luta figadal contra o TSE a respeito do tema, simbolizavam uma espécie de poupança para um descrédito futuro do processo eleitoral. Conformado às voltas com o Centrão, o que inviabilizara por completo qualquer tentativa de impeachment, Bolsonaro logo estaria criando condições objetivas para deslanchar a campanha da reeleição, com a criação do orçamento secreto e abrindo portas ilimitadas para investimentos e benefícios às vésperas do pleito. Ainda assim, seja para manter o discurso ideológico, a ameaça da ruptura ou pela condição atávica de contrariedade com o processo democrático, um longo repertório de tempo, dinheiro e discursos seriam desperdiçados neste lodaçal golpista.

O 7 de Setembro parecia ser um divisor de águas para aferir se a mobilização era capaz de alimentar uma ruptura institucional. Com a neutralização dos caminhoneiros, eram os policiais o grupo que mais amedrontava. Uma presença maciça, sobretudo de PMs fardados, poderia insuflar a radicalização dos atos antidemocráticos, e levar a situação ao imponderável.

Arthur estava convicto, portanto, de que tivera um importante papel na desarticulação do conteúdo golpista do ato. E que os petistas ainda teriam muito a agradecê-lo.

Com um chapéu panamá, óculos escuros e uma máscara PFF2, Camilo estava irreconhecível no seu trajeto pela avenida Paulista. Ele queria estar presente para avaliar o volume de gente, que tipo de pessoa aderia à manifestação golpista e o ânimo do povo, um termômetro para o sucesso do evento.

Objetivamente, todos os dados confirmavam o êxito. A Paulista estava lotada, mais de cem mil pessoas com certeza. Gente do Brasil inteiro – centenas de ônibus estacionados nas redondezas, e uma vasta amplitude de sotaques. Eles estavam mais irados que felizes, mas esta devia ser a tônica das passeatas do grupo.

Foi difícil se aproximar do carro de som, tanto mais quando Bolsonaro chegou. Não dava para distinguir as palavras, mas era fato que os seus gritos entusiasmavam ainda mais a multidão. Quando conseguiu sinal, conferiu na internet as porradas do dia: ele chamara Alexandre de Moraes de canalha e ainda, na qualidade de presidente da República, avisava que não ia mais respeitar suas decisões.

Em condições normais de temperatura e pressão, crimes de responsabilidade o bastante para a instauração imediata de um processo de impeachment. Mas Camilo já sabia muito bem que a temperatura e pressão para fritar um presidente dependia menos dos ilícitos praticados do que a falta do apoio parlamentar. A história de Dilma tinha lhe ensinado o suficiente e o mesmo se repetia neste momento, ainda que em sinal contrário.

Mas o que era mais importante nem era o volume de pessoas ou o ímpeto da mobilização, nem o tanto de baixaria que o presidente fosse capaz de destilar na frente de um microfone. O relevante do dia é que ele ia acabar. Bolsonaro teria as imagens que pretendia, gritando e sendo aplaudido pelo povo. Mas não muito mais que isso. A partir do 7 de Setembro ficou mais ou menos claro que era um cão que ladrava muito, e que podia ladrar cada vez mais, mas tinha uma enorme dificuldade de morder. Não havia violência em volta, não havia um movimento que nascesse do ato, não havia greve, nem havia motim. Só esse motivo já era suficiente para que Camilo tomasse um chope para comemorar na Prainha Paulista, nas mesinhas sobre a calçadas na alameda Joaquim Eugênio de Lima.

Mas havia outro.

E ela chegou ainda mais disfarçada do que ele. Envolta em um moleton verde-bandeira e um boné amarelo, também atrás de um par de óculos escuros que já vinha se tornando incômodo em face do horário.

— Você está uma típica bolsonarista.

— Você está um tiozinho gringo.

Maria se sentou e também pediu um chope, embora não se sentisse muito à vontade para comemorar o que quer que fosse.

— Vamos fazer um brinde ao mito?

— Eu prefiro saudar a nós.

Camilo tinha de vir a São Paulo para uma reunião na segunda, e antecipou o voo para conferir o ato na Paulista que, suspeitou, seria mais importante que o de Brasília. Ligou para Maria para marcar esse encontro completamente fora do esquadro. Mas ela achou uma oportunidade ótima para revê-lo, apesar do ambiente.

— Está de volta a Sampa?

— Ainda não. Só quando acabar a CPI. Vim fazer uma reunião com os juristas que estão preparando um parecer sobre os crimes do psicopata.

— Seus pupilos?

— Nada, o chefe do grupo é o Miguel Reale Jr.

— Agora me espantou... se ainda fosse o Arthur escolhendo.

— Ele ia escolher o Deltan Dallagnol.... hahahaha. Mas, olha, a CPI me ensinou muito.

— De direito?

— De como a gente vai sair dessa enrascada. Não vai ser cada um por si. Essa será uma eleição plebiscitária. E quem está na berlinda não é o PT.

— Pode ser. Sabe que acho engraçada essa ideia de você ser assessor.

— Aprendi muito com isso também. A descer do pedestal. Tem horas que você está no palco, tem horas que está na coxia. Tem que aprender a curtir esses momentos também.

— Hum, e parece que você aprendeu muito bem a curtir esses momentos de coxia, não é mesmo?

— Hahahaha, quem te contou?

— Coleguinhas de Brasília. Isso explica um pouco esse entusiasmo tão grande, não?

— Acho que sim.

— Tem sido uma diversão boa, pelo menos?

— Um pouco mais que isso.

— Uaaau!! Fico aliviada. Pelo jeito, meu sumiço te fez bem.

— Você me fez bem demais, Maria. Sempre. Você me colocou no jogo de novo. Eu sou muito grato a você.

— E eu a você. Você me ensinou muito a vida toda. E ainda foi paciente demais comigo. Sempre achei que te tratei de uma forma meio egoísta.

— Eu fui aquilo que você precisou. E ter sido isso foi bom demais. Não reclamo não. Fiquei baixo astral? Fiquei. Tive de ouvir dias seguidos a Billy Holiday cantando? Tive. Mas eu sobrevivi.

— Hahahaha, e aposto que você a acompanhava, cantarolando.

— Bem baixinho para não atrapalhar a musa. Mas, lógico, com um copo de whisky na mão. Sofrência tem que ser completa.

— Ela está te fazendo bem, a namorada, né? Você não consegue disfarçar quando fica feliz.

— Ninguém devia conseguir, não é mesmo?

Hora de virar a garrafa.

— E você, satisfeita em voltar ao meio ambiente?

— Muito, realizada. Na verdade, Camilo, é isso que eu gosto. Eu acho que essa luta é a mais necessária, para salvar o planeta.

— Mas você derrubou um ministro pelo caminho, né?

— Não fui eu, né? Foi o delegado. Ô homem corajoso aquele. Bom, e o Salles nunca foi propriamente um ministro. Era um antiministro.

— Mas me conta, e as meninas, como estão?

— Estão lindas. Falantes e bagunceiras. Três anos e meio já. São a alegria da minha vida. E do Arthur também, ele é um pai nota dez.

— Isso pesou muito para você ficar, não é mesmo?

— Pesou. Mas sabe, é gostoso demais. É uma vida de

família, eu queria muito isso. A gente teve muito distante, mas está cada vez mais perto. Não tenho do que reclamar agora.

— Fico feliz por vocês. Você lembra o dia que elas nasceram? O dia que prenderam o Lula.

— Eu lembro por sua causa. Eu te mandei uma fotinha super meiga e você me respondeu todo irado...

— Verdade, estava puto naquele dia.

— Eu ia te escrever "descansa, militante", é maternidade aqui... mas também não quis ignorar tua dor.

— Fez bem, capaz que eu te mandasse à merda.

— Hahahah, não teria essa coragem.

— E você, vai ficar no jornal? Algum novo projeto?

-Olha, eu estou esperando as meninas crescerem um pouco. Quero fazer uma reportagem mais extensa com os yanomami. Estão acontecendo coisas terríveis por lá. Mas teria que ficar por uns meses. Até agora, eu disse não, mas acho que ano que vem vai rolar.

O barzinho encheu, os militantes da barbárie estavam se dispersando, muitos vieram comer e beber. Era possível ouvir alguns gritos eufóricos e histéricos. O ambiente estava se degradando com rapidez.

— Você acha que o mentecapto marcou um ponto, hoje?

— Marcou. Mas ele precisava de uns 3 ou 4, então sai no prejuízo.

— Tinha esquecido o quanto você é otimista.

— Eu vim do futuro, lembra?

— E o que você está vendo de lá, que a gente deva saber?

— Que não vai ter golpe. E dessa vez, é verdade... E não é porque ele não quer. É só porque ele não consegue.

A segunda foto

— Que maravilha, fantástico.

Fazia mais ou menos uns vinte anos, por baixo, que Dr. Jorge não voltava à São Francisco. Ver a faculdade, de novo, e lotada de pessoas, lhe fez um bem danado. Ele olhava extasiado para o hall da escadaria principal e, por trás da pequena multidão, que subia e descia seus degraus, fitava os vitrais que tanto estiveram em sua memória. O pátio, hoje coalhado de pessoas, muitos jovens e outros nem tanto, era uma pequena mostra da alta eletricidade que com que a política permeava a velha academia.

Com uma certa dificuldade ao andar, apoiava-se na bengala e em Maria, a quem agradecia imensamente pelo momento. Só não pode cofiar o bigode, como sempre fora sua marca registrada, pois o perdera dois anos atrás durante o tratamento de um câncer. Foram os bigodes e o cabelo, cuja calvície escondia com um elegante chapéu.

Não era propriamente a sua turma, mas eram vários contemporâneos que estavam ali como vedetes. Uma ideia simples, porém, genial, e de um sucesso incrível, reproduzindo, com ainda maior alcance, a Carta aos Brasileiros de 1977, lida nas Arcadas pelo professor Goffredo Silva Telles. O que estava em jogo continuava a ser o Estado de Direito, não mais lancetado pelos diversos atos institucionais e violências inconstitucionais do regime militar, mas ainda em risco pelo ânimo golpista do presidente da República, que estipulava condições para reconhecer o resultado das urnas. Um eufemismo para dizer que, como os tiranos da velha guarda, não admitia perder.

— Jorginho, que surpresa! É tão bom revê-lo!

Se não bastasse todo aquele ambiente que simplesmente o recolocava na história, dentro da própria faculdade, o abraço afetuoso do amigo Flávio Bierrenbach o ganhou definitivamente. Que dia era esse.

— Você vai estar lá em cima meu querido, que orgulho.

— Sim, me chamaram para ler um trecho da nova Carta. Representando todos os que assinaram a antiga. Sabe o que é mais fantástico, Jorginho, é que essa tradição continue, com os garotos de agora...

Subiram juntos ao Salão Nobre onde a primeira parte da cerimônia estava sendo realizada, o ato das entidades que aderiram ao manifesto, capitaneado, quem diria, pela Federação das Indústrias do Estado de São Paulo. Quando chegaram, os discursos estavam empolgados e mais de um orador se atrevia a dizer que ali estava uma perfeita união do capital e do trabalho. Maria sorriu e pensou, baixinho:

— Desde que não discutam salários, terceirização...

Mas o que se discutia lá naquele momento era mesmo a democracia, alvo de um manifesto relativamente abstrato e com poucas explicitações, razão, aliás, de um apoio tão amplo. O representante da Coalização Negra por Direitos levantou-se para lembrar que com racismo, não há democracia. Foi entusiasticamente aplaudido, mas o ambiente não estava propriamente para reflexões mais profundas.

Desceram e Maria acomodou Dr. Jorge em um banco ao lado do palco montado no pátio das Arcadas. Dali podia, sem se cansar demais, ver seus velhos amigos, ouvir o grito dos jovens e entoar com todos os demais a palavra de ordem do dia:

— Estado Democrático de Direito sempre.

Maria, que interrompera a faculdade no meio, contra a vontade de Dr. Jorge, sentia-se orgulhosa ao ciceronear o pai, quase como que apresentando as Arcadas a ele. Achou que nem seria reconhecida nesse ambiente, mas era ela que mais parava para ser cumprimentada. Acabara de receber a confirmação de uma condenação que impusera nada mais nada menos que ao presidente da República. Danos imorais, como gostava de dizer, pelas ofensas grosseiras e machistas que recebera ao entrevistá-lo, na frente de todos.

O país estava mudando.

Arthur chegou pela entrada lateral, na rua Riachuelo, ignorando a enorme fila que se formara, até quase a esquina. Já tinha afixado no paletó o broche que o permitia entrar, e ainda ganhou as pulseirinhas que lhe abririam os demais pontos de acesso: a escada para o salão nobre e a sala das autoridades. Fez questão de pedir o ingresso a todos os demais da sua comitiva, cerca de dez promotores, que saíram juntos da sede da Procuradoria, uma quadra acima, na mesma rua:

— O Ministério Público de São Paulo está presente.

E assim que ganhou o acesso do prédio, rumou para a primeiro andar, para cumprimentar, em nome da instituição, os organizadores do evento, as demais autoridades e, enfim, as celebridades que estivessem a seu alcance.

— Doutor Campilongo, receba meu abraço em nome do Ministério Público de São Paulo.

— Doutor Evilásio, é uma enorme honra poder recebê-los. Esse momento é muito importante para o país. E é importante para nós que autoridades tão graduadas possam cerrar fileiras conosco. É o que garante que façamos um ato cívico e democrático, mas jamais partidário.

— Sim, sim. Hoje temos uma cor só: a defesa da democracia. O manifesto passou pelo MP e foi assinado por centenas de colegas. A carreira entendeu o recado.

Superado o trauma Bolsonaro, Arthur entendeu que deveria estar presente a estes novos ares que se respiravam no país, sobretudo, à espera da eleição. O litígio do presidente com o governador havia sido o estopim de seu desembarque do governo, principalmente, pelos efeitos terríveis do negacionismo, que vitimara, entre tantos, o seu próprio pai. Mas o discurso no 7 de Setembro do ano passado, quando Bolsonaro chamou Alexandre de Moraes de canalha tinha sido mesmo um divisor de águas. Desde então, se tratava de um inimigo a abater, não importasse quais forem as consequências. E esse espírito de união que encontrara no Largo indicava que as rusgas de ontem certamente ficariam para trás.

Pelo menos, era com o que contava.

Camilo e Martha se misturaram à multidão que se apinhava na porta da frente da faculdade. O Largo estava ficando estreito para tanta gente. Do lado de fora, não estava todo mundo de terno, nem havia qualquer constrangimento com as palavras de ordem. Era "Ole, ole, ole, olá, Lula, Lula" a cada cinco minutos. Um colorido de roupas, de bandeiras e olhares. Era quase um carnaval fora de hora, com tanta felicidade no ar. Depois de longos e tenebrosos invernos, uma manifestação contra Bolsonaro, enfim, tomava conta das ruas. A exemplo de São Paulo, quase todas as capitais estavam realizando, em pelo menos um lugar, em regra em uma faculdade de direito, uma sessão para leitura do manifesto e uma festa para comemorar sua enorme aceitação.

Um telão permitia aos assistentes sem crachá acompanhar aos discursos que se passavam do lado de dentro. E assim que acabasse o palavrório, seriam eles os alvos diretos das manifestações feitas da varanda da faculdade. A mais esperada, depois da leitura da carta, era mesmo Daniela Mercury.

Camilo e Martha se acotovelavam para conseguir assistir algo, mas logo foram fortemente puxados para fora do bolo de gente.

— Professor, o senhor tem que entrar pelo lado.

— Aqui está bonito, Luisinho.

— Não, eu estive lá para perguntar se o senhor tinha entrado e eles me disseram que estão lhe esperando. Professor, venha. O senhor precisa estar lá dentro.

E como o professor não se mexera, Luisinho insistiu:

— A sra. também, doutora Martha. Vamos, por favor, já estamos atrasados.

Camilo acedeu, enfim. Tinha uma certa aflição do que podia ver lá dentro, mas era tudo em nome da causa. E era sua vez de ser um pouco paparicado. Luisinho fazia às vezes de segurança e motorista, discípulo nas horas vagas. Ele pedira um afastamento da polícia por motivos particulares, o que o regimento lhe permitia fazer por dois anos. E Camilo o inseriu na folha de pagamento da empresa de vigilância, que ganhara uns contratos com a sua recomendação. Mas sem arma, exigiu. Tinha certeza que ele poderia ser aproveitado se chegassem ao governo.

Luisinho foi abrindo caminho por entre a multidão no largo e depois a que se formava na Riachuelo. Até que conseguiram entrar com os *bottons* que ele guardava no bolso – Camilo se recusou a usá-los. Ao ganhar o interior da faculdade, deram de cara com a vice-diretora, Ana Elisa Bechara, que abriu um sorrisão:

— Olha que eu estava pensando que você nos daria cano, Camilo.

— Jamais a um convite seu, Ana. A propósito, Martha minha esposa, é uma fã incondicional sua.

— Eu te adoro, professora. Uma mulher no comando, firme e assertiva. Um encanto.

Ana Elisa agradeceu e indicou o caminho por onde deviam tomar para se juntar aos demais professores. Mas tão logo Camilo viu aquele pátio lotado, como nos seus tempos de aluno, ou nos tempos de assembleia deles, onde ele era o único professor convidado, não teve dúvidas. Procurou uma brecha com vista direto ao palco, e agarrou Martha bem apertado:

— É por aqui que a gente fica. Abraçadinhos pela democracia.

Ela deu um beijo tão grande que gerou aplausos dos alunos que estavam por perto.

— É isso aí, professor!! Manda ver!

A leitura da carta foi emocionante por si só. Maria Paula Dallari, professora da Casa e filha do ex-diretor, Dalmo, Eunice Prudente, a primeira professora negra da faculdade e a vice Ana Elisa Bechara se revezavam num impactante jogral. Flávio Bierrenbach representou os antigos alunos e professores que assinaram a Carta de 1977.

"Ataques infundados e desacompanhados de provas questionam a lisura do processo eleitoral e o Estado Democrático de Direito tão duramente conquistado pela sociedade brasileira. São intoleráveis as ameaças aos demais poderes e setores da sociedade civil e a incitação à violência e à ruptura da ordem constitucional".

Desde que o presidente reunira, em reunião oficial, os embaixadores estrangeiros no Brasil, e repetira, na frente deles, as fake news, as cantilenas contra a urna eletrônica e as ameaças ao processo eleitoral, havia um mal-estar generalizado no meio jurídico. O discurso do presidente era claramente intimidatório quanto a respeitar os resultados da eleição. E como o TSE já havia sinalizado de forma enfática a impossibilidade de acolher seu pleito por urnas com cédulas impressas, a eleição rumava para um perigoso impasse. Com o precedente do comportamento de Donald Trump, que não apenas se negou a reconhecer a derrota, como estimulou um ato golpista no Capitólio, o governo norte-americano foi o primeiro a reagir à ameaça de desprezar o resultado das urnas por aqui. Várias outras unidades diplomáticas foram reiterando o apoio ao TSE e, indiretamente, repudiando as intimidações de Bolsonaro. A reação estrangeira teve como principal impacto a neutralização das Forças Armadas, que flertaram com a implicância contra as urnas eletrônicas, mas ao final se recolheram.

Este espaço supostamente pluripartidário era outra das iniciativas de deslegitimação do golpe.

" Nossa consciência cívica é muito maior do que imaginam os adversários da democracia. Sabemos deixar de lado divergências menores em prol de algo muito maior, a defesa da ordem democrática".

E foi o abrir mão das "divergências menores" que havia viabilizado mais de um milhão de assinaturas no documento, uma multidão na faculdade, replicada em outros campi pelo país, e um generoso espaço no Jornal Nacional da noite, que deu destaque, inclusive, ao belíssimo discurso da presidente do XI de Agosto, uma estudante jovem e negra que marcava os novos tempos das cotas na universidade.

Mas a verdade é que as divergências não eram tão pequenas assim, pois, tomado só o exemplo das cotas, a USP mesmo havia sido uma das últimas as incorporarem, bem como utilizar o Enem para critérios de recrutamento. E, afinal de contas, Bolsonaro jamais teria chegado lá se não fossem inúmeras adesões a um impeachment sem fundamento, inclusive, e principalmente, com ostensivo apoio de professores desta mesma academia, onde o texto nascera.

Águas passadas, sem ressentimentos. Ninguém haveria de fazer qualquer espécie de autocrítica hoje, isso era seguro.

Camilo fora saudado por estudantes e até professores. De fato, havia recuperado grande parte de seu prestígio, agora que se apontava como um conselheiro da área jurídica de um provável governo Lula. Era hora de apertar a mão de todos, de estar disponível a abraços e de lançar um "vamos conversar".

Na dispersão, encontrou Maria.

— Ora, ora a repórter ambiental também está por aqui.

— Estou trazendo meu pai, olha lá ele. Não está uma graça?

— Doutor Jorge Duarte. Uma figuraça. Mande um abraço. A propósito, minha esposa, Martha.

— Olha só, estamos casados. Muito prazer, Martha. Seu marido é um ótimo professor.

— E eu não sei?

Camilo já queria se ir, Maria pediu para que ele esperasse um minuto, enquanto ela falava ao celular. Em instantes, Arthur desceu pela escada e se juntou ao grupo.

— Professor Mascarenhas. É um prazer revê-lo.

— Doutor Evilásio, fico muito satisfeito em que o Ministério Público de São Paulo esteja presente nesse ato.

— Pois é. Tomamos muitas estradas diferentes, mas parece que agora estamos no mesmo caminho, não é mesmo?

Arthur parou para dar um selinho em Maria e voltou-se a Camilo, que já se preparava para sair, agora ainda com mais vontade.

— Professor, vamos marcar esse momento. Vamos tirar um selfie. Maria vem aqui.

Maria pensou duas vezes antes de aceitar o convite, tentou dizer que precisava buscar o pai que já lhe chamara, e enfim, o professor Camilo parecia meio apressado. Mas, ao final, sentia-se culpada ao rejeitar demais o pedido do marido. A situação era suficientemente constrangedora e que pelo menos durasse o menor tempo possível. Abraçou aos dois, mas tensa, não conseguiu sorrir.

Arthur armou o celular para tirar o selfie, mas foi interrompido por Luisinho.

— Doutor Arthur, deixa que eu tiro - disse, pegando o aparelho em suas mãos. Professor, olhando para cá, por favor.

Arthur demorou alguns instantes até identificar o que se passava. Se Luisinho não tivesse sido tão solícito com Camilo, quase carinhoso, talvez sua atenção não fosse despertada. Mas ali, à sua frente, estava o investigador que recrutou para vigiar a esposa e Camilo. Era quase insano imaginar o que ele fazia lá, à frente de todos. Mas quando ele chamou Camilo de "professor" com certa intimidade e disse alguma palavra a Martha, provavelmente o convite para se juntar à foto, que ela deixou passar, Arthur percebeu o desastre da situação. Poderia Luisinho ter se bandeado de lado? Como? A informação que salvou seu casamento não seria verdadeira? Arthur não conseguiu sorrir, tamanho o terror que começou a sentir ali.

Camilo enredou Maria de um lado e olhou fixamente para Martha. Deixou Luisinho a ver navios. Ele estivera disposto o dia inteiro a receber os renegados e golpistas para o esforço comum de lutar contra o fascismo, o que, de fato, fazia todo o sentido naquele momento. Sorrir para uma foto já era um pouco de exagero.

Do jeito que deu, Luisinho enquadrou os três e disparou a câmara do celular.

fim